문예신서
373

은유와 감정

언어, 문화, 몸의 통섭

졸탄 쾨베세스

김동환 · 최영호 옮김

東 文 選

은유와 감정

ZOLTÁN KÖVECSES
Metaphor and Emotion
Language, Culture, and Body in Human Feeling

© Cambridge University Press, 2000

옮긴이의 말

《은유와 감정: 언어, 문화, 몸의 통섭》은 Zoltán Kövecses(2000)의 *Metaphor and Emotion: Language, Culture, and Body in Human Feeling* (Cambridge University Press)을 한국어판으로 옮긴 것이다. 헝가리 부다페스트 에오트보스 로란드대학(Eötvös Loránd University)의 언어학과 교수로 재직 중인 쾨벡세스 교수는 1980년대 후반부터 지금까지 최신 언어학 이론인 인지언어학의 관점에서 '은유(metaphor)'를 문화와 몸과 관련하여 심도 있게 연구함으로써 세계적으로 은유 연구를 주도하고 있는 인지언어학자이다. 또한 쾨벡세스 교수는 *Cognitive Linguistics*를 포함한 여러 학술저널의 자문위원이며, *Metaphor and Symbol*의 편집자이기도 하다. 그간 출판한 저술로는 *Metaphors of Anger, Pride, and Love*(1986), *The Language of Love*(1988), *Emotion Concepts*(1990), *Metaphor: A Practical Introduction*(2002), *Metaphor in Culture: Universality and Variation*(2005), *Language, Mind, and Culture: A Practical Introduction*(2006) 등이 있다.

쾨벡세스 교수는 지금은 감정의 언어와 개념화, 은유의 문화 간 변이, 담화에서의 은유와 환유, 인지언어학 관점에서의 언어, 마음, 문화 관계에 관한 연구에 집중하고 있으나, 여기에 그치지 않고 한 걸음 더 나아가 은유가 담화에 사용되는 방식을 연구할 계획이라고 한다. 무엇보다 사회적·문화적·인지적·텍스트적 요인들이 특정 은유 표현을 선택함에 있어서 과연 어떠한 역할을 하는지, 그리고 어떻게 갖가지 추상적 개념들이 담화들 가운데 발생하게 되는지를 연구하는 등 그의 연구는 날이 갈수록 전 세계적인 관심을 불러내고 있다.

이 책은 그간 쾨벡세스 교수가 수행한 감정 연구의 세 가지 성과를 집약한 것이다. 하나는 우리 인간의 몸이 감정 상태에서 행동하는 방식에 관한 연구이고, 다른 하나는 문화적·사회적 요인이 감정 경험에 영향을 주고받는 방법에 관한 연구이며, 마지막 하나는 인지언어학 관점에서의 감정 언어에 대한 연구이다. 따라서 이 책의 저술 목적은 쾨벡세스 교수가 언어, 문화, 몸을 하나로 결합시킴으로써 인간 감정에 대한 비교적 완전하고도 통합적인 설명 가능한 방식을 보여주는 데 있다.

제1장에서는 감정에 대한 연구가 감정 언어의 세 가지 유형인 표현적 언어, 기술적 언어, 비유적 언어 가운데 지금까지 기술적 의미에만 주안점을 두었을 뿐 은유와 환유 같은 비유적 언어에는 거의 주목하지 않았음을 지적하고 있다. 그리고 '부호' '핵심 의미' '차원적' '함축적' '원형' '사회-구성주의' 견해처럼 감정 언어의 의미를 특징짓는 여러 견해들의 특징과 문제점을 집중 논의하고 있다.

제2장에서는 1980년 이후 1990년 초 조지 레이코프와 마크 존슨이 수립한 개념적 은유 이론을 적용함으로써 인지언어학 연구에 등장하는 영어의 감정 은유를 다루고 있다. 사실, 개념적 은유에 논의를 집중하고 있는 것은 은유는 언어 사용 시 상당히 산재할 뿐만 아니라, 감정과 감정 경험에 대한 개념화의 대부분 양상을 이해하는 데에도 본질적이기 때문이다. 여기서 검토된 감정에 관한 개념적 은유는 화, 두려움, 행복, 슬픔, 사랑, 욕정, 자부심, 부끄러움, 놀람 등이다. 이런 감정 개념들은 적게는 3개, 많게는 24개에 이를 정도로 많은 개념적 은유를 통해 이해되고 있다. 또한, 이런 개념적 은유를 사용하

는 사람들은 몇몇 영어 사용자들의 공동체에서부터 광범위한 공동체, 그리고 전체 공동체에 달할 정도로 다양하다. 다만, 일상의 화자나 시인과 같은 창조적 화자 모두가 동일한 개념적 은유를 사용하는 것으로 가정하였다. 이런 가정은 감정에 대해 말하는 화자의 비유 언어들이 대개 공통된 개념적 체계로부터 나온 것이기 때문이다. 개념적 은유는 시간이 흘러도 안정적일 수 있다. 그러나 개념적 은유 중 특정한 은유 표현은 항상 동일할 수 없다. 여기서는 특정한 은유 표현은 새로운 문화적·기술적·과학적 발전 결과에 따라 충분히 변화할 수 있다는 것도 짚어냈다.

제3장에서는 감정에 특유한 은유적 근원영역이 있는지를 발견하고 있다. 제2장에서 논의한 9개의 감정 개념과 연관된 대부분의 근원영역이 감정 개념에만 특정하지 않고 훨씬 폭넓게 적용될 수 있다고 제안하고 있다. 뿐만 아니라 어떤 감정 개념은 왜 감정에 특정한 것처럼 보이는지도 설명한다.

제4장에서는 감정 은유와 Lakoff(1990, 1993)의 사건 구조 은유 간의 관계를 천착한다. 상태 변화, 행동, 활동과 같은 사건은 물리적 이동, 물리적 힘, 물리적 공간에 의한 은유로 이해되고 있다. 모든 사건의 주요 요소는 상태, 변화, 원인, 목적, 수단, 어려움, 진척 등이다. 이런 추상적 개념에 물리적 공간, 힘, 이동의 개념이 적용됨으로써, 화자가 추상적 개념을 보다 명확히 이해하도록 하는 개념적 은유가 유발된다. 이를 사건 구조 은유로 정의하고 있다. 여기서는 이런 사건 구조 은유가 영어의 감정 은유와 얼마나 중복되는지를 검토한다.

제5장에서는 감정 개념이 서로 구별될 수밖에 없고 관련성이 부족한 개념적 은유에 의해 특징된다고 보는 전통적 인지언어학 관점에 대해 이의를 제기하고, 감정 개념과 그것을 특징짓는 은유를 보는 새

로운 방법을 제공하고 있다. Talmy(1988)의 '힘역학'이라는 개념을 단초로, 여기서는 **불, 적, 자연력** 등과 같은 대부분의 감정 은유에 대한 기초가 **감정은 힘이다**라는 "주 은유"임을 밝혀냈다. 더 나아가 이런 은유들이 주 은유를 전혀 다른 방식으로 예시함으로써 감정 경험의 전혀 다른 양상을 포착한다는 것도 강조하고 있다.

제6장에서는 우정, 사랑, 결혼 등과 같은 인간관계 영역의 기초가 되는 특정 층위의 개념적 은유를 밝히고 있다. 특히, 이런 인간관계가 감정 영역이 개념화되는 것과 과연 동일한 방식으로 개념화되는지를 검토한다. 또한, 감정의 은유적 개념화와 인간관계의 은유적 개념화 간에 주요한 체계적인 차이가 있다는 것도 제시하고 있다. 여기서 한 걸음 더 나아가 감정과 유사하게, 인간관계도 **감정은 힘이다**라는 "주 은유"를 중심으로 조직되는지를 살폈다.

제7장에서는 감정 개념을 구조화하는 통속 이론의 본질을 논의하고, 감정 개념이 나오미 퀸(Naomi Quinn)이 주장하듯 자구적인 게 아니라 고유하게 은유적임을 주장하고 있다. 이를테면 은유가 단지 문화모형을 반영하는 게 아니라 그것을 구성한다는 것이다. 왜냐하면 감정과 같은 추상적 개념은 은유의 중재 없이 기본적인 인간 경험으로부터 직접 발생하지 않기 때문이다. 여기서 다루어지고 있는 또 다른 논제는 감정의 통속 이론이 전문 이론과 어떻게 관련되느냐는 점이다. 이것은 모든 과학적 이론화가 통속 심리학의 버전으로 간주될 수 있는지에 관한 질문으로 나아간다. 물론, 쾨벡세스 교수는 감정의 전문 이론들 모두가 통속 이론의 변이형으로 간주되는 것은 아니라고 주장한다. 게다가 감정의 전문 이론과 통속 이론 모두의 정확한 발달과 재활용을 추적하려면 감정의 역사적 연구가 필요한데, 자신의 연구는 단지 그 시작에 불과하다고 지적하고 있다.

제8장은 과연 감정은 각각의 문화마다 동일하게 개념화되는가, 아니면 다르게 개념화되는가라는 문제를 다룬다. 문화마다 보편적인 개념적 은유가 있고, 이런 보편성은 감정 상태에서의 신체적 기능이 보편적이라는 데 기반한 주장이다. 이를 논증하기 위해, 쾨벡세스 교수는 화의 개념을 활용한다. 대체로 "원인-힘-표출"이라는 기본 구조를 갖는 화의 개념의 언어적 증거를 서로 다른 언어와 문화에서 찾아낸다. 화의 개념화에 나타나는 이런 문화 간 유사성이 화가 날 때 인간의 몸과 기능의 유사성 때문이라고 보았다. 대개 화의 환유, 즉 화를 동반하는 것으로 가정되는 생리적 과정을 암시하는 표현은 서로 다른 문화에도 공통될 뿐 아니라 이런 식의 사고방식이 문화적 변이의 여지를 남긴다고 주장하고 있다.

제9장에서는 인지언어학 관점으로부터 감정 개념화에서의 문화적 변이를 연구할 수 있는 응집적인 체제를 살피고 있다. 문화적 변이란, 감정의 개념화가 문화마다 다른 현상과 한 문화 내에서의 다른 현상을 말한다. 인류학·심리학·사회학 등과 같은 다른 학문 분야에서도 이런 두 가지 현상에 대한 연구가 많다. 그러나 쾨벡세스 교수는 어떻게 감정 개념이 문화마다 다르며 한 문화 내에서도 그러한지를 이해하는 데 인지언어학적 접근법의 가능성을 주장하고, 나아가 이를 증명할 수 있다는 주장도 제기하고 있다.

제10장에서는 언어(개념화), 몸, 문화가 인간 감정에 대한 통합적 설명으로 자연스럽게 결합되는 종합체를 제시한다. 특히, 여기서는 감정 언어에 관한 세 가지 일반화를 보여준다. 첫째, 대부분의 감정 언어는 마음에 관한 통속 이론의 여러 양상들의 공통된 특성이다. 둘째, 감정 개념에 대한 사회 구성주의 접근법과 보편주의 접근법은 상호 배타적이라기보다는 상보적이다. 그래서 두 접근법은 신체적 구

성주의라는 통합적인 새로운 감정에 대한 견해를 제공할 수 있다. 셋째, 감정 언어에 대한 일반화된 그림을 제시한다. 특히 마지막 장에서 감정 언어의 은유적·환유적 본질을 한 번 더 강조하고 있다.

요컨대, 이 책은 감정의 개념화에서 중요한 역할은 비유 언어가 맡고 있음을 강조하고 있다. 인지언어학 관점에서 도출된 이런 성과는 감정에 대한 연구에 새로운 종합을 제안하고 있다. 졸탄 쾨벡세스는 은유 연구에 있어 세계적으로 매우 활력적이고 영향력 있는 학자이다. 이 책만 봐도 그러하다. 논의는 감정 은유에 초점을 맞춘 것이지만 감정 은유만 다루지 않는다. 오히려 모든 은유적 감정 이면에 감추어진 것을 밝히고 있기 때문에 이 책은 감정과 은유 그 이상의 것을 다룬 책이라고 해야 옳다.

책의 출판을 맡아 주신 동문선의 신성대 사장님과 한국어판 출판을 허락해 준 케임브리지대학출판부에 깊이 감사드린다. 문학동네의 전유물로만 생각되던 은유, 인간의 부정적 측면만 강조하던 감정! 이 두 가지는 어느 점에서는 이단적 현상이다. 하지만 쾨벡세스 교수의 연구로 말미암아 우리는 은유가 문학과 언어학의 만남을 중재하는 것으로 새롭게 자리매김되길 간절히 바란다. 뿐만 아니라 이로 인해 인간의 본질에 부정적 측면으로 여겨지던 감정 현상이 낱낱이 파헤쳐 지금까지 밝혀지지 않은 인간의 또 다른 본질을 해명하는 계기가 되길 기대한다. 우리 인간이 지닌 감정의 본질이 명확히 밝혀짐으로써 혁혁히 달라지는 것은 바로 우리 인간의 새로움이다. 감정은 비유의 도움 없이는, 무엇보다 은유의 도움 없이는 그 진짜 모습을 보기 힘들다. 그렇다면 은유는 인간의 감정적 본질을 밝히는 중요한 인지적 메커니즘일 수밖에 없고, 은유를 통해 밝혀진 감정의 본질이야말로 인간의 또 다른 모습인 것이다.

항상 책을 번역하면서 가지는 느낌은 독자들이 이 책을 바이블로 생각하지 말라는 것이다. 이 책으로 말미암아 각자 더 높은 학문적 세계, 이 책과 관련해서는 감정의 세계와 은유의 세계로 가기 위한 사다리로 간주해 달라는 것이다. 물론, 이보다 한 단계 더 올라간 뒤에는 오르게 한 사다리를 과감히 버려야 할 것이며, 오르다 지치면 다시 한 번 더 근본을 재확인하는 방편으로 삼아야 할 것이다. 아울러 높이 올랐다면 책을 읽은 어느 독자든 다음 후학을 위해 새로운 사다리를 놓아 주었으면 하는 바람 간절하다.

곳곳에서 '인문학이 죽었다'라는 말이 난무하고 있다. 그러나 인문학이 죽은 것이 아니라, 인문학을 탐구하지 않은 기성세대와 후학들이 오늘의 인문학을 죽이고 있는 것이 아닐까 한다. 우리 인간의 신체상 미답지 중 하나가 뇌과학이라고 한다면, 인간의 본질, 너무나도 우리와 가까이에 있으면서도 미래를 열어 갈 인문학의 열쇠 중 하나는 은유와 감정이다. 우리는 그 미답지로 가는 길목에서 쾨벡세스 교수의 바로 이 책을 만났고, 그의 말을 들으면 들을수록 점점 더 '즐거운 미궁'에 빠져들었다. 참, 난감한 미궁이 이렇게 즐거울 수 있다니! 그리고 그 미궁을 빠져나오는 아리아드네의 실이 바로 우리가 평소 즐겨 쓰는 말 한마디, 손짓 하나라니? 출발역과 종착역이 함께 있는, 이 책은 은유와 감정이란 오래된 새로운 역으로 우리 모두를 즐겁게 초대하고 있다.

2009년 10월 5일
김동환 · 최영호

차 례

옮긴이의 말 ——————————————————————— 5

서 문 ——————————————————————————— 15

제1장 언어와 감정 개념 ————————————————— 23

제2장 감정 은유 ——————————————————— 49

제3장 감정 은유: 감정 은유는 감정에만 특유한가? ——— 77

제4장 사건과 감정: 감정의 하위범주화 ——————— 101

제5장 감정의 힘 —————————————————— 115

제6장 감정과 관계 ————————————————— 149

제7장 감정의 통속 이론 대 전문 이론 ——————— 193

제8장 감정 범주화의 보편성 ———————————— 229

제9장 감정 개념화의 문화적 변이 —————————— 265

제10장 감정 언어: 새로운 통합 —————————— 291

참고 문헌 ————————————————————— 317

주제 색인 ————————————————————— 329

서 문

감정의 신경생물학 분야에서 각광받는, Joseph LeDoux(1996)의 저술에는 이런 결론이 있다.

감정은 언어로 구분되는 의식적 느낌이 아닌, 뇌 상태와 신체적 반응으로 진화했다. 뇌 상태와 신체적 반응은 감정의 근간이고, 의식적 느낌은 그런 감정의 케이크에 아이싱을 첨가한 겉치레일 뿐이다(302).

이 책은 어느 정도 이런 결론에 대한 한 가지 반응일 수 있다. 나는 감정이 의식적 느낌으로 진화하지 않았다는 사실을 포함해 리둑스(LeDoux)가 내놓은 많은 주장에 압도되었지만, 그가 내린 결론 중 두 번째 부분은 수용할 수 없다. 왜냐하면 그보다 훨씬 인간적인 관점에서 감정을 다룰 뿐만 아니라, 뒷장에서 제시할 증거에 따르면, 리둑스가 생각한 것보다 "의식적 느낌(conscious feeling)"이 인간의 감정에 더욱더 중요한 역할을 하기 때문이다.

의식적 느낌은 종종 언어로 표현되거나 실제로 언어에 의해 형성된다. 따라서 언어에 대한 연구는 의식적 느낌에 대해 많은 것을 밝혀낼 수 있다. 물론 감정과 감정적 느낌에 관한 흥미로운 말을 하기 위해서는 적절한 언어학이 필요하다. 리둑스의 주장은 설득력이 부족한 언어학에 기초하고 있다. 이 언어학에 따르면, 감정 언어는 기존에 있어 온 감정적 실재를 분류 · 지칭하는 fear(공포), anxiety(걱정),

terror(공포), apprehension(염려)처럼 자구적인 감정 낱말로만 구성되어 있다. 이런 식의 사유는 감정과 언어가 상호작용하는 수많은 미묘한 방식을 지나치게 단순화시킬지도 모른다. 그렇다면, 신경생물학자인 리둑스에게서는 언어학이 감정과 감정 언어 간 관계의 본질에 대해 그 이상의 통찰력을 제공할 수 있으리란 기대를 할 수 없다. 이 책은 이런 당면 과제를 해결하기 위한 적절한 언어학을 제공하는 것이 감정 연구에 있어서 주요한 방법론적 기여로 간주한다.

감정 언어에 대한 단순한 견해를 일단 포기하면, 전혀 새로운 감정의 "세계"가 우리 앞에 펼쳐질 것이다. 감정 언어는 기존에 있어 온 감정적 실재를 범주화하고 그것을 가리키는 자구적인 낱말 집합이 아니라 그것의 비유일 수 있고, 우리의 감정 경험을 정의·창조하는 언어로 간주될 것이다. 이런 새로운 접근법은 감정 연구로부터 몸의 포기를 의미하는가? 그것은 아니다. 이와는 반대로, 감정 연구의 세 줄기를 따로따로 추구할 때 생기는 각각의 약점을 피할 수 있는 집약체로 결합하고 싶다. 여기서 세 줄기는 인간의 몸이 감정 상태에서 행동하는 방식에 관한 연구, 문화적·사회적 요인이 감정 경험에 영향을 미치고 형성하는 방법에 관한 연구, 인지언어학 관점에서의 감정 언어에 대한 연구를 말한다. 다시 말해, 나의 주된 목표는 감정 연구에 새로운 통합을 제공하는 데 있다. 즉 인간의 감정 현상에 대한 비교적 완전하고 통합적인 설명을 얻을 수 있는 방식으로 언어, 문화, 몸을 결합시키는 것이다.

이런 통합을 창조하는 가운데 감정과 감정 언어에 대한 연구에서 몇몇 논제를 분명히 해야 할 것이다. 이런 논제는 다음과 같은 질문이지만, 이것에만 국한되는 것은 아니다. 첫째, 객관적으로 측정 가능한 감정에 대한 몸의 반응과 언어로 기술할 수 있는 주관적 감정 경험 간에는 어떤 관계가 있는가? 보기에 따라, 이것이 이 책에서 추구하는 주요한 논제일 수 있고, 방금 말한 "몸 언어" 논제를 바꾸어 말한 것일 수도 있다. 둘째, 문화와 언어를 통한 감정의 개념화 간에는 어떤 관계가 있는가? 다시 말해, 문화가 다르면 감정의 개념화도 다른가? 아니면 이런 개념화는 보편적인가? 아니면 이런 개념화는 문화 특정적인 동시에 보편적인가? 이런 개념화가 다르다면, 타당하게 그럴 것으로 기대할 수 있듯이 그 변이에는 전혀 제약이 없는가? 셋째, 감정은 우리의 개념적 체계에서 어떻게 조직되는가? 감정은 가장 중요한 단일적 체계로 조직되는가 아니면 개별적 체계들로 조직되는가? 이것은 매우 흥미로운 질문이다. 왜냐하면 (리둑스와 같은) 신경생물학자들이 감정에 대해 제안하는 것과 우리의 언어적 분석이 감정의 개념화에 대해 말해 주는 것이 일치하지 않기 때문이다. 더 나아가 이와 관련하여 이런 불일치가 뇌와 몸에 해당하는 감정과 의식 및 언어를 지닌 유기체에 의해 개념화되는 감정 간의 예측 가능하고도 체계적인 차이인지 여부까지 물을 수 있다. 넷째, 언어를 토대로 기술되는 감정을 어떻게 마음속에 놓을 수 있는가? 감정은 우리의 개념적 체계 속의 합리적 사고나 도덕성과는 어떻게 연관되는가? 감정은 마음에 대한 우리의 소박한 견해에서 개별적인 체계를 형성하는가 아니면 언어적 증거가 판가름하듯이 어느 정도 통합되는가?

이 책의 몇몇 주요한 관심사를 진술한 방식으로 알 수 있듯이, 감정에 대한 나의 기본적인 관심사는 세 가지다. (1) 우리는 영어를 비롯한 다른 언어들의 감정에 대해 어떻게 이야기하는가? (2) 이런 말하기 방식은 특정 감정과 일반적 감정에 대해 어떤 감정의 통속 이론을 밝혀내는가? (3) 이런 통속 이론이 (인간관계와 연상되는 이론과 같은) 다른 "이웃" 통속 이론이나 감정에 대한 과학적 이론과 어떻게 관련되는가? 다시 말해, 우리는 엄격하게 말해 감정 이론이 없다고 솔직히 말해야 한다. 감정에 "적용된다고" 주장할 수 있고 다른 이론들에 의해 거짓으로 입증될 수 있는 감정에 대한 또 다른 전문 또는 과학적 모형을 구성하는 것이 나의 의도가 아니다. 따라서 그런 모형을 구성하지 않았다는 의미에서, 내가 도달할 감정 이론은 나의 것일 수 없다. 내가 여기서 제시하고자 하는 것은 감정에 대해 밝히고 언어에 기초하여 감정에 대한 통속 개념화를 제공하기 위해 영어를 비롯한 다른 언어들을 예로 드는 것이다. 한편으로 감정의 "진정한" 본질을 반영하는 대대적이고도 포괄적인 많은 과학적 모형과 비교해 볼 때, 이것으로는 거의 아무것도 달성하지 못한다. 다른 한편으로 감정 언어가 감정의 많은 중요한 국면을 다루므로 감정의 복잡한 그림을 제공한다는 것을 고려하고, 더욱이 언어로부터 표명되는 이런 풍부한 그림이 우리가 감정을 경험할 때 의식적으로 느끼는 것에 대응한다는 것을 감안한다면, 많은 것을 달성할 수 있다. "의식적 느낌"이 무엇을 포함하는지 알고자 한다면, 감정에 대한 우리의 언어와 통속 이론을 신중하게 받아들여야 한다.

나는 이 책을 통해 감정에서 인간 느낌의 본질과 역할에 관해 많은 논제가 중요하게 제기된다고 믿는다. 그러나 여기서 모든 논제가 제기된다고는 (또는 이 책이 그런 논제를 항상 만족스럽게 다룬다고는) 주장하지 않는다. 그중 논제 하나는 인간 행동과 인지적 기능이라는 좀 더 큰 문맥에서의 감정의 인과적 기능적 양상이다. 내가 여기서 옹호하는 접근법은 이런 감정의 양상에 대해 거의 아무런 말도 하지 못하며, 나는 어쨌든 이런 양상을 조사하는 것이 나의 연구 목적에 필요하고 가치 있다고 느끼지도 않는다. 이런 일들은 다른 학자들이 했으며, 나는 그들의 연구를 수용하고 존중한다(Frijda 1986, Leventhal

& Scherer 1987, Oatley & Johnson-Laird 1987 참조). 다만 감정 언어에 관한 논제들과 직접적으로 관련이 있을 때에만 이런 연구를 논의할 것이다.

여기서 제기한 질문 중 몇몇은 이 책이 끝날 때쯤 해결될 것이다. 다른 질문들은 논의 진행 과정에서 해결될 것이다. 제1장에서는 감정 언어에 대한 최근 이론을 개관하고, 언어적 관점에서의 감정 연구와 관련된 다른 논제를 제기할 것이다. 제2,3,4장은 감정과 관련이 있는 인지언어학의 핵심 연구 결과를 소개할 것이다. 특히, 이런 연구 결과는 감정 언어의 비유적 본질을 강조하고, 더욱 중요하게도 감정에 대한 통속 이론의 은유적 특징을 강조한다. 제5장에서는 감정에 대한 우리의 통속 이론적 사고의 핵심 주제를 제공한다. 이것은 우리가 감정을 "합리적" 자아를 "비합리적" 자아로 바꾸는 힘으로 간주한다는 생각이다. 우리는 감정에 대한 우리의 많은 사고를 조직하는 유일한 지배적 은유(**감정은 힘이다**)를 발견하게 될 것이다. 제6장에서는 이런 연구 결과를 사랑, 결혼, 관계 같은 인간관계의 경우와 대조시킬 것이다. 더 나아가 감정의 은유적 개념화와 인간관계의 은유적 개념화 간에 주요한 체계적인 차이가 있다는 것을 보여줄 예정이다.

제7장에서는 감정 개념을 구조화하는 통속모형의 본질을 논의하고, 감정 개념이 현재 나오미 퀸(Naomi Quinn)이 주장하듯이 자구적인 것이 아니라 고유하게 은유적이라고 주장할 것이다. 이 장에서 다룰 또 다른 논제는 감정의 통속모형이 전문 또는 과학적 이론과 어떻게 관련되느냐는 것이다. 이것은 모든 과학적 이론화가 통속 심리학의 버전으로 간주될 수 있는지에 관한 질문으로 이어진다. 제8,9장에서는 언어를 통해 밝혀지는 감정의 개념화가 과연 보편적인지 또는 문화 특정적인지에 관한 질문의 해답을 찾고자 한다. 그 답은 관

련이 없는 몇몇 언어(영어 · 중국어 · 일본어 · 헝가리어 · 월로프어 · 줄루어 등)에 대한 상세한 연구를 기반으로 한다. 마지막으로, 제10장에서는 몇몇 논제를 논의할 때 나온 다양한 실타래를 연결하여, 언어(개념화), 몸, 문화가 인간 감정에 대한 통합적 설명으로 자연스럽게 결합되는 종합체를 제공한다.

이 책과 감정에 관한 나의 이전 연구는 어떤 관계가 있는가? 간략히 말해, 이 연구는 이전 연구(Kövecses 1986, 1988, 1990)의 요약은 *아니라*는 것이다. 도리어 이 책에서는 이전 출판물에서 다룬 몇몇 논제를 다르게 설명하고, 이전에 다루려 했다가 다루지 못한 새로운 논제를 제기한다. 전체적으로, 이전 연구와의 주요한 차이는 이 책에서는 특별한 감정 개념이 아닌 일반적인 감정이나 그것과 연결된 더 큰 논제를 강조한 점이다. 최근 몇 년간 인지언어학과 감정 연구 분야에는 많은 새로운 발전이 있었고, 나 역시 이런 발전을 이용하고자 했다. 예컨대, "힘역학"이 언어와 개념화에 어떤 역할을 하는지에 관한 연구는 나에게 많은 감정의 언어와 개념화가 개별적이고 독립적인 개념적 은유가 아닌 힘역학에 의해 기술될 수 있다는 새로운 생각을 갖게 했다(따라서 지배적인 은유 **감정은 힘이다**). 차차 확인되겠지만, 이 새로운 접근법은 감정 연구에 중요한 영향을 미치고 있다. 나 또한 나의 초기 연구에 대한 비판으로부터 많은 것을 배웠다. 이 책은 나오미 퀸(Naomi Quinn), 안나 비에츠비카(Anna Wierzbicka) 등의 반론에 대한 응수이기도 하다. 이러한 결과가 인간 감정이나 그것에 대해 이야기하는 방법에 있어서 새롭고 한층 세련되고 더욱 설득력 있는 견해이기를 희망한다.

이 책이 나오기까지 키스 오틀리(Keith Oatley), 레이 깁스(Ray

Gibbs), 챠바 플레(Csaba Pléh)로부터 많은 격려, 도움, 건설적인 비판을 받았다. 초판에 대한 그들의 논평은 매우 유익했다. 또한 케임브리지대학출판부의 줄리아 허프(Julia Hough)는 이 프로젝트에 대해 격려해 주었다. 더욱이 그녀는 모든 작가라면 학수고대하는 도덕적·감정적·물질적 도움까지 주었다.

조지 레이코프(George Lakoff)는 이 프로젝트 내내 관대한 지원을 해주었다. 또한 원고를 읽고 각종 예와 내용 모두에 관해 귀중한 제안을 해준 UC 버클리에서의 1996년 은유 수업에서도 많은 신세를 졌다. 그 가운데는 나의 고향 부다페스트 최고의 학생 몇 명이 있었다. 그들은 몇 번의 수업에서 이 책의 많은 부분들에 대해 함께 논의해 주었다. 특히 실비아 크사비(Szilvia Csábi), 쥬잔나 보코(Zsuzsanna Bokor), 오르솔리야 라잔니(Orsolya Lazányi), 유디트 지르메이(Judit Szirmay), 모니카 파지가(Mónika Pacziga)로부터 귀한 제안이 있었다. 무엇보다 실비아 크사비는 최종본을 작성하는 데 소중한 도움을 주었다.

미국인들 중 몇몇은 이 책을 위한 언어 자료 수집에 도움을 주었다. 셔럴 크리스(Cheryl Chris), 라스 모스투(Lars Moestue), 조셉 바고(Joseph Vargo), 테드 삽레이(Ted Sablay)는 나를 위해 다른 미국영어 모국어 화자들과 수십 차례나 면담을 실시해 주었다. 라스베이거스의 네바다대학에서 1996년 감정 언어 세미나에 참석한 학생들도 많은 아이디어를 제공했고, 그 당시에 내가 막 창안한 생각을 스스로 명확히 하는 데 꾸준히 도움을 주었다.

게리 팔머(Gary Palmer)는 초고의 첫 독자였다. 우리는 각각의 장에 대해 논의했고, 그 논의를 통해 많은 것을 배웠다. 이 책의 몇몇 부분에는 그의 아이디어가 함께 있다. 렌 탈미(Len Talmy)는 힘역학을 다루는 장에서 귀중한 의견을 제시해 주었고, 존 테일러(John Taylor)는 줄루어의 감정 언어에 관한 논의에 유익한 논평을 해주었다.

두말하면 잔소리겠지만, 모든 분들에게 진심으로 감사드린다.

1998년 12월

부다페스트

제1장
언어와 감정 개념

　이 장에서는 아직 많은 주목은 받지 않았지만 감정 개념 연구 가운데서 누구나가 말하는 중요한 감정 언어의 양상 몇 가지를 기술할 것이다. 이런 양상들 가운데 가장 중요한 것은 비유 언어가 감정을 개념화하는 데 어떤 역할을 한다는 것이다. 도대체 왜 은유를 비롯한 다른 비유 언어는 감정에 대한 우리의 사고방식에 있어서 중요한 것인가? 은유는 기존의 자구적 실재를 단순히 반영하는 것인가, 아니면 실제로 우리의 감정적 실재를 창조하거나 구성하는가? 영어 사용자들이 boiling with anger(화로 끓어오르다), being swept off one's feet(열광시키다), building a relationship(관계를 쌓다), being madly in love(미친 듯이 사랑에 빠지다)와 같은 표현을 사용한다는 것은 어떤 점에서 중요한가?

　나는 이것이 진정으로 중요하다고 제안할 것이다. 만약 그 사람들이 왜 이런 식의 말하기에 참여하는지 분명히 알지 못한다면, 비전문가들은 왜 감정을 열정으로 범주화하는 데 반해, 어느 전문가들은 감정을 상태로 범주화하고 또 다른 전문가들은 그런 감정을 행동으로 범주화하는지 결코 알 수 없을 것이다. 만약 비유 언어에 크게 관심을 기울이지 않는다면, 감정에 대한 비전문적 견해가 인간관계에 대한 비전문적 견해나 합리적 사고나 도덕성에 대한 비전문적 견해와 어떻게 다른지를 정확히 알 수 없다. 만약 이런 종류의 언어를 검토하지 않는다면, 왜 심리학·철학·인류학에 지금과 같은 감정 이론들이 있는지도 결코 모를 것이다. 또한 우리 자신의 문화 외 다른 문화에서 이런 언어를 분석하지 않는다면, 다른 언어의 화자들이 감정에 대한 우리의 사고방식을 공유하는지 (만약 공유한다면 어느 정도 공유하는지) 전혀 깨닫지 못하게 될 것이다. 우리는 은유와 일반적인 비유 언어가 이런 모든 논제들에 중요하며 그것도 결정적으로 중요하다고 주장할 것이다.

그러나 은유가 정확히 어떤 방식으로 이 모든 것에 중요한지를 알기 위해서는, 무엇보다 먼저 감정 언어가 무엇을 의미하는지부터 명확히 해야 한다. 둘째, 감정 언어와 감정 개념에 대한 경쟁 이론들이 어떤 것인지도 명확히 해야 한다. 셋째, 감정 언어와 관련해 어떤 더 특정한 논제가 발생하는지를 명확히 해야 한다. 다음에 나올 연구는 세 부분으로 나누어진다. (1) 낱말과 감정, (2) 의미와 감정, (3) 감정의 일상 개념에 관한 연구에서 필연적으로 제기되는 논제들이 그것이다.

이런 목표를 통해 명백해진 것처럼, 감정 언어의 어떤 중요한 양상과 일반 언어의 감정적 함축은 다루지 않을 것이다. 감정 언어의 통사적·음성적·화용적 특징에 대해서도 논의하지 않을 것이다. 물론 엄청나게 많은 우수한 연구들이 이 모든 분야에서 이루어지고 있음을 부인할 수는 없다(Fónagy 1981 같은 감정과 인간의 소리 체계 간의 관계에 관한 매우 흥미로운 Iván Fónagy의 연구 참조).

낱말과 감정

많은 학자들이 감정 언어를 다룰 때, 감정 언어가 단순히 anger(화), fear(공포), love(사랑), joy(기쁨) 등과 같은 12개 정도의 낱말로 구성되는 것으로 가정한다. 이 절에서는 이런 견해에 이의를 제기하고, 이는 감정 언어의 작은 부분에 지나지 않음을 밝힐 것이다. 우선 감정 관련 어휘의 가장 일반적인 기능과 조직을 간략히 논의한 후, 지금까지 무시되고 있는 일련의 감정 용어에 초점을 둘 것이다.

표현과 기술

우리는 먼저 표현적 감정 낱말과 기술적 감정 낱말(용어나 표현)을 구별해야 한다. 어떤 감정 낱말은 감정을 표현할 수 있다. 화가 날 때 사용하는 shit!(제기랄!), 열광하거나 감동받았을 때 쓰는 wow!(와!), 혐오감을 느낄 때 내뱉는 yuk!(액!) 등이 여기에 속한다. 모든 감정이 이런 식으로 표현될 수 있는지 또는 아닌지 그리고 왜 그런지는 풀어야 할 숙제다. 다른 감정 낱말은 해당 감정을 *기술*할 수 있다. anger(화)와 angry(화난), joy(기쁨)와 happy(행복한), sadness(슬픔)와 depressed(의기소침한) 같은 낱말이 이런 식으로 사용되는 것 같다. 어떤 상황에서는 기술적 감정 용어가 특정 감정을 "표현할" 수도 있음에 주목해야 한다. I love you!(당신을 사랑합니다!)가 그런 예이다. 여기서의 기술적 감정 낱말 love(사랑하다)는 사랑의 감정을 기술하고 표현하는 데 사용된다.

기술적 감정 용어와 표현적 감정 용어의 범주는 Searle(1990)이 제시한 단언적 화행(assertive speech act)과 표현적 화행(expressive speech act)의 범주와 유사하다. 왜냐하면 기술적 용어는 단언적 기능을 가지고, 표현적 용어는 표현적 화행을 구성한다는 점 때문이다.

여기서는 감정 어휘부 가운데서 감정 경험을 "기술하는 데" 사용되는 부분에만 집중할 것이다. 차차 보게 되겠지만, 이것은 감정을 "표현하는" 범주보다 훨씬 더 큰 감정 용어의 범주이다.

기본 감정 용어

기술적 감정 낱말의 범주 내에 속한 용어는 "더 기본적이거나 덜 기본적"인 것으로 간주될 수 있다. 특정 언어의 화자는 어떤 감정 낱말이 다른 낱말보다 좀 더 기본적이라고 느낄지 모른다. 영어에서 사용되는 기본적인 감정 낱말로는 anger(화), sadness(슬픔), fear(공포), joy(기쁨), love(사랑) 등을 들 수 있다. 또한 별로 기본적이지 않은 감정 낱말로는 화에 관한 annoyance(성가심), wrath(격노), rage(분노) 그리고 공포에 관한 terror(공포), fright(경악), horror(전율)가 있다.

기본성이라 함은 (조금 완곡하게 말해서) 두 가지 의미일 수 있다. 한 의미는 기본적인 감정 낱말(그 낱말에 대응하는 개념)이 (Rosch 1975, 1978가 말하는) 개념의 수직 위계조직에서 중간층위를 차지한다는 것이다. 말하자면, anger(화)는 annoyance(성가심)나 emotion(감정)보다 훨씬 기본적이라는 것이다. anger(화)는 '기본층위' 감정 범주이기 때문에 상위층위 범주 emotion(감정)과 하위층위 범주 annoyance(성가심) 사이에 위치한다. 다음 그림 1.1이 이를 보여준다.

"기본성"의 다른 한 의미는 한 특정 감정 범주가 동일한 수평층위에 속하는 다른 감정 범주보다 해당 감정의 더 "원형적" 실례(즉 더 좋은 실례)로 판단될 수 있다는 것이다(Rosch 1975, 1978가 말하는 "원형적"). 이런 수평적 층위는 개념의 수직적 조직의 기본층위와 일치

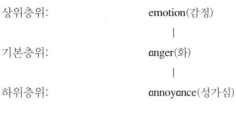

상위층위:	emotion(감정)
	ǀ
기본층위:	anger(화)
	ǀ
하위층위:	annoyance(성가심)

그림 1.1. 수직 위계조직에서 감정 용어의 층위

한다. 일례로 anger(화)는 이전 의미에서 말하는 동일한 층위의 hope (희망)나 pride(자부심)보다 좀 더 기본적이란 것이다(그림 1.2 참조).

그림 1.2. 개념적 조직의 수평적 층위 가운데서 원형적 대 비원형적 감정 용어(원에 속한 anger, fear, sadness가 hope, pride, surprise, lust보다 감정 용어의 더 좋은 실례다).

지난 10년간 영어에 대해 감정 용어의 이런 조직이 광범위하게 연구되었다(Fehr & Russell 1984, Shaver, Schwartz, Kirson & O'Connor 1987). 이와 비슷한 문화 간 연구는 이제 막 시작되고 있다. Frijda, Markan, Sato & Wiers(1995)는 Fehr & Russell(1984)로부터 차용한 방법론으로 11개 언어에서 일반적이며 보편적인 5개의 감정 범주에 도달한다. 이런 기본 감정 범주에는 행복, 슬픔, 화, 공포, 사랑이 포함된다. Smith & Tkel-Sbal(1995)은 팔라우의 미크로네시아 언어에서 감정 용어가 원형적으로 조직될 수 있는 가능성을 연구했고, Smith

& Smith(1995)는 터키어에 대해 같은 연구를 시도했다.

은유와 환유

또 다른 감정 관련 용어로는 비유적 용어와 표현이 있다. 비유적 용어도 감정을 (주로 표현하는 것이 아니라) 기술하기 때문에 기술적 용어의 하위집단이다. 이 하위집단은 다른 두 집단을 결합한 것보다 더 클 수 있다. 여기서 이전 집단과는 달리, 비유적 낱말과 표현은 글자 그대로 특정 감정을 "명명"하지 않는다. 이런 낱말이나 표현이 얼마나 기본적이거나 원형적인지는 논제가 아니다. 이 집단에 속하는 비유적 낱말과 표현은 강도, 원인, 통제 등과 같은 감정 개념의 다양한 양상을 가리킨다. 비유적 낱말과 표현은 은유나 환유일 수 있다. 은유 표현은 Lakoff & Johnson(1980)이 말하는 개념적 은유가 표명된 것이다. 개념적 은유는 서로 다른 두 영역(또는 개념)을 서로 대응시킨다. 두 영역 가운데 한 영역은 (추상적인) 다른 영역보다 전형적으로 더 물리적이고 구체적이다. 추상적인 영역을 구체적인 영역의 관점에서 이해할 목적으로 대응관계가 설립된다. 예컨대, boiling with anger (화로 끓어오르다)는 매우 생산적인 개념적 은유 **화는 펄펄 끓는 액체다**의 언어 표현이며(Lakoff & Kövecses 1987, Lakoff 1987, Kövecses 1986, 1990, 1995a 참조), burning with love(사랑으로 뜨거운)는 **사랑은 불이다**의 예이고(Kövecses 1988), to be on cloud nine(너무나 행복하다)은 **행복은 위다**의 예다(Kövecses 1991b). 이 세 가지 예 모두 해당 감정의 강도 양상을 암시한다.

이런 큰 집단에 속하는 언어 표현은 환유일 수도 있다. 개념적 은유와 달리, 개념적 환유는 단 하나의 영역이나 개념을 수반한다. 환유의 목적은 동일 영역의 한 부분을 통해 전체 영역에 정신적 접근을 제공하거나(또는 그 역), 동일한 영역 내의 한 부분을 통해 그 영역의 다른 부분에 정신적 접근을 제공하는 것이다(환유의 본질에 대한 더 많은 설명은 Kövecses & Radden 1998 참조). 따라서 은유와 달리, 환유는 단 하나의 영역 내에서 이루어지는 "대표" 관계이다(즉 부분이 전체를 대표하거나 한 부분이 또 다른 부분을 대표한다). 전체 감정 개념에는 많은 부분이나 요소가 있는 것으로 간주된다. 예컨대, 화 영역에서의 한 부분이나 요소는 흔들림이고, 공포 영역에서의 한 부분이나 요소는 체온의 떨어짐이다. 따라서 이런 두 감정 개념에 대한 언어 예로는 화와 관련해 to be upset(화가 나다) 그리고 공포와 관련해 to have cold feet(겁을 내다)가 있다. 첫번째 예는 개념적 환유 **물리적 흔들림은 화를 대표한다**의 예인 데 반해, 두번째 예는 개념적 환유 **체온의 떨어짐은 공포를 대표한다**의 예가 된다(Kövecses 1990 참조).

감정 환유의 특정한 경우로는 감정 개념 B가 다른 감정 개념 A의 부분이 되는 상황이다(Kövecses 1986, 1990, 1991a, 1991b 참조). 이런 경우, B는 A를 환유적으로 대표한다. 예컨대, 왜 낱말 girlfriend(애인)가 사랑 관계 속의 파트너를 가리킬 수 있는지는 이로써 설명할 수 있다. 적어도 이상적으로 사랑(A)은 두 연인 간의 우정(B)을 포함하거나 가정하기 때문에, 낱말 friend(B의 실례)는 사랑(A)의 한 양상에 대해 이야기하는 데 사용 가능하다.

감정 언어의 세 가지 유형은 그림 1.3으로 나타낼 수 있다. 밝혀진 세 집단 (표현적 용어, 특정 감정을 글자 그대로 가리키는 용어, 감정의 특정한 양상을 가리키는 비유적 표현) 가운데서 비유적 표현 집단이 대체로 가장 크지만, 감정 언어에 관한 연구에서는 관심을 가장 적게 받았다. 대부분의 학자들은 비유적 표현이 전혀 흥미롭지 않고 부적절하다고 간주하고, 비유적 표현을 부수 현상, 즉 자구적이고 간단한 방

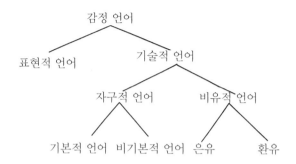

그림 1.3. 감정 언어 유형의 요약

법으로 말할 수 있는 것을 더 장식적으로 말하는 방식으로 간주하는 경향이 있다. 더욱이, 첫번째 집단의 표현들을 일반적으로 자구적인 것으로 간주해 버린다. 이를 고려하면, 왜 세번째 집단의 표현들이 그간의 관심을 충분히 받지 못했는지를 쉽게 알 수 있다. 자구적 표현만 진리를 가질 수 있고, 비유적 표현은 (감정적) 실재가 구성되는 방식과는 전혀 무관하다는 입장을 취한다면, "단순한" 비유 언어는 연구할 필요가 없다는 것이다. 그러나 우리 인간이 감정적 실재를 창조하는 방식에 언어가 어떤 기능을 담당하는지에 대한 이런 견해를 거부하는 학자들의 수는 점차 늘어나고 있다(Baxter 1992, Duck 1994, Gibbs 1994, Holland & Kipnis 1995, Kövecses 1991 참조).

의미와 감정

감정 언어를 식별·기술하는 것은 인간 개념화에서 감정 언어가 중요하다는 것을 밝히는 과정의 시작에 불과하다. 난제는 의미의 문제를 다루는 것이다. 심리학에서 인류학, 철학까지 총괄해 여러 학문 분야에서 무엇이 감정 낱말의 의미를 구성하는지에 대한 논제는 뜨거운 감자다. 감정 의미를 특징지으려는 학자들마다 입장과 관점이 서로 다르다.

"부호" 견해

감정 의미에 대한 부호 견해는 감정 용어의 의미가 단지 낱말 anger와 fear 같은 부호와 생리적 과정, 행동처럼 실재하는 감정적 현상 사이의 단순한 연상이라고 주장한다. 이런 입장은 감정 의미에 관한 가장 간단하고도 평범한 견해이다. 이런 견해는 의미를 소리(형태)와 사물 간의 단순한 연상으로 간주하는 일반 의미에 관한 통속 이론에 기반한다. 일반 의미에 대한 이런 식의 이해는 감정에 관한 과학적 이론의 기초가 된다. Schachter & Singer(1962)는 감정이 부호, (감정적으로) 실재하는 어떤 것, 상황이라는 세 가지를 포함한다고 제안했다. 이런 견해는 가장 간단하고 평범한 견해에 비하면 향상된 견해이다. 하지만 두 견해 모두 감정 용어가 많은 개념적 내용과 조직을 가질 수 있다는 가능성을 배제한다. 몇몇 연구가 말하듯(특히 Wierzbicka 1995, Shaver et al. 1987, Kövecses 1990 참조), 감정 용어는 많은 개념적 내용과 구조를 지니고 있다.

"핵심 의미" 견해

의미론에서는 관습상 핵심 (외연적 · 개념적 · 인식적) 의미와 주변적 (내포적 · 잔여적) 의미를 구별한다(Lyons 1977 참조). 범주를 적절하게 정의하는 것으로 간주되는 소수의 자질이나 성분이 핵심 의미를 특징짓는다. 이것은 핵심 의미가 극미하게, 즉 가능한 한 가장 소수의 성분에 의해 두 낱말의 의미를 구별할 수 있어야 함을 뜻한다.

이런 견해에서 보면 정의의 주요한 기능은 의미를 체계적으로 구별하는 것이다. 때문에 보다 중요한 의미, 다시 말해 진정으로 중요한 의미는 전형적으로 핵심 의미인 데 반해, 주변적 의미는 낱말과 표현의 의미를 전달할 때에는 별로 중요하지 않아 보인다(좀 더 상세한 논의는 Kövecses 1990, 1993a 참조). 주변적 의미나 내포는 일반적으로 다양한 사회적·상황적·정서적 자질로 구성된 것으로 간주된다. 이런 자질은 낱말의 인식적 내용에 의미심장하게 기여하는 것 같지 않은 자질이다. 내포는 사람마다 그리고 문화마다 다른 것으로 가정된다. 그러나 Osgood(1964)과 같은 학자는 내포를 보편적인 것으로 본다. 이를테면 평가(좋고 나쁨), 활동(빠르고 느림), 잠재력(강하고 약함)의 일반 의미 차원이 이런 내포에 해당한다.

감정에 대한 핵심 의미 견해는 전형적으로 감정 의미가 *보편적인 의미적 본원소*로 구성된다는 생각을 그대로 수용한다. 비에츠비카는 이 견해를 주도적으로 지지한다(Wierzbicka 1972, 1995 참조). 가령, 그녀는 감정 anger라는 개념을 "X feels as one does when one thinks that someone has done something bad and when one wants to cause this person to do something he doesn't want to do(X는 누군가가 나쁜 짓을 했다고 생각되거나 그 사람이 원하지 않는 것을 하도록 하고 싶을 때 이렇게 느낀다)"(1972: 62)와 같은 식으로 정의한다. 이런 정의는 THINK, DESIRE, WANT, BAD, GOOD, CAUSE, DO 등처럼 어떤 보편적인 의미적 본원소를 활용한다. 비에츠비카 접근법의 주요 논지들 가운데 하나는 영어와 같은 특정 언어의 감정 낱말을 보편적인 것으로 간주하는 것은 잘못이라는 점이다(Wierzbicka 1986, 1992a, 1995). 영어 낱말 emotion(감정)은 결코 보편적이지 않다. 이 낱말이 영어와 다른 식으로 밀접하게 관련된 언어들에서는 부재하는 듯하다

(Wierzbicka 1995). 비에츠비카의 주장에 따르면, 특정 언어의 특정한 감정 낱말의 개념적 내용을 구성하는 의미적 본원소는 보편적이다 (비에츠비카의 연구는 또 다른 집단과도 일치하기 때문에 다음 절에서 좀 더 논의할 것이다).

그런데 하나의 관점에서 보면, 비에츠비카 접근법은 핵심 의미 견해를 잘 피력하지 못한다. 감정을 정의할 때, 보편소를 활용해 "X feels as one does when…" 같은 장면이나 시나리오를 기술하는 절을 사용한다. 전형적인 핵심 의미 이론에서, 본원소의 단순한 존재 여부는 한정적이며, 어떻게 본원소를 개념으로 구성할지를 지배하는 통사론도 없다. 하지만 비에츠비카에게는 의미적 보편소들이 부수적인 절로 결합되어 장면과 시나리오를 구성하기 때문에("X feels as one does when one thinks that…"), 통사론은 중요하다.

핵심 의미 견해의 다른 예가 있다. Davitz(1969)는 영어 감정 낱말 anger의 의미가 **과도한 흥분, 반대 움직임, 긴장, 부적당**으로 구성된 것으로 특징짓는다. 의미의 이런 성분이나 다발은 영어 사용자가 생산한 언어 자료에서 나왔다. 이런 다발은 각각의 영어의 감정 낱말 하나하나를 성공적으로 구별할 수 있다고 본다. 더욱이, 동일한 다발이 (우간다어 같은) 다른 문화의 감정 개념에 대한 연구에도 적용할 수 있다고 제안하고 있다.

"차원적" 견해

감정 의미는 의미의 고정된 차원상의 값에 의해 구성되는 것으로도 간주된다. 예컨대, Solomon(1976)은 어떤 감정을 기술하는 데 충분한 13개의 차원을 가정한다. **방향, 범위/초점, 사물, 기준, 위상, 평가, 책임감, 상호주관성, 거리, 신화, 바람, 힘, 전략**이 그것이다. 감정 개념에 대한 정의에는 이런 차원들 전부 혹은 일부가 이용된다. 핵심 의미 견해와 차원적 견해를 구별하기가 항상 쉬운 것은 아니다. 그래서 프리자에 따르면, 주어진 감정에 적용되는 차원은 감정을 특이하게 특징짓는 "성분 윤곽(component profile)"을 제공한다(Frijda 1986: 217-219). 차원적 접근법을 믿고 따르는 학자들은 일반적인 "핵심 의미" 견해의 주요한 함정을 제거하려고 한다. 감정 의미와 감정 경험 사이의 커다란 공백이 이런 함정이다. de Rivera(1977: 121)는 "이런 양극 사이엔 긴장이 있기 마련이다. 하나는 연구자가 경험에 충실해야 한다고 주장하는 극이고, 다른 하나는 소수의 추상적 구성물들 간의 정확한 관계가 그다지 정밀하지 않아야 할 것을 요구하는 극이다"라고 진술한다. 분명, 드 리베라는 "소수의 추상적 구성물들"(즉 의미적 성분과 차원)에 의해 정의되는 감정 의미와 전체 감정 경험, 다시 말해 특정한 감정 상태에 빠진 사람들의 복합적 경험 사이의 공백을 인식하고 있다. Frijda(1986)는 차원적 접근법을 지지하는 또 다른 유명한 학자이다. 프리자는 보다 많은 차원들(전체 26개)을 구별하고, 더욱 분명하게 그 의미-경험 공백을 줄이는 것이 그의 목표이다.

"함축적" 견해

"핵심 의미" 견해와 "차원적" 견해가 일반적인 핵심 의미에 기초를 두는 데 반해, 함축적 견해는 내포적 의미를 주요한 출발점으로 삼는다. 주요 인물의 말을 들어보자. "어떤 것이 무엇을 의미하는지 연구한다는 것은 그것을 이해하려는 사람에게 그것이 무엇을 함의하고, 암시하고, 제안하는가를 연구하는 것이다"(Shweder 1991: 244). 슈에더에 따르면, One of my grandparents was a surgeon(우리 조부모 중 한 분은 외과의사였다)은 우리 조부가 외과의사였음을 암시하고, She is your mother(그녀는 당신 어머니다)는 그녀가 당신의 건강을 보살 필 의무가 있음을 암시한다(244-245). 이런 예들이 암시하듯, 슈에 더에게 의미는 외연적 의미가 아닌 내포적 의미이다. 의미에 대한 이 런 견해에서는 핵심이 아닌 주변이 중요한 것이다.

슈에더는 감정 의미에 대한 이런 접근법을 상대적으로 다룬다. 그 가 제시한 예들 중 하나는 anger이다. 슈에더는 "화는 폭발, 파괴, 복 수를 암시한다"라고 했다(245). 감정 의미에 대한 다른 견해를 논의 하면서 보겠지만, 화의 이런 특징은 다른 특징들과 함께 anger의 의 미를 표상할 때 나타날 것이다.

슈에더가 지지하는 의미에 대한 함축적 견해의 특정한 버전은 비 보편주의적 버전이다. Osgood(1964)과는 달리, 슈에더는 일반 인류 학자들과 더불어 내포적 의미, 그중에서도 특히 감정 의미는 문화마 다 매우 다르다고 믿는다. Shweder(1991: 245)는 몇몇 인류학자들의 연구를 토대로 다음과 같이 말한다.

감정은 의미를 가지며, 이런 의미는 우리가 느끼는 방식에 어떤 역할 을 한다. (…) 일롱고 부족인들은 화는 너무 위험해서 사회를 파괴할 수 있다고 믿고, 에스키모인들은 아이들만 경험하는 것으로 간주한다. 미국의 노동자 계층 사람들은 화는 공포를 극복하고 독립성을 얻도록 도와준다고 믿듯이, 화가 난다는 것의 의미는 전혀 동일하지 않다.

슈에더의 입장은 화의 내포적 의미가 문화마다 다르다는 것이다. 이는 내포적 의미에 관해서 보편적인 것에 관심을 두는 Osgood (1964)의 입장과는 상반된다.

Heider(1991)는 감정에 대한 미낭카바우족(수마트라섬) 용어와 인도네시아 용어를 연구할 때 내포적 접근법을 취했다. 하이더는 감정 용어에 대한 일련의 동의어를 찾아냈다. 우리는 여기에서 동의어를 일종의 언어적 내포로 간주하고 있다. 그는 각각의 언어에서 200개 이상의 감정 용어의 목록을 구축하고, 그 목록에 속한 각각의 용어에 대해 미낭카바우족 피실험자, 미낭카바우족 인도네시아 피실험자, 인도네시아 피실험자 각각 50명으로부터 동의어를 얻어냈다. 각각의 언어에서 각각의 용어와 그 모든 동의어를 구별함으로써, 감정의 어휘적 영역의 광범위한 지도를 그릴 수 있었다. Heider(1991: 27)는 유사한 낱말 다발들이 "우리가 '감정'이라고 의미하는 바와 가장 잘 일치한다"라고 제안했다. 소수의 기본 감정들로 생각하는 사람들은 하이더가 "약 40개 다발"을 발견한 사실에 놀랐을지 모른다. 각각의 다발은 "한두 개 다른 다발"에 연결된다(1991: 28). 하이더는 다음 절에서 논의할 감정 원형도 연구했다.

"원형" 견해

"낱말과 감정"에 관한 절에서 어떤 감정 낱말은 다른 것보다 훨씬 원형적이라고 언급된 바 있다. 거기서는 무엇이 감정 범주의 가장 좋은 예인가 하는 문제가 있었다. 영어에서 감정 범주의 가장 좋은 예로는 anger, fear, love 등을 들 수 있다. anger, fear, love의 가장 좋은 예나 경우는 무엇인가라고 질문할 수도 있다. 분명, 많은 다른 종류의 화, 공포, 사랑이 있다. 이런 하위층위 범주의 가장 좋은 예의 구조와 내용을 상술하고자 할 때, 우리가 감정 의미에 대한 "원형" 견해 내에서 연구하고 있음을 알아야 한다. 왜냐하면 원형은 개별적인 기본 층위 범주와 관련되기 때문이다. 이 견해는 몇 가지 흥미로운 결과를 낳는다. 이를테면, Heider(1991)는 화가 영어보다 인도네시아어에서는 별로 중심적인 감정이 아님을 발견했다. 다른 한편, 슬픔과 혼동은 영어보다 인도네시아어에서 더욱 중심적인 감정이다.

많은 연구자들은 감정 개념의 구조를 스크립트나 시나리오, 모형으로 여긴다(Fehr & Russell 1984, Shaver et al. 1987, Rimé, Philippot & Cisalono 1990, Wierzbicka 1990, 1992b, Heider 1991, Lakoff & Kövecses 1987, Kövecses 1986, 1988, 1990, Rosaldo 1984, Ortony, Clore & Collins 1988, Palmer & Brown 1988 등). Lakoff & Kövecses(1987)는 anger를 (1) 화의 원인, (2) 화의 존재, (3) 화 통제 시도, (4) 화 통제 상실, (5) 보복 같은 사건 단계의 연속으로 기술한다. 즉 화는 5단계 시나리오로 개념화되는 것으로 간주된다. Fehr & Russell(1984: 482)은 fear를 다음과 같은 방식으로 특징짓는다.

갑자기 위험한 상황이 발생한다. 당신은 놀라고 비명을 지른다. 당신은 위험물에 주의를 기울이고 빠져나갈 방법을 궁리하지만, 심장이 두근거리고 사지가 떨리는 것을 느낀다. 머릿속에서 아무 생각도 나질 않는다. 손바닥이 차갑고 땀이 난다. 가슴이 두근두근한다. 당신은 뒷걸음치며 달아난다.

다시 말해, 상술 가능한 방식으로 시간적이고 인과적으로 관련되는 다양한 사건들이 전개된다. 특정한 사건의 연속은 공포 같은 특정 감정의 원형적 개념의 구조를 구성하는 데 반해, 그 연속에 참여하는 특정 *사건*은 개념의 내용을 구성한다.

시나리오 접근법의 특히 흥미로운 예 중 하나는 22개의 감정 유형을 정의하는 Ortony et al.(1988)의 접근법이다. 이런 감정 유형들은 유도 조건에 의해 정의되고 언어와 독립적으로 정의된다. 이 유형들의 예에는 바람직하지 않은 사건 전망에 대한 불쾌함, 바람직하지 않은 사건 전망의 불확정에 대한 기쁨, 바람직하지 않은 사건 전망의 확정에 대한 불쾌함이 포함된다(173). 그들 이론에는 평가의 요소가 포함되어 있다. 사건은 바람직하거나 바람직하지 않을 수 있고, 행동은 가치가 있거나 비난받을 만하며, 사물은 매력적이거나 매력적이지 않다는 것이 그것이다.

Ortony et al.(1988)는 최고의 2개의 세계를 가지고 있다고 주장한다. 이를테면, 문화 독립적이고 보편적으로 적용되지만 감정 경험에서 문화적으로 한정된 변이형을 허용하는 이론이 그것이다.

적어도 메타층위에서, 우리는 문화적으로 보편적 원리에 근거를 둔 이론이 있다는 것에 대해 편안함을 느낀다. 이런 원리는 한 문화에서 존재하게 될 특정 감정들이 그 문화 구성원들이 세계를 분할하는 방식에 의존한다는 것이다(Ortony et al. 1988: 175).

그런데 이런 입장은 첫 인상만큼이나 상대주의적인 것은 아니다. 왜냐하면 모든 문화는 연구자들이 정의하는 것과 동일한 접합면을 따라 분할되기 때문이다. 어떤 문화에도 허용되는 특정한 감정의 부류는 아마 그들 이론에서는 22개 유형에 제한되고 있다.

Ortony et al.(1988)는 감정을 연구할 때 언어로 시작하는 것은 잘못된 것이라고 믿는다. 그들은 "특정 언어의 감정 낱말이 가정된 감정 유형으로 사상되는 방식"(173)을 연구하는 것을 별도 문제로 여긴다. 만약 우리가 그들의 접근법을 Lakoff & Kövecses(1987)가 제공한 화의 특징 묘사와 비교하면, 유도 조건이 "화의 원인"이라는 1단계에 완전히 포함되어야 함을 볼 수 있다. 그 다음 네 단계에 해당하는 감정 언어는 Ortony et al.의 심리학적 접근법에서 제안한 감정 유형에 직접 사상되지 않는다. 따라서 심리학적 접근법은 감정 언어를 조사에서 밝힐 수 있는 많은 개념적 내용을 무시할 것이다. 다른 한편, 그 접근법은 1단계에 대한 정교한 언어적 분석에 대한 계기를 한층 더 제공해 줄 수 있다. 이것은 이 두 접근법 모두 서로의 이익이 되도록 상호 보충할 수 있음을 암시한다.

때때로 원형 접근법은 감정 의미에 다른 견해들과 결합되기도 한다. Wierzbicka(1990: 361)는 다음과 같이 말한다.

감정 개념에 대한 정의는 외적인 상황이 아니라 상당히 추상적인 인지적 구조를 기술하는 원형적 시나리오의 형태를 취한다. 대략적으로, 감정 E를 느낀다는 것은 그런 특정 상황을 특징짓는 특정 (상술 가능한) 사고를 가진 사람이 느끼는 것처럼 느낀다는 것을 의미한다.

이런 정의는 "핵심 의미" 접근법을 원형 접근법과 결합시킨다. "(상술 가능한) 사고"는 의미적 본원소 WANT, BAD, DO SOMEONE 등으로 구성된다.

"원형" 접근법에서, 감정의 자구적 개념과 비자구적 개념이라는 두 종류의 견해를 구별할 수 있다. 예컨대 Shaver et al.(1987)와 Wierzbicka(1990)는 은유적 이해와 환유적 이해가 명백히 감정 개념을 이해하고 구성하는 방식에 기여한다고 생각하지 않는다. 그러나 다른 학자들은 은유적 이해와 환유적 이해가 일정한 역할을 한다고 믿는다. 몇몇 학자들 간에는 이런 역할의 정확한 본질에 대해 의견이 일치하지 않는다(Holland 1982, Quinn 1991, Geeraerts & Grondelaers 1995 참조). 하지만 이런 의견 차이에도 불구하고 많은 학자들은 은유가 중요하다고 믿는다. Averill(1974, 1990), Averill & Kövecses(1990), Baxter(1992), Duck(1994), Holland & Kipnis(1995), Quinn(1987, 1991), Lakoff & Kövecses(1987), Lakoff(1987), Kövecses(1986, 1988, 1990, 1991a, 1991b, 1993b, 1994b, 1995a, 1995b)와 같은 다양한 분야의 학자들은 감정 경험을 개념화하는 데 개념적 은유와 환유의 역할과 기여에 관해 논의하고 있다.

마지막으로, 갖가지 출판물에서 나(Kövecses 1986, 1988, 1990, 1991a, 1991b 참조)는 사랑, 공포, 행복 같은 많은 감정들이 그것과 연상되는 원형적 인지모형이 하나가 아닌 여러 개일 수 있다고 (즉 각각의 감정은 많은 원형을 가진다고) 제안했다. 이런 제안은 몇몇 구성원 (또는 경우)이 감정 범주 내에서 "가장 좋은 실례"의 위상을 획득할 수 있다는 것이다. 왜냐하면 어떤 범주가 몇몇 구성원을 가진다고 가정하면, 한 구성원은 전형적이고, 다른 구성원은 현저하며, 또 다른 구성원은 이상적일 수 있기 때문이다(이와 같은 환유적 모형에 관해서는 Lakoff 1987 참조).

"사회-구성주의적" 견해

몇몇 학자들은 감정 개념을 사회적 구성물로 간주한다. 그중 Lutz (1988)는 (대략적으로 화에 대응하는) 이파루크족의 song에 대해 다음과 같이 설명한다.

1. 규칙이나 가치관의 위배가 있다.
2. 누군가가 그것을 지적한다.
3. 이 사람은 동시에 그런 행동을 비난한다.
4. 범죄자는 두려워하면서 그 화에 반응한다.

5. 범죄자는 자신의 방식을 고친다.

이 모형은 영어 낱말 anger와 연상되는 모형과 현격히 다르다. 그 차이를 설명하기 위해, 루츠는 이파루크족 song에 관한 이 모형이 사회-문화적 구성물이고, 그 특성은 이파루크족 사회와 문화의 특정 양상에 의존한다고 주장한다. 예컨대, 영어 낱말 anger에 관한 견해가 개인과 관련 있는 화의 특성을 강조하는 데 반해, song에 관한 견해는 본질적으로 이 감정 개념의 사회적 본성을 부각시킨다. 그 차이를 설명하기 위해, 루츠는 이파루크족 song에 관한 모형이 사회-문화적 구성물이고, 그 특성은 이파루크족 사회와 문화의 특정 양상에서 비롯된 것이라고 주장한다.

감정 개념에 대한 사회-구성주의적 견해는 적어도 (루츠와 애버릴 같은) 주도적인 지지자들의 연구에서 원형의 개념에 기반하기도 한다. 대부분 감정 개념의 구조는 매우 관습적인 스크립트로 간주된다. 이런 스크립트로부터의 일탈은 주어진 문화에서 인식되고 언어로 표현된다. 감정 개념의 내용을 설명하는 데 있어서, 명시적인 사회-구성주의적 견해는 원형 토대적이지만 비구성적인 여타 접근법들과는 같지 않다.

"신체적인 문화적 원형" 견해

song(화)에 관한 설명은 Lakoff & Kövecses(1987)가 논의한 anger에 관한 설명과 정반대다. Lakoff & Kövecses는 화를 구성하는 은유(특히, **화는 펄펄 끓는 액체다** 은유)가 생리적 기능(체열 상승)에 의해 동기화된다고 한다면, 화의 개념이 전적으로 자의적이며, 단지 사회-문화적 소산(所産)이기보다 인간의 몸에 의해 동기화된다고 주장한다.

우리는 이 연구에서 화의 개념이 단지 인간 생리기능에 의해 동기화된다는 견해와 화의 개념이 단지 사회적 구성물이라는 견해 모두를 초월할 필요가 있다고 제안할 것이다. 여기에서는 화의 개념이 인간의 몸에 의해 동기화됨과 동시에 특정한 사회적·문화적 환경에 의해 생산된다고 제안할 것이다. 우리는 뒤에서 명백히 모순되는 이 두 가지 견해를 조정할 것이다(제8,9,10장 참조). 이런 식으로 사회적 구성물에는 신체적 기초가 주어지고, 신체적 동기화에는 사회-문화적 내용이 주어진다.

감정 언어 연구의 몇 가지 논제

앞선 논의에서 몇 가지 주목되는 논제가 나온다. 여기서는 이 가운데 감정 개념과 감정 의미에 관한 연구 중 무엇보다 중요하고 한층 더 탐구할 만한 논제 몇 가지만 언급할 것이다.

"타당성" 논제
연구 시 가장 중요하게 거론되는 논제들 가운데 하나는 다음과 같다. 어떤 견해가 개념에 대한 우리 일상의 개념을 *진정*으로 또는 *가장 잘* 나타내는가? 그것은 "부호" 견해인가, "핵심 의미" 견해인가, "차원적" 견해인가, 그 외 어떤 다른 견해인가, 아니면 몇몇 이런 견해들의 결합인가? 이런 식의 질문은 곤란한 질문이다. 앞서 언급한 견해들 가운데 과연 어떤 것이 심리적으로 타당한 감정 개념에 대한 표상일 수 있는 견해인지를 결정할 믿을 만한 기준이 하나도 없는 듯하다. 감정 의미를 표상하는 한 가지 방법을 뒷받침할 직접적인 증거는 없지만, 일반 인지과학의 연구에는 원형적 인지모형이 가장 좋은 후보일 수 있다. "원형" 견해는 감정 의미의 갖가지 양상을 가장 잘 설명하는 것처럼 보인다. 유념해야 할 것은 이 견해가 적어도 두 가지 주요한 버전으로 나온다는 점이다. 그중 하나는 사회-구성주의이고, 다른 하나는 (Lakoff 1987, Johnson 1987이 말하는 신체 토대적인) 체험주의이다. 우리는 이 둘이 상호 보완적이며, 서로의 경쟁 이론을 "결합"해야 한다고 제안할 것이다.

감정 원형의 보편성

몇몇 인류학자들과 심리학자들(특히 Berlin & Kay 1969, Rosch 1975, 1978)이 주장했듯이, 초점 색채는 보편적인 것 같다. 감정에 대해서도 마찬가지인가? L 언어의 X 감정에 대한 원형(중심 구성원)이 다른 언어에서도 원형(중심 구성원)인가? 우리가 지금까지 알고 있는 증거에 따르면 그렇지 않다. (아레와 루츠 같은) 구성주의자들은 그렇지 않다는 것이 자연스럽다고 주장하는 데 반해, (Russell 1991 같은) 다른 학자들은 원형적 스크립트가 여러 언어와 문화에서 대체로 동일하다고 주장한다. Wierzbicka(1995)는 구성주의자들과 함께 감정 원형이 문화마다 다르지만, 이런 차이를 표현하는 수단이 되는 의미적 본원소는 보편적일 수 있고, 심지어 보편적이라고 주장한다.

Frijda et al.(1995)가 말하는 "상술되지 않은 긍정적 감정"(행복/기쁨 범위), "상술되지 않은 부정적 감정"(슬픔 범위), "강한 애정의 감정"(사랑 범위), "위협의 감정"(공포 범위), 화 같은 범위에 대응하는 감정 영역 내의 몇 가지 일반적인 구조가 보편적일 수 있다. 그러나 언어마다 기본 감정 범주(또는 범위)의 원형 또는 초점 구성원은 형형색색 서로 다른 경향을 가진다(이파루크족 song과 영어 anger를 비교해 보라). 이런 상황은 색채의 상황과 다르게 나타난다. 색채의 경우에는, 특정 색채의 초점 구성원은 여러 언어에서 정확히 동일한 경향이 있다. 감정의 경우에, 동일한 일반적인 기본 감정 범주가 모든 언어와 문화에 존재한다는 사실에도 불구하고, 언어마다 그 기본 감정 범주의 "초점" 구성원은 서로 다르다. 마지막 장에서 문화 간 유사성과 차이성의 몇몇 세부사항에 관한 몇 가지 제안이 있을 것이다.

개념적 도구의 보편성

지금까지 우리는 학자들이 감정 의미의 인지적 표상을 제공하고자 할 때 이용하는 다양한 개념적 도구와 요소를 보았다. 여기엔 의미적 본원소(성분), 내포적 특성, 의미의 차원, 스크립트나 시나리오, 개념적 은유와 환유가 있었다. 그러나 이런 개념적 요소들 가운데 어떤 것이 보편적인가 하는 문제를 제기할 수 있다. 학자들마다 의견은 일치하지 않는다. Lakoff(1987)와 Johnson(1987)은 그 어떤 것도 보편적이지 않다고 제안한다. 대신에 그들의 주장에 따르면, 기본적인 영상도식이 보편적이다. 왜냐하면 영상도식은 기본적인 신체적 경험으로부터 발생하기 때문이다. 우리는 여기서 이런 일반적 방향을 따를 것이다. 하지만 Wierzbicka(1995)와 같은 학자들은 소수의 보편적인 의미적 본원소가 있을 수 있고, 그것의 도움을 받아 모든 언어마다 (감정 개념을 포함한) 그 모든 개념을 충분히 기술하고 정의할 수 있다고 제안한다.

감정 은유는 감정에만 특유한가?

지금까지의 연구에서 입증되었듯이, 영어 사용자들이 화, 사랑, 공포 같은 감정을 이해하기 위해 사용하는 상당히 많은 은유, 더 정확히

말해 은유적 근원영역이 있다. **펄펄 끓는 액체, 불, 위험한 동물, 적,
짐, 자연력** 등이 그것이다. 왜 화자들은 이 모든 은유들을 필요로 하
는가? 더욱이 이런 은유적 근원영역이 감정을 이해하는 데 과연 특
유한 것인가? 사람들이 다른 경험을 이해하는 데 있어서 근원영역과
중복되는가?(제3장 참조) 여기서 문제되는 것은 감정이 그것의 한 특
정 부분을 "분할하는" 개념적 체계가 있는지의 여부이다. 이에 대한
우리의 답은 긍정과 동시에 부정이다. 우리는 일반성의 층위, 즉 앞
서 인용한 특정 개념적 은유가 작용하는 층위에서, 감정이 여러 특정
은유들에 의해 개념화되는 것이 아니라고 주장할 것이다. 그러나 또
다른 층위에서는 감정에 대한 특이한 개념화와 같은 것이 있다고 주
장할 것이다. 힘역학에 대한 Len Talmy(1988)의 연구에 입각해, 우
리는 매우 일반적인 감정에 대한 "주 은유(master metaphor)"를 분리
시킬 수 있다. 또는 이를 은유 **감정은 힘이다**라고 부를 것이다(제5장
참조). 또한 대부분의 특정 층위 은유들이 이 총칭 층위 은유의 단순
한 실례임을 보여줄 것이다. 힘 은유가 감정 연구에 대한 몇몇 중요한
영향을 미친다는 것도 보일 것이다. 힘 은유가 주어지면, 우리는 (1)
은유적 용어가 아니고서는 감정의 대부분 양상들을 개념화하는 것이
불가능하고, (2) 이것이 감정을 이해하는 보편적인 방식이며(제8장 참
조), (3) 감정의 영역을 우정, 사랑, 결혼과 같은 인간관계의 영역과
체계적으로 대조시킬 수 있다(제6장 참조)는 것을 보게 될 것이다.

은유와 환유의 역할

Lakoff & Johnson(1980)은 많은 일상 은유가 비자구적 의미로 사용
되는 단순한 낱말이 아니라 본질상 개념적이라고 주장했다. 오히려
은유는 중요한 인지적 작업을 하는 데 사용되는 개념적 장치라는 것

이다. 그런 인지적 작업 중 하나는 은유가 우리를 위한 사회적 · 문화적 · 심리적 실재를 실제로 "창조하거나" 구성할 수 있다는 것이다. 개념적 은유는 주어진 문화의 감정 개념에 어떤 역할을 하는가? 좀 더 특정한 논제는 과연 개념적 은유가 감정과 연상되는 문화모형을 구성하는지 아니면 그것을 단지 반영하기만 하는 것인지다. 최근의 논의와 결혼에 대한 미국식 개념에 관한 자료를 토대로, Quinn(1991)은 개념적 은유가 감정의 문화모형을 반영할 뿐이라고 제안한다. 우리는 이것과 반대 입장을 취할 것이며, 제7장에서는 사랑과 결혼에 대한 널리 퍼져 있는 "결합(unity)" 은유에 근거하여 개념적 은유가 다른 요인들과 함께 추상적 개념을 구성하는 방식에 기여할 수 있음을 보여줄 것이다. 그러나 Holland(개인적 교신)가 제안하듯이, 물론 은유의 역할에 있어서 이런 "이것 아니면 저것" 견해가 관련 논제를 검토하는 가장 좋은 방법이 아닐 수 있다. 더욱이 어떤 은유는 실재를 구성할 수 있는 능력을 가진 데 반해, 어떤 은유는 그렇지 않다고 믿는 것이 진리인 양 보인다. 어떤 은유가 그런 능력을 가지는지 가지지 않는지의 문제는 보다 상세한 차후의 연구로 결정할 수 있다.

감정에 관한 과학적 이론이나 전문 이론에서도 같은 논제가 제기된다. 학술 논의에서 사용되는 은유는 "단순히 설명적 · 교육적" 장치인가 아니면 실제로 이런 이론을 구성하는가 하는 논제가 그것이다. Soyland(1994)는 후자의 입장을 받아들인다. 이는 제7장에서 다시 다룰 것이다.

"비전문적 견해" 대 "과학적 이론"

(관습적 언어 사용에서 드러나는) 일상적 감정 개념과 과학적 감정 개념 사이에는 어떤 관계가 있는가? 즉 감정에 관한 비전문 이론과

과학적 이론은 어떻게 관련되는 것인가? 이는 Parrott(1995)가 비전문적인 "심장-머리"와 그에 상응하는 전문적인 "감정-인지"를 대비시켜 명시적으로 다룬 논제이다.

좀 더 일반적으로 말해, 어떤 관계가 있다고 하고, (사피어-워프 가설에 대한 변별적인 해석에 유추하여) 그 관계가 강하거나 약할 수 있다고 가정할 경우, 우리는 네 가지 이론적 가능성을 생각할 수 있다 (이때 몇몇 부가적인 중간 경우는 제외시켰다).

1. 통속 개념이 전문 이론을 결정한다.
2. 통속 개념은 전문 이론에 영향을 미친다.
3. 전문 이론이 통속 이론을 결정한다.
4. 전문 이론은 통속 이론에 영향을 미친다.

강한 버전에서 "결정한다"는 "초래한다, 생산한다"의 의미로 의도된다. 반면, 약한 버전에서 "영향을 미치다"는 "제약하다" "의지한다" "자연스럽고 평이하게 만든다"와 같은 구분되는 경우들을 포괄한다.

분명 임시방편에 지나지 않지만, 이런 분류는 감정 연구상 특정 실례를 검토할 수 있고, 비전문적 견해와 전문 이론 간의 획득 가능한 특정 관계를 밝힐 수 있다. 몇몇 저서(Averill & Kövecses 1990, Kövecses 1991a)에서 애버릴과 나는 이런 가능성들에 관해 사전 조사를 한 바 있다. Kövecses(1991a)는 어떻게 사랑에 대한 전문 이론이 언어 토대적 통속모형의 다양한 양상에 의존하고 그것에 초점을 집중시키는지를 지적한다. Siegfried(1994), Russell, Fernández-Dols, Manstead & Wellenkamp(1995)도 이 문제에 관해 최근 몇몇 연구에서 지적한 바 있는데, 감정 영역 같은 심리적 영역에서는 비전문 이론과 전문 이론 사이의 관계의 본질이 오늘날 뜨거운 논란거리가 되는 주제이다. 제7장에서는 이 논제를 좀 장황하게 탐구할 것이다.

감정 하위범주화

실제로, 감정이란 무엇인가? 우리는 감정을 상태나 사건, 행동, 열정으로 하위범주화하는가? 감정이 상태라고 말하는 심리학자가 옳은가 아니면 열정이라고 말하는 평범한 사람들이 옳은가? 정녕 감정은 어떤 행동이라고 생각할 수 있는가? 가장 흥미롭게도, 우리는 그것을 어떻게 알아낼 수 있는가? 최근 **George Lakoff**(1990, 1993)는 상태, 사건, 행동, 활동에 대한 우리의 많은 이해가 "사건 구조" 은유에 의해 구조화된다는 논제를 제기했다. 이 논제를 해명할 겸, 제4장에서 복합적 은유를 사용하여 감정 영역과 사건 체계가 얼마나 중복되는지 볼 것이다.

이는 뒷장들에서 다루려는 논제들이다. 그러나 그 심연에 접어들기 전, 현재까지 인지의미론적 관점에서 과연 영어의 어떤 감정 개념이 연구되고, 그 결과가 어떠한지를 보는 것은 적지 않은 도움을 줄 것이다. 이는 앞서 소개된 논제들을 논의하고 영어를 비롯한 다른 언어를 비교하는 데 좋은 토대가 될 것이다. 제2장에서 영어에 대한 몇 가지 결과를 검토하기로 하고, 영어 외 다른 언어들에 대해서는 제8,9장에서 검토할 예정이다.

제2장

감정 은유

　이 장에서는 영어의 감정 개념이 갖는 은유적 양상에 관해 지난 10년간의 연구를 간략히 살펴보고자 한다(다른 문화의 비유적 감정 언어에 관한 연구는 제8,9장에서 제시할 것이다). 1980년대와 1990년 초에 설립된 전통 내의 인지언어학적 체제를 사용해서 George Lakoff(Lakoff & Johnson 1980, Lakoff 1987, Lakoff & Turner 1989), Ronald Langacker(1987, 1991), Mark Johnson(Johnson 1987, 1993), Mark Turner(1987), Eve Sweetser(1990), Ray Gibbs(1994) 등과 같은 연구자들이 획득한 결과를 제시하는 것에 국한할 것이다. 명백히, 인간의 개념적 체계를 연구할 때 비유 (은유적 및 환유적) 언어를 가장 진지하게 다룬 것은 바로 이 체제이다.

　이러한 전통 내에서 여러 학자들로부터 주목받은 바 있는 감정 개념에는 화, 공포, 행복, 슬픔, 사랑, 욕망, 자부심, 부끄러움, 놀람 등이 있다. 여기서는 이 집합을 가장 대표적인 감정 개념의 표본으로 삼는다. 많은 것은 원형적 감정 개념이고, "기본 감정"(화, 공포, 행복, 슬픔)의 대부분 목록에서 나타나며, 사랑과 놀람 같은 감정은 적어도 논란의 여지가 있는 기본 감정을 나타낸다. 개념의 수직적 위계조직에서 언어적 범주로서의 인지적 위상의 관점에서 보면, 이런 감정 개념들은 모두 기본층위 범주에 속한다.

이 장은 주로 개념적 은유에 초점을 둘 것이다. 왜냐하면 은유가 언어 사용에 상당히 널리 퍼져 있을 뿐 아니라, 감정과 감정 경험에 대한 개념화의 대부분 양상을 이해하는 데도 본질적이기 때문이다. 이런 은유적 언어의 사용에는 몇 가지 의문이 제기된다. (1) 사람들이 실제로 이런 언어를 사용하는가? 만약 그렇다면 그 정도는 어떠한가? (2) 이런 언어는 누가 만들어 내는가? 시인이 만드는가, 아니면 소설가 또는 일반 사람들이 만들어 내는가? (3) 이런 언어는 시간이 흐르면 바뀌는가? 이 장에서는 이 각각의 질문을 다룰 것이다.

은유적 언어에 대한 몇 가지 연구 방향을 알아차리고, 지금까지의 연구가 제시하는 몇 가지 가능성을 확인하기 위해 아래와 같은 연구들이 중요하다. 먼저, 화에 관한 연구부터 살펴보자.

화 은유

화는 아마도 인지의미론 관점에서 가장 널리 연구된 감정 개념이다. Kövecses(1986)와 Lakoff & Kövecses(1987)는 화를 특징짓는 많은 은유적 근원영역을 찾아냈다. **화난 사람은 작동하는 기계다**와 **화는 상급자다** 같은 또 다른 몇 가지도 덧붙일 수 있다. 다음은 영어의 화 개념에 있어서 주요한 은유적 근원영역의 목록이다. (목표영역과 근원영역으로 구성된) 각각의 개념적 은유를 예증하는 언어의 예를 제시해 두었다.

화는 그릇 속의 펄펄 끓는 액체다

She is *boiling with anger*. (그녀는 화로 끓고 있다.)

화는 불이다

He's doing a *slow burn*. (그는 서서히 분노로 타오르고 있다.)

His anger is *smoldering*. (분노가 끓고 있다.)

화는 정신병이다

The man was *insane with* rage. (그 양반은 화가 나서 제정신이 아니었다.)

화는 싸우는 적이다

I was *struggling with* my anger. (나는 화와 투쟁 중이다.)

화는 포획된 동물이다

He *unleashed* his anger. (그는 화의 끈을 풀었다.)

화는 짐이다

He *carries* his anger *around* with him. (그는 항상 화가 나 있다.)

화난 행동은 공격적인 동물 행동이다

Don't *snarl at* me! (나한테 딱딱거리지 마시오!)

화의 원인은 침입이다

Here I *draw the line*. (이쯤에서 참는 데도 한계가 있다.)

화의 원인은 물리적 성가심이다

He's *a pain in the neck*. (그는 짜증스런 인간이다.)

화는 자연력이다

It was a *stormy* meeting. (그것은 격렬한 모임이었다.)

화난 사람은 작동하는 기계다

That really *got* him *going*. (그것은 그를 자극했다.)

화는 상급자다

His actions were completely *governed* by anger. (그의 행동은 완전히 화에 속박당했다.)

이런 은유적 근원영역은 화 개념의 다양한 양상을 보여준다. 예컨대 **작동하는 기계** 은유는 화난 사람에게 초점을 둔 것이고, **물리적 성가심과 침입**은 화의 원인에, **공격적인 동물 행동**은 화난 행동에, **적**은 통제의 양상에 초점을 맞춘 것이다. 그런데 화 자체에 핵심적인 개념적 은유는 **화는 그릇 속의 펄펄 끓는 액체다**이다. 여기서의 중심성은 두 가지 근원에서 나온다. 하나는 그릇 은유가 화 개념의 갖가지 다른 양상을 포착한다는 것이고, 다른 하나는 이 은유가 은유적 함의와 관습적 어휘 둘 다에서 상당히 정교화되어 있다는 것이다. 이 은유가 일반 감정에 관한 우리의 통속 이론에서 매우 중심적이라는 생각은 곳곳에서 조금씩 상론된 바 있다(Kövecses 1990).

앞서 예증된 은유적 언어를 도대체 누가 창조한 것인가? 대개 이런 식의 말투가 영어에서 화에 대해 말하는 평범하고도 관습적인 방법이라고 해도 좋을 것이다. 이런 언어는 화의 경험을 개념화하는 은유적 방법에서 도출된다. 그런데 가장 "창조적"이라고 간주되는 다른 언어 사용자들이라면 과연 화를 어떻게 이해하는가? 그들은 "일상 화자"에게 이런 은유적 언어와 영상을 전달하는 사람들이지 않을까? 가장 창조적인 화자도 이와 유사한 개념화를 이용하는 것 같다(Gibbs 1994 참조). 비록 그들이 사용하는 언어가 일상 화자들의 언어와 다를 수는 있다. 이를 증명하기 위해, **화는 그릇 속의 펄펄 끓는 액체다** 은유를 조사해 보자. 이와 유사한 개념화가 발생하는 적절한 예는 에이드리언 리치의 시 〈화의 현상학 The Phenomenology of Anger〉"에서 발견된다. Gibbs(1994: 8)는 이 시를 전적으로 인용한다. 이 시에서의 화는 몸으로부터 "잔물결을 일으키는(ripple)" "아세틸렌가스(acetylene)"로, 그리고 "적(enemy)"에게서 "석방되는(released)" 것으로 이야기된다. 이 시를 이해할 때, 우리의 마음속에 있는 화에 대한 가장 관습적인 은유 중 하나인 **화는 그릇 속의 펄펄 끓는 액체다**가 활성화된다. 이것은 *boiling* with *anger*(화로 끓는다), *making one's blood boil*(격분시키다), *simmer down*(흥분이 가라앉다), *blowing your stack*(발끈 화를 내다) 등과 같은 일상 언어에서 볼 수 있는 완벽한 일상 은유이다. 리치의 시에서 펄펄 끓는 액체는 아세틸렌가스로 정교화되고, 폭발의 수동적 사건은 위험한 아세틸렌 물질을 화의 목표물로 향하게 함으로써 대치된다. 리치가 펄펄 끓는 액체를 위험한 물질로 바꿀 때, 그녀는 일상 은유에 관한 (무의식적인) 정교화 행위를 수행하고 있는 것이다. 이 시에 관한 상당히 많은 직관적인 호소력은 우리가 지닌 친숙하면서도 완전히 현세적인 화에 대한 은유적 견지에 대한 (아마 무의식적인) 인식으로부터 나온다. 정교화의 인지적 과정에서, 시인은 특별한 방법으로 근원영역의 기존 요소를 세세히 설명한다. 따라서 많은 화 언어는 화를 이해하는 일반적이고도 관습적인 방식에 기반된 것 같다. 그러나 (시인과 같은) 창조적 화자는 종종 이런 고착된 방식에서 일탈한다. 이 절에서는 단지 그 한 예만 다루었지만, 유사한 예들이 부지기수다. 이런 경우는 시인들이 사용하는 감정 은유가 일상의 관습적 은유에 기반한다는 동일한 결론을 주지시킨다. Lakoff & Turner(1989)에 이어 Gibbs(1994)는 다음과 같은 방식으로 이를 한층 더 일반적 논지로 끌어올린다.

나의 주장은 경험에 관한 많은 우리 개념화 부분들이 아주 은유적이라는 것이다. 이런 개념화는 우리가 창조적으로 사고하는 방식에 동기를 부여함과 동시에 제약을 가한다. 은유가 창조성을 제약한다는 생각은 은유가 다양한 사고를 하도록 우리 마음을 자유롭게 한다는, 일반적인 통념과는 대치되는 것처럼 보일 수 있다.

공포 은유

Emotion Concepts(1990)를 통해, 나는 공포 은유를 기술한 바 있다. 공포 은유로는 다음과 같은 것이 있다.

공포는 그릇 속의 액체다

The sight *filled* her *with* fear. (그 모습은 그녀를 공포로 *채웠다.*)

공포는 숨은 적이다

Fear slowly *crept up on* him. (공포가 서서히 그에게 *엄습했다.*)

He was *hounded by* the fear that the business would fail. (그는 사업이 실패할지 모른다는 공포 때문에 *집요하게 괴롭힘을* 받는다.)

The thought continued to *prey on* her mind. (그런 사고가 그녀의 마음을 계속계속 *괴롭힌다.*)

공포는 괴롭히는 사람이다

My mother was *tormented* by fear. (우리 어머니는 공포 때문에 고통받았다.)

공포는 초자연적 존재다

He was *haunted* by fear. (그는 공포에 *시달렸다.*)

공포는 병이다

Jill was *sick with* fright. (질은 공포로 병이 들었다.)

공포는 정신병이다

Jack was *insane with* fear. (잭은 공포로 *제정신이 아니었다.*)

공포의 주체는 분리된 자아다

I was *beside* myself with fear. (나는 공포로 *제정신을 잃었다.*)

공포는 싸우는 적이다

Fear *took hold of* me. (공포가 나를 사로잡았다.)

공포는 짐이다

Fear *weighed heavily on* them. (공포가 그들을 무겁게 압박했다.)

공포는 자연력이다

She was *engulfed* by panic. (그녀는 완전히 공황상태였다.)

공포는 상급자다

His actions were *dictated* by fear. (그의 행동은 공포에 의해 명령을 받았다.)

공포는 **그릇 속의 액체, 적, 짐** 같은 매우 일반적인 감정 은유와 특정한 은유에 의해 특징지어지는 것 같다. 특정 은유로는 **숨은 적, 초자연적 존재**가 있다. 다음 장에서는 감정 은유의 일반성과 특정성에 관한 논제를 다룰 것이다.

그릇 속의 액체 은유는 영어에서 공포를 이해하는 주된 방법이 아니다. 이 개념의 흥미로운 특징 하나는 공포가 **체온의 떨어짐, 물리적 흔들림, 심장박동 증가** 등과 같은 상당히 많은 개념적 환유에 의해 구성된다는 점이다. 이 개념의 생리적 양상은 언어를 통해 상당히 정교화된다. 여기서는 물론 이런 환유를 분석하지는 않겠지만, 이런 환유를 고려하지 않고서는 공포를 완전히 이해하기란 불가능하다. 그러나 환유 자체만으로는 이 개념의 풍부한 개념적 구조를 구성하는 데 충분하지 않다. 이런 개념적 구조는 주로 은유에 의해 제공된다. 은유는 덤덤하고 비특정적이기는 하다. 일반 은유가 어떻게 이런 개념적 구조를 제공하는가라는 질문은 다음 세 개의 장에서 논의할 것이다.

분리된 자아라는 개념은 표준 사람이 있는 근원영역을 의미한다.

표준 사람은 자아와 몸으로 구성되며, 몸속에 자아가 포함되는 방식으로 그 둘은 서로 관련된다. 은유적 근원영역으로서의 **분리된 자아**는 보통 몸 그릇 속에 있는 자아가 밖으로 이동한다는 것을 암시한다. 이것은 자신의 감정을 통제하지 못할 때 발생한다.

행복 은유

다음에 열거한 은유적 근원영역의 목록은 Kövecses(1991b)와 Lakoff & Johnson(1980)에서 가져왔다.

> **행복은 위다**
> We had to cheer him *up*. (우리를 그를 격려해야 했다.)
> **행복은 지면에서 발이 떠 있는 것이다**
> I am *six feet off the ground*. (나는 행복하다.)
> I was so happy *my feet barely touched the ground*. (나는 너무 행복해서 내 발이 공중에 떠 있었다.)
> **행복은 천국에 있는 것이다**
> That was *heaven on earth*. (그것은 현세의 낙원이다.)
> **행복은 빛이다**
> She *brightened* up at the news. (그 소식을 듣자 그녀는 표정이 밝아졌다.)
> **행복은 활기이다**
> He was *alive* with joy. (그는 기뻐서 *생생했다*.)
> **행복은 따뜻하다**

That *warmed* my spirits. (그 때문에 나의 정신이 *생기가* 넘쳤다.)

행복은 건강이다

It made me *feel great*. (나는 그것 때문에 *기분이 상쾌했다.*)

행복한 사람은 건강한 동물이다

He was happy as *a pig in shit*. (그는 똥 누는 돼지처럼 행복했다.)

He looks like *the cat that got the cream*. (그는 더할 나위 없이 만족스런 표정이다.)

행복은 유쾌한 육체적 감각이다

I was *tickled pink*. (나는 크게 *기뻤다.*)

행복은 그릇 속의 액체다

He was *overflowing with* joy. (그는 기쁨으로 충만했다.)

행복은 포획된 동물이다

His feelings of happiness *broke loose*. (그의 행복감이 풀려났다.)

She couldn't *hold back* her feelings of happiness. (그녀는 행복의 감정을 억제할 수 없었다.)

행복은 싸우는 적이다

He was *knocked out*! (그는 녹아웃되었다!)

She was *overcome by joy*. (그녀는 기쁨에 압도당했다.)

행복은 황홀/도취다

I was *drunk with* joy. (나는 기쁨에 취했다.)

행복은 정신병이다

They were *crazy with* happiness. (그들은 기뻐 날뛰었다.)

행복은 자연력이다

He was *swept off his feet*. (그는 열광했다.)

우리는 **포획된 동물, 적, 정신병**처럼 매우 일반적인 은유적 근원영역도 찾을 수 있다. 행복의 개념은 **위, 빛, 황홀/도취**를 포함해 훨씬 제한된 근원영역으로도 특징지어진다. 뿐만 아니라 이 개념은 **건강한 동물** 및 **유쾌한 육체적 감각** 같은 매우 특정한 근원영역도 가지는 듯하다.

다음 장에서는 한편으로는 **위**의 근원영역, 다른 한편으로 **지면에서 발이 떠 있음**의 근원영역을 주장할 것이다. 물론 두 근원영역에서 발견되는 **위에 있음**이 아주 유사하다. 또한 감정 열 척도에서 "뜨거움"과 행복을 특징짓는 "따뜻함" 부분의 구별도 제안할 것이다. 제9장에서는 이런 결정이 여러 문화에서 정당화할 수 있다는 것을 보게 될 것이다.

행복 개념의 중심적인 양상에는 일정한 평가가 포함된다. 다음 장에서는 행복 감정에 특별한 맛을 부여하는 것이 긍정적 평가의 개념임을 제안할 것이다(Kövecses 1991b 참조).

슬픔 은유

Barcelona(1986)는 인지언어학 관점에서 슬픔 은유를 분석하였다. 그는 다음과 같은 근원영역을 밝혀냈다. 여기서는 이를 조금 수정해서 제시하겠다.

슬픔은 아래다

He *brought* me *down* with his remarks. (나는 그의 말로 슬퍼졌다.)

슬픔은 어둠이다

He is in a *dark* mood. (그는 암울한 기분이다.)

슬픔은 열 부족이다

Losing his father *put his fire out*; he's been depressed for two years. (아버지를 잃자 그의 불은 *꺼졌다*. 그는 2년 내내 의기소침했다.)

슬픔은 생기 부족이다

This was *disheartening* news. (이것은 낙담시키는 소식이었다.)

슬픔은 그릇 속의 액체다

I am *filled with* sorrow. (나는 슬픔으로 가득 찼다.)

슬픔은 물리적 힘이다

That was *a terrible blow*. (그것은 엄청난 정신적 타격이었다.)

슬픔은 자연력이다

Waves of depression *came over him*. (우울의 물결이 그를 뒤덮었다.)

슬픔은 병이다

She was *heart-sick*. (그녀는 상심했다.)

Time *heals* all sorrows. (모든 슬픔은 시간이 약이다.)

슬픔은 정신병이다

He was *insane with* grief. (그는 슬픔으로 제정신이 아니었다.)

슬픔은 짐이다

He *staggered under* the pain. (그는 고통으로 비틀거렸다.)

슬픔은 유기체다

He *drowned* his sorrow in drink. (그는 슬픔을 술로 달랬다.)

슬픔은 포획된 동물이다

His feelings of misery *got out of hand*. (그의 비참함은 걷잡을 수 없이 되었다.)

슬픔은 적이다

He was *seized by* a fit of depression. (그는 의기소침에 *사로잡혔다.*)

슬픔은 상급자다

She was *ruled* by sorrow. (그녀는 슬픔에 *지배되었다.*)

특정한 은유적 근원영역 외에도 평범한 일반적인 근원영역을 발견할 수 있다. 특정한 근원영역은 대개 슬픔 개념의 부정적 평가와 관련되며, 행복에 대한 몇몇 근원영역의 대립을 형성한다.

사랑 은유

나는 *The Language of Love*(1988)에서 사랑 은유를 연구했다. 이 연구 역시 Lakoff & Johnson(1980)의 연구에 힘입었다. 우리가 발견한 대부분의 은유는 백스터의 연구 결과와 일치한다. 그녀는 심리학적 관점에서 사랑 은유를 연구했다(Baxter 1992). 그녀의 연구는 관계에 관한 장에서 좀 더 논의할 것이다. 일상 언어 사용에서 표명되는 사랑의 개념적 은유는 다음과 같다.

사랑은 영양물이다

I am *starved for* love. (나는 사랑에 *굶주려* 있다.)

사랑은 여행이다

It's been a *long, bumpy road.* (그것은 *멀고 험한 길이었다.*)

사랑은 부분의 결합이다

We're *as one.* (우리는 *하나다.*)

They're *breaking up.* (그들 사이가 *갈라지고 있다.*)

We're *inseparable*. (우리는 떨어질 수 없다.)

We *fused together*. (우리는 혼합일체가 되었다.)

사랑은 가까움이다

They're very *close*. (그들은 매우 가깝다.)

사랑은 접착제다

There is a close *tie* between them. (그들 사이엔 끈끈한 유대가 있다.)

사랑은 그릇 속의 액체다

She was *overflowing with* love. (그녀는 사랑으로 넘쳐났다.)

사랑은 불이다

I am *burning* with love. (나는 사랑으로 불타오르고 있다.)

사랑은 경제적 교환이다

I'm *putting more into* this than you are. (나는 너보다 이것에 더 신경을 쓰고 있다.)

사랑은 자연력이다

She *swept* me *off my feet*. (그녀는 나를 반하게 했다.)

사랑은 물리적 힘이다

I was *magnetically drawn to* her. (나는 그녀에게 자석처럼 끌렸다.)

사랑은 적이다

She tried to *fight* her feelings of love. (그녀는 자신의 사랑 감정과 애써 겨루었다.)

사랑은 포획된 동물이다

She *let go of* her feeling. (그녀는 자신의 감정을 풀어헤쳤다.)

사랑은 전쟁이다

She *conquered* him. (그녀를 그를 정복했다.)

사랑은 스포츠/게임이다

He *made a play for* love. (그는 사랑을 얻고자 갖은 노력을 다했다.)

사랑은 병이다

I am *heart-sick*. (나는 마음이 아프다.)

사랑은 마술이다

He was *enchanted*. (그는 마술에 걸렸다.)

사랑은 정신병이다

I am *crazy about* you. (나는 당신에게 반했다.)

사랑은 상급자다

She is completely *ruled* by love. (그녀는 전적으로 사랑으로부터 지시를 받는다.)

사랑은 황홀/도취다

I have been *high on* love for weeks. (나는 몇 주 동안 사랑에 취해 기분이 좋았다.)

사랑의 대상은 식욕 돋우는 음식이다

Hi, *sweetie-pie*. (안녕, 자기.)

사랑의 대상은 어린아이다

Well, *baby*, what are we gonna do? (그런데, 내 사랑, 이제 우리 뭘 하지?)

사랑의 대상은 신이다

Don't *put* her *on a pedestal*. (그녀를 연장자로 존경하지 말라.)

He *worships* her. (그는 그녀를 존경한다.)

사랑의 대상은 귀중품이다

You're my *treasure*! (당신은 나의 보물!)

흔히 사랑의 개념은 가장 "은유화된" 감정 개념일지 모른다. 주지하다시피, 사랑이 감정일 뿐만 아니라 관계라는 사실에 기인한 까닭이다. 또한 사랑은 전형적으로 인간관계를 특징짓는 은유적 근원영역의 성질을 띤다(제6장 참조).

사랑의 은유적 개념화에 관심이 있는 학자들의 주의를 벗어난 사랑에 대한 한 가지 개념적 은유는 **사랑의 대상은 소유물이다**이다. 이는 이 근원영역이 사랑하는 사람에 대해 이야기할 때 우리들에게 아주 자연스럽고 분명해지기 때문이다. 이런 자연스러움과 명백함 때문에 이것이 은유처럼 보이지 않을지 모른다. 그 예는 널리 확인된다. 두 가지만 보자. You are *mine* and I am *yours*(당신은 *내 것*이고, 나는 *당신 것*이다), I won't let anyone *take* you from me(나는 어느누구도 나에게서 당신을 *가져가게* 하지 않을 것이다).

사랑 체계에서 중심적인 생각과 중심적인 은유는 **결합**의 개념이다. 이것은 적어도 **상보적인 두 부분의 결합, 접착제, 가까움** 같은 근원영역의 많은 다양한 은유적 함의와 어휘적 상술에 의해 판단된다. 그러나 여기서의 제안과 Baxter(1992)의 연구 결과 간에는 흥미로운 차이가 있어 보인다. 그녀가 제시하는 예를 근거로 우리가 말할 수 있는 한, 백스터의 면담은 사랑의 **결합** 관련 양상에 대해서는 아무런 흥미로움도 보여주지 않는다. 그 이유 중 하나는 매우 관습적이고 전통적으로 사용된 **결합** 관련 표현이 1990년대 초 젊은 대학생들로 구성된 백스터의 피실험자들이 사용한 어휘들이 아니었기 때문일 수 있다. 젊은 대학생들은 자신들의 관계가 지속적이거나 깊이 느껴지기보다 일시적이고 피상적인 삶의 단계였을 수 있다(그러나 1996년에 테드 샵레이가 실행한 일련의 면담을 보면 또 다른 일군의 미국 대학생들이 낭만적 사랑을 개념화할 때 **결합** 은유를 제공했다. 제7장 참조).

앞서 살핀 사랑 은유에 대한 논의는 서론에서 제기한 세 가지 질문

중 하나인 감정에 대한 은유가 시간이 흐르면 바뀌는가라는 질문에 답하도록 해준다. 이런 은유가 시간이 지나도 안정적이라는 것이 간략한 답이다. 즉 우리는 오랫동안 언어적 형태로 된 은유들을 활용해 왔다. 이런 은유들은 시간이 지나도 동일한 개념적 구조, 즉 "발판(scaffolding)"에 의해 특징지어졌다. 그에 반해, 이런 은유를 표명하는 언어 예들은 시간이 지남에 따라 변했을 수 있다. 그 예증으로 **사랑은 상보적인 두 부분의 결합이다**인 사랑의 개념을 살펴보자. 이 개념적 은유는 오랫동안 우리와 함께했고, 플라톤에 의해 유명해지고 대중화되었다. 《향연 *Symposium*》에서 아리스토파네스는 사람들이 오만하다고 한 제우스의 말을 믿고 사람들을 둘로 나누었고, 사랑은 서로의 빠진 부분으로 재결합되고자 하는 열망이라고 말했다. **결합** 은유는 지금도 여전히 우리 속에 살아 있다. 심지어 대학생들도 이 은유와 "더불어 살고 있다." 이 은유는 플라톤의 시대와 우리 시대 사이에 걸친 전 세기 내내 대중적이다. 예로 17세기 미국 시인 앤 브래드스트리트(Anne Bradstreet)의 〈나의 소중하고 사랑스런 남편에게 To My Dear and Loving Husband〉라는 제목의 시를 고려해 보자.

> If ever two were one, then surely we.
>
> If man were loved by wife, then thee;
>
> If ever wife was happy in a man,
>
> Compare with me, ye women, if you can.
>
> I prize thy love more than whole mines of gold
>
> Or all the riches that the East doth hold.
>
> My love is such that rivers cannot quench,
>
> Nor ought but love from thee, give recompense.

Thy love is such I can not way repay.

The heavens reward thee manifold, I pray.

Then while we live, in love let's so persevere

That when we live no more, we may live ever.

둘이 하나가 된 적이 있다면, 그것은 바로 우리일 거예요.

한 남자가 그의 부인에게 사랑받은 적이 있다면 그것은 당신일 거예요.

만약 어떤 부인이 남편으로부터 행복을 느낀다면,

부인들이여, 할 수 있다면 그녀와 나를 비교해 보세요.

저는 당신의 사랑을 세상 모든 금광의 금보다 더 소중히 여겨요.

아니, 모든 동방의 나라들이 가진 부보다 그대의 사랑을 소중히 여겨요.

나의 사랑은 강물로도 식힐 수 없는 그런 것이고,

그대의 사랑에 대한 의무가 아닌 보답이에요.

그대의 사랑은 내가 도저히 갚을 길 없어서,

천국이 그대에게 만 가지로 보답해 주기를 기도할 뿐이에요.

우리가 살아 있는 동안, 항상 사랑을 간직하면,

더 이상 살 수 없을지라도, 우리의 사랑은 영원하길.

이 시에 대한 많은 해석은 (She is my *better half*(그녀는 보다 나은 *나의 반쪽이다*)와 We're *inseparable*(우리는 떨어질 수 없다)에서처럼) **사랑은 결합이다**, (I'm *putting more* into this than you are(나는 너보다 이것에 *더 신경을 쓰고 있다*)에서처럼) **사랑은 경제적 교환이다**, (I'm *sustained* by love(나는 사랑으로 *지탱된다*)에서처럼) **사랑은 영양물이다**를 포함해 친숙하고 관습적인 사랑의 은유에 근거하고 있는 듯하다. 위의 시는 이 모든 은유를 활용하고 있다.

If ever two were one, then surely we. – 사랑은 결합이다.
Thy love is such I can not way repay. – 사랑은 경제적 교환이다.
My love is such that rivers cannot quench. – 사랑은 영양물이다.

이 시의 첫 행이 보여주듯이, 시인은 사랑을 두 부분의 결합으로 이해한다. 이런 생각을 명백하게 만드는 특별한 언어 표현은 독특할 수 있지만(If ever *two were one*, then surely we), 이 은유의 개념적 구조(즉 사랑과 그것을 구성하는 부분들의 결합 간의 대응)는 예나 지금이나 그대로 남아 있다.

욕정 은유

레이코프와 나는 욕정이나 성적 욕구를 이해하는 데 사용되는 은유의 예를 수집했다. 우리가 발견한 내용은 Lakoff(1987)에서 보고했다. 그 은유는 다음과 같다.

욕정은 굶주림이다
She's sex-*starved*. (그녀는 색(色)에 굶주렸다.)
욕정은 악의 있는 동물이다
You bring out the *beast* in me. (당신은 나에게서 *야수성*을 끄집어낸다.)
욕정은 열이다

I've got the *hots* for her. (나는 그녀에게 *강한 성욕을* 느꼈다.)

욕정은 그릇 내부의 압력이다

Her whole body *exploded* in passion. (그녀는 열정으로 *폭발했다*.)

욕정은 정신병이다

You're driving me *insane*. (당신은 나를 *정신없이* 몰아가고 있다.)

호색인은 작동하는 기계다

She *turned* me *on*. (그녀는 나를 *흥분시켰다*.)

욕정은 게임이다

I couldn't *get to the first base* with her. (나는 그녀와 *한 치도 전진하지* 못했다.)

욕정은 전쟁이다

She was his latest *conquest*. (그녀는 그가 최근에 *정복한* 여자였다.)

욕정은 사회적 힘이다

She *knocked* me *off my feet*. (그녀는 나를 *어리둥절하게* 했다.)

욕정은 자연력이다

There were *waves* of passion. (열정의 *물결이* 있었다.)

욕정은 상급자다

He's completely *ruled* by lust. (그는 욕정에 완전히 *지배되었다*.)

레이코프와 나는 이런 개념적 은유와 언어적 은유가 비공식적 대화, 잡지, 영화, 대중문학 등을 포함해 곳곳에 흩어져 있음을 알았다. 그래서 그 가운데 어떤 예는 억지처럼 보이고 밑도 끝도 없는 것처럼 보일 수 있다. 자료 수집의 비체계적인 특징은 필연적으로 다음과 같은 질문을 야기시켰다. 실제로 누가 이런 언어적 은유를 자연스럽게 사용하는가? 이 모든 개념적 은유는 자연스러운 용법에서도 똑같이 일반적인가? 이런 질문은 우리가 지지하는 기획에서 매우 중요한 질문이다. 여기에 답하지 않고서는 화자의 공동체에 대한 은유적 감정 언어의 실재를 인식할 수 없다.

이런 도전에 응하여, 내가 가르친 라스베이거스의 티나 구모(Tina Gummo)와 부다페스트의 실비아 크사비(Szilvia Csábi)는 영어에서 욕정에 관한 개념적 은유를 체계적으로 조사한 바 있다(Csábi 1998). 욕정 은유를 손쉽게 찾을 수 있는 영역은 연애소설이다. 구모와 크사비는 연애소설 몇 권을 읽고 400개 이상의 은유적 언어 표현과 환유적 언어 표현을 수집했다. 그런 후 근원 개념에 따라 그 예들을 범주화했다. 작업은 각각 독립적으로 하도록 했다. 최종 결과물(개념적 은유와 언어적 은유의 목록) 중에서는 우리 셋 모두가 동의하는 언어 예만을 골라냈다. 모두 370개가 약간 넘는 예가 나왔다. 그 연구 결과는 표 2.1에 요약되어 있다. 근원영역이 가장 먼저이고, 근원영역에 대해 발견한 언어 예의 개략적인 수가 표시되어 있으며, 몇 가지 언어 예는 마지막에 제시되어 있다. 이번 말뭉치에서 최소한 5개의 언어 예로 표시되는 개념적 은유와 환유만 제시하기로 한다.

표 2.1은 일반적으로 비공식적 연구 결과를 나타낸다. 그럼에도 불구하고, 이 표는 몇 가지 중요한 이견을 제시하도록 해준다. 첫째, 이런 비유 언어를 광범위하게 사용하는 영어 사용자(연애소설 작가와 독자)의 큰 공동체가 있다. 앞서 주어진 것처럼, 언어적 은유와 환유는 그들에게 욕정에 대해 이야기하는 일반적인 방법을 제공해 준다. 둘째, 이 연구에서 찾은 매우 많은 비유적 언어 표현(대략 400개)은 소수의 개념적 은유와 환유(대략 20개)가 표명된 것으로 간주될 수 있다. 셋째, 이런 화자들에 의한 욕정의 개념화는 주로 **불/열**과 **굶주림/먹기**라는 두 가지 은유적 근원영역으로 표현된다. 이런 특정한

표 2.1. 욕정 은유와 환유

은유	언어 예의 수	언어 예
불/열	65	She yielded to his *fiery* passion. (그녀는 그의 불같은 열정에 굴복했다.) She felt that her very being would demolish in the *heat*. (그녀는 자신의 존재가 그 열로 파괴되는 듯했다.) He *kindled* her body into savage excitement. (그는 그녀의 몸을 야만적인 흥분으로 불태웠다.)
굶주림/먹기	50	He prepared *to satisfy* their sexual *hunger*. (그는 그들의 성적 굶주림을 만족시키고자 준비했다.) He *fell* to her like a *starved* man might *fall to food*. (그는 굶주린 사람이 음식에 무너지듯 그녀에게 무너졌다.) Her *appetites* were hot and uninhibited. (그녀의 성욕은 뜨겁고 노골적이었다.)
동물 행동/야생	25	She was a *tigress*. (그녀는 호랑이 같은 여자였다.) He moved *with animal ferocity*. (그는 맹수의 잔인함으로 움직였다.) He hadn't been able *to hold back*. (그는 자제할 수 없었다.)
전쟁	21	She *lost the battle*. (그녀는 전투에서 졌다.) He *took* her mouth *in a preliminary conquest*. (그는 시초에 그녀의 입술을 훔쳤다.)
정신병	20	She had turned him into a *raving maniac*. (그녀는 그를 대단한 미치광이로 만들었다.) He enticed them both in the direction of *madness*. (그는 그들 둘을 광기 쪽으로 유혹했다.)
자연력	19	She felt the *flood*. (그녀는 흘러넘치는 것을 느꼈다.) He was *drowning in* his own desire. (그는 그 자신의 욕망에 빠져들고 있었다.)
황홀	18	He gave her a *drugging* kiss. (그는 그녀에게 마취 같은 키스를 했다.) His presence *made* her *dizzy with* pleasure. (그의 현존으로

그녀는 기쁨에 겨워 어질어질했다.)

| 적 | 17 | He *struggled against* his lust. (그는 자신의 욕정과 겨뤘다.) |

Her body joined forces with his, *demolishing her control*. (그녀의 육체가 그의 것과 어우러져서, 그녀의 지배를 벗어났다.)

| 고통/괴롭히는 사람 | 16 | He devoured her lips with the insatiable hunger that had been *torturing* him. (그는 자신을 괴롭히던 탐욕스런 굶주림으로 그녀의 입술을 탐식했다.) |

His touch *tormented* her. (그의 접촉은 그녀를 괴롭혔다.)

| 그릇 | 15 | She *depleted* him, *exhausted* every secret *reserve* of passion. (그녀는 그를 고갈시키고, 모든 은밀한 열정의 보류지를 다 써버렸다.) |

Her passion *exploded*. (그녀의 열정이 폭발했다.)

| 결합/접착제 | 12 | Their bodies collided and *merged into one fiery entity*. (그들의 몸끼리 충돌해서 마치 하나의 불처럼 합쳐졌다.) |

They *united* in the end. (그들은 마침내 결합했다.)

| 소유물 | 10 | She wanted him *to let* him *have* her. (그녀는 그가 자기를 소유했으면 하고 바랐다.) |

He *possessed* her body. (그는 그녀의 몸을 가졌다.)

She *took* him. (그녀는 그를 선택했다.)

| 물리적 힘 | 10 | The brush of his fingers sent amazing *jolts of electricity* shooting up her leg. (그의 손가락은 그녀의 다리를 스치며 엄청난 *짜릿함*을 주었다.) |

There was no denying the *power* of his sexual *magnetism*. (그의 성적 끌림을 부정하는 것은 불가능하다.)

| 게임/놀이 | 9 | "I'm not *playing your games*," she said. ("나는 당신의 장난감이 아니야"라고 그녀가 말했다.) |

He *played with* her body. (그는 그녀의 몸을 갖고 놀았다.)

| 마술사 | 7 | Their lovemaking had been *magic*. (그들의 섹스는 마술이었다.) |

She *broke the spell* he *weaved around* her. (그녀는 그가 건 마법을 풀었다.)

| 사기꾼 | 5 | She wanted to *lure* him into her bed. (그녀는 그를 자기 침 |

		대로 유혹하고 싶었다.)
		She *bewitches* men. (그녀는 남자를 매혹한다.)
상급자	5	He was *overpoweringly* male. (그는 압도적으로 남성이었다.)
		She was *driven by* lust. (그녀는 욕정에 끌렸다.)
체온	25	His masculinity *made her body go hot*. (그의 남성다움이 그녀의 몸을 뜨겁게 달구었다.)
		He *went hot all over* just to think about it. (그는 그것을 생각만 해도 온몸이 뜨거워졌다.)
물리적 흔들림	17	A hot *shiver* went through her. (뜨거운 전율이 그녀를 관통했다.)
		His body *shook from* the fever. (그의 몸이 열기로 흔들렸다.)
정확한 지각 방해	6	She *lost her ability to think*. (그녀는 자제력을 잃었다.)
		He was rendered *senseless* by his uncontrollable, fiery desire for her. (그는 자신의 통제 불능의 불같은 욕망에 무감각해졌다.)

근원영역을 강조함으로써 이 화자들의 범주와 다른 공동체의 화자들을 구별할 수 있다(Csábi 1998 참조).

자부심 은유

나는 자부심의 개념을 두 가지 연구에서 다루었다(Kövecses 1986, 1990). 그렇게 해서 찾은 은유는 다음과 같다.

자부심은 그릇 속의 액체다

The sight *filled* him with pride. (그 모습을 본 그는 자부심으로 가득 찼다.)

자부심은 상급자다

Her self-esteem did *not let* her do it. (자신의 자부심 때문에 그녀가 그것을 하도록 버려두지 않았다.)

자부심은 경제적 가치다

Don't *underestimate* yourself. (너 자신을 과소평가하지 말라.)

자부심 강한 사람에게 해를 입히는 것은 누군가에게 상처를 입히는 것이다

His pride was *injured*. (그의 자부심은 상처를 입었다.)

자부심 강한 사람에게 해를 입히는 것은 구조화된 사물에 물리적 손상을 입히는 것이다

That *put a dent* in his pride. (그것으로 그의 자부심에 흠집이 생겼다.)

자부심은 은유적으로 개념화되는 개념 가운데 규모가 작다. 위의 은유적 근원영역은 허영심이나 자만심 같은 원형과는 반대로 "균형 잡힌" 자부심의 형태를 특징짓는다(Kövecses 1990 참조). 전자의 두 개념은 자만심의 개념에 대한 **자만심이 강한 사람은 위다/높다/크다**(*Get off your high horse*(오만부리지 마시오))와 허영심의 개념에 대한 **허영심은 멋대로 하는 사람이다**(He was *basking in* the praises(그는 칭찬을 받고 있었다))처럼 훨씬 특정한 근원영역으로 이해된다.

수치심 은유

수치심에 대한 주요한 은유적 근원영역을 제시할 때, 나는 Holland

& Kipnis(1995)와 Pape(1995)의 연구에 힘입었다. 이 은유를 기재할 때, 수치심과 당혹감이라는 두 가지 관련된 개념을 구별하진 않을 것이다. 물론 두 개념은 분명 구별된다. 다만, 여기서는 수치심의 개념으로만 처음부터 끝까지 사용할 것이다. 세 명의 학자들이 식별한 근원영역은 다음이다.

수치심을 느끼는 사람은 입을 옷이 없는 사람이다

I felt so *naked*; so *exposed*. (나는 벌거벗은 느낌이었다.)

I was *caught with my pants down*. (나는 바지가 내려진 채로 잡혔다.)

수치심은 그릇 속의 액체다

The memory *filled* him with shame. (그 기억 때문에 그는 수치심으로 가득 찼다.)

수치심은 병이다

He *suffered* much embarrassment in his youth. (그는 젊은 시절에 많은 당혹스런 일을 겪었다.)

수치심은 크기의 감소다

I felt *this big*. (나는 이것을 강하게 느꼈다.)

수치심은 세상으로부터의 은폐다

I wanted to *bury my head in the sand*. (나는 모래 속에 머리를 묻고 싶었다.)

I wished *the ground would just swallow me up*. (나는 대지가 나를 집어 삼켰으면 하고 바랐다.)

수치심을 느끼는 사람은 분열된 자아다

I tried to *regain my composure*. (나는 평정을 되찾으려고 노력했다.)

수치심을 느끼는 사람은 쓸모없는 물건이다

I felt like *two cents waiting for change*. (나는 창피스런 느낌이 들었다.)

수치심은 물리적 손상이다

I was *shattered*. (나는 산산이 부서졌다.)

수치심은 짐이다

Guilt was *weighing him down*. (죄책감이 그를 억누르고 있었다.)

차차 볼 수 있겠지만, "균형 잡힌" 자부심의 형태에 대한 개념화는 수치심의 그것과 대조된다. **위/높음/큼**은 **크기의 감소**와 대조되며, **멋대로 하는 사람**은 **세상 봉쇄**와 대조된다. 또한 자신에 대한 자아 가치에도 차이가 있다. 비록 자부심과 수치심이 근원영역 **물리적 손상**을 공유하지만, 그것이 자부심의 경우에는 감정에 적용되고 수치의 경우에는 사람에게 적용된다.

Holland & Kipnis(1995)에 따르면, 수치심에 대한 중심적인 은유는 **입을 옷이 없음**이다. 이것은 여타 감정들에 대한 일반적인 은유가 아니라, 수치심을 이해하는 데 아주 중요하다. 혹자는 이것이 은유가 아닌 개념적 환유 같다고 생각할 것이다. 다음 장에서는 이것이 분명 은유임과 동시에 환유임을 밝힐 것이다.

놀람 은유

놀람의 언어와 은유는 **Kendrick-Murdock**(1994)에서 연구되었다. 그녀의 연구 결과는 놀람에 대한 우리 이해의 대부분이 다음 세 가지 은유적 근원영역에서 나온다는 것을 주지시킨다.

> **놀람은 물리적 힘이다**
>
> I was *staggered* by the report. (나는 그 보도를 듣고 후들거렸다.)
>
> **놀란 사람은 폭발 그릇이다**
>
> I just *came apart at the seams*. (나는 막 솔기가 터졌다.)
>
> **놀람은 자연력이다**
>
> I was *overwhelmed* by surprise. (나는 놀라움에 당황했다.)

　두 가지만 살펴보자. 첫째, 명백히 **폭발 그릇** 은유는 놀람에 대한 전형은 아니지만, 놀란 사람이 일시적으로 자신에 대한 통제력을 상실한다는 매우 중요한 놀람의 양상을 부각한다. **폭발 그릇** 은유는 이 개념의 이러한 특정 양상을 포착한다. 둘째, 자연스럽게도 놀람은 우리 목록 가운데 가장 덜 은유적으로 이해되는 개념이다. 아마도 놀람이 사회적으로 매우 복잡한 현상이 아니고, 결과적으로 그것과 연상되는 개념적 내용이 많지 않기 때문이다.

결론

　이번 장의 결론은 이렇다. 우리는 검토 중인 감정 개념들이 3개(놀람)에서 24개(사랑)에 이르는, 아주 많은 은유를 통해 이해되고 있음을 발견했다. 욕정에 관한 분석이 보여주듯, 욕정 은유는 영어 사용자의 실제 공동체(연애소설 애호가)를 특징짓고 한정한다. 우리는 (욕정에 대한 **불** 은유와 **굶주림** 은유의 경우에서처럼) 그 개념적 은유 자체가 이런 화자들에게 다소 생산적이고 중심적일 수 있지만, 특정한 감정에 대해서는 모든 은유가 유사한 화자의 범주를 특징짓는다고 보았다. 이런 집단의 크기나 화자의 범주는 작은 영어 사용자들의 공동체(단지 몇 명)에서부터 (연애소설 애호가처럼) 광범위한 공동체, 그리고 전체 공동체에 달할 만큼 다양할 수 있다. 더욱이 화의 예로부터 일반화하면, 대략 동일한 개념적 은유가 일상 화자와 "창조적" 화자를 특징짓는다고 가정한다. 이는 감정에 대해 이야기하기 위해 화자가 사용하는 비유적 언어 표현이 대체로 공통된 개념적 체계로부터 도출됨을 암시시킨다. 마지막으로, 사랑에 대한 **결합** 은유의 예가 암시하듯이, 개념적 은유는 시간이 지나도 안정적일 수 있다. 하지만 이는 개념적 은유의 특정한 언어적 표명이 항상 동일하게 남아 있다는 것을 의미하진 않는다. 대신, 특정한 언어 표현은 새로운 문화적·기술적·과학적 발전의 결과로 변화 가능하다.

앞서 식별한 개념적 근원영역에 대한 논의와 관련해서 두 가지 필연적인 질문이 제기된다. (1) 모든 근원영역이 감정에만 특유한가? (2) 감정에도 상위층위의 개념적 조직이 있는가? 다음 두 장에서는 이 가운데 첫번째 물음에 답할 것이고, 두번째 물음은 제5장에서 다룰 예정이다.

제3장

감정 은유: 감정 은유는 감정에만 특유한가?

이번 장에서 제기하고 싶은 일반적 논제는 다음과 같다. 감정에만 특유한 은유적 근원영역이 있는가? 다시 말해, 이 질문은 감정 은유의 근원영역이 감정 개념 이외의 개념에도 적용되는지 아니면 감정 개념에만 적용되는지에 관한 것이다. 이는 개념적 구조를 우리가 어떻게 생각하는가에 관한 문제와 직결되기 때문에 간과할 수 없는 중요한 문제이다. 여기서 쟁점이 되는 것은 우리가 (감정 같은) 추상적 영역을 독특한 방식으로 (감정의 경우, 감정에 특정적인 근원영역으로) 이해하는지 또는 그것을 개념화할 때 다른 (비감정적) 영역과 공유되는 근원 개념을 통해 이해하는지의 여부이다.

이 장에서는 내가 다른 곳에서 "은유의 작용역(scope of metaphor)" (Kövecses 1995c, n.d.)이라고 불렀던 것에 초점을 맞출 것이다. 이 개념은 지금까지 충분히 주목받지 못한 개념적 은유의 한 양상을 포착하기 위함이다. 이 양상은 개념적 은유의 근원영역이 무한히 적용되지 않는다는 것이다. 특정한 근원영역은 명확히 확인될 수 있는 범위의 목표 개념에 적용되는 듯하다. 여기서는 감정과 관련해 이 개념을 활용할 것이다.

감정의 근원영역이 감정의 영역에 특유한지의 여부를 물을 때, 사실 우리는 동시에 네 가지 질문을 하는 셈이다. 감정의 은유적 근원영역이 하나의 감정에만 특유한가? 그 근원영역이 일련의 감정들에 특유한가? 그 근원영역이 모든 감정에 특유한가? 그 근원영역이 감정의 영역을 넘어서 확장되는가? 무엇보다 이 질문들에 적절히 대답하려면 감정 개념에 대한 은유 모두를 검토해야 할 것이다. 이런 검토는 아직 이루어지지 않았고, 관심 있는 학자들이라 하더라도 이런 결과를 이끌어 내는 데는 아마 몇 년이 걸릴 것이다.

그럼에도 불구하고 이 질문들에 잠정적 답변을 할 수 있다. 이 장에서는 앞에서 본 9개의 감정 개념과 그 은유적 근원영역을 검토할 것이다. 화, 공포, 행복, 슬픔, 사랑, 욕정(성적 욕망), 자부심, 수치심, 놀람이 그것이다. 우리가 제기한 질문에 대한 잠정적 답변으로 나는 이런 감정 개념들과 연관된 대부분의 근원영역들이 감정 개념에만 특유한 것이 *아니라*, 보다 넓게 적용된다고 본다. 더욱이 감정에 특유한 것처럼 보이며, 앞서 언급한 감정 개념과 연관된 특정한 은유적 근원영역이 존재한다고 주장할 것이다. 왜 이런 주장을 하는지를 뒤에서 설명할 것이다.

근원영역과 그것이 적용되는 감정

앞장에서 우리는 어떤 감정 개념이 어떤 은유적 근원영역과 연관되는지를 살폈다. 그 결과 특정한 근원영역이 목표 감정 개념에 적용되는 방식을 일반화할 수 있다. 이를 위해 앞장에서 찾아낸 각각의 근원영역을 원용해 그런 근원영역이 어떤 목표 감정 개념과 함께 나타나는지를 점검해야 한다.

모든 감정 개념에 적용되는 근원영역

모든 감정 개념에 적용되는 은유적 근원영역이 있다. 앞장에서는 이런 근원영역을 기술하려고 하지 않았다. 왜냐하면 그런 근원영역은 너무 일반적이기 때문이다. 우리는 모든 감정의 존재에 대해 이야기할 수 있기를 원한다. 이런 목적을 위해 은유 **감정의 존재는 지금 여기서의 현존이다**(All feelings *are gone*(모든 감정이 *사라진다*)), **감정의 존재는 한정 공간 내에 있는 것이다**(She *was in* ecstasy(그녀는 황홀경에 *빠져 있다*)), **감정의 존재는 사물의 소유다**(She *has a* lot of pride(그녀는 자부심을 많이 *가지고 있다*))가 있다. 사람들은 또한 감정 강도의 증가와 감소에 대해 이야기하고 싶어 한다. 그래서 은유 **감정은 유기체다**(His fear *grew*(그의 공포가 *커졌다*))를 활용할 것이다.

대부분의 감정 개념에 적용되는 근원영역

전부가 아닌 대부분의 감정에 적용되는 근원영역은 또한 모든 감정에 적용되는 근원영역보다 그 은유적 영상이 한층 특정한 경향이 있다.

그릇. 갖가지 방법에서 이 근원영역은 감정에 대한 주요한 은유적 근원영역이다. 이 근원영역은 앞서 검토한 모든 감정들과 함께 나타나는 것처럼 보인다. 그릇 영상은 인간 몸에 대한 "안-밖" 원근화법을 한정한다. 이것은 감정과 관련해서 몸을 개념화하는 거의 보편적인 방식인 것 같다("거의 보편적"이라는 것은 그 개념화가 상호 관련성이 없는 세계의 많은 언어들에서도 발견될 수 있다는 뜻이다). 결과적으로, 전 세계 문화권에서 감정은 몸 내부에서 발생하는 것으로 간주된다(이 주제는 제8장에서 좀 더 깊이 탐구할 것이다). 그릇 영상도식은 일반적인 감정을 이해하기 위한 매우 다양한 은유적 함축을 한정하기도 한다(Kövecses 1990 참조).

자연력과 물리적 힘. 물리적 힘과 자연력이 항상 쉽게 구별되는 것은 아니다. 자연력이 물리적 힘의 하위 경우라고 할 수도 있다.

(바람, 폭풍, 홍수 같은) 자연력의 개념이나 영상은 많은 감정을 개념화할 때 나타나는 듯하다. 우리가 어떤 감정 상태에 처해 있을 때, 종종 (특히 "강한" 감정의 경우에) *당황하고(overwhelmed)*, *삼켜 버려지고(engulfed)*, *열광하는(swept off our feet)* 것으로 기술되곤 한다.

물리적 힘은 다양한 형태를 취할 수도 있다. 열, 몸을 끌어당김, 몸들 간의 갑작스런 물리적 접촉 등과 같은 물리적 현상이 여기에 포함된다. 자부심과 수치심을 논외로 친다면, 앞절에서 기술된 모든 감정 개념들이 이런 물리적 힘을 각각의 근원영역으로 사용하고 있을 수 있다.

상급자. 상급자라는 근원영역은 우리가 염두에 두고 있는 대부분의 감정 개념에 적용되는 것 같다. 화, 공포, 사랑, 자부심은 확실히 이 개념을 이용한다. "상급자"는 여기서 물리적-자연적 힘에 대한 사회적 등가물로 이해된다. 연구를 통해 상급자가 행복, 슬픔, 수치심, 욕정과 관련해서는 발견되지 않았지만, 그 근원영역은 이런 개념들에서도 쉽게 떠올릴 수 있다. 그러나 이 근원영역이 다른 개념들에 적용될 때, 상급자 은유로 포착되는 습관적 상태와는 달리, 상급자가 덧없고 일시적인 사건인 놀람의 경우에는 발생하지 않는 듯하다.

적, 포획된 동물, 정신병. 이런 근원영역은 상급자와 유사한 분포를 가지는 것 같다. 대략 동일한 감정 개념들이 이 근원영역을 공유한다. 우리가 조사한 9개의 감정 개념 가운데 자부심, 수치심, 놀람 같은 3개의 감정 개념만 이런 은유적 영상을 사용하지 않는 듯하다.

분열된 자아. 앞장에서 설명한 것과 같은 분열된 자아의 개념은 연구 중인 대부분의 감정을 개념화하는 데 등장한다. 제2장에서 본 경우들 외에도, 분열된 자아의 개념은 행복과 화에도 적용된다(He was *beside* himself with happiness/anger(그는 행복/화가 나서 *제정신이 아니었다*)). 그런데 이 개념은 자부심에는 적용되지 않아 보이며, 더욱이 놀람에 적용되는지에 대해서는 논란의 여지가 있다(She was *beside* herself with surprise(그녀는 놀라서 *제정신이 아니었다*)).

짐. 명확히 은유적 영상으로 짐을 이용하는 감정 개념은 화, 공포, 슬픔, 수치심(죄의식)이다. 이것을 이용하지 않는 듯한 감정 개념에는 행복, 자부심, 놀람이 있다. 어떤 비원형적 적용(즉 사랑과 욕정의 부정적 실례)에서는 사랑과 욕정이 이 근원영역을 이용할 수 있다고 상상할 수도 있다.

병. 병의 근원영역은 주로 "부정적"인 것으로 간주되는 감정에 적용된다. 이런 감정 개념에는 공포, 슬픔, (요구되지 않은) 사랑, 수치심이 있다. 따라서 이 근원영역의 분포는 짐의 분포와 유사하다.

특정 감정 개념에 적용되는 근원영역

앞서 언급한 것보다 별로 일반적이진 않지만 여기서 고려하고 있는 감정 개념들과 연관된 근원영역이 있다. 이런 근원영역은 대부분의 감정에 적용되지 않고, 최소 두 가지 감정에 적용된다.

열/불. "뜨거운"의 의미에서 열/불의 영상은 화, (낭만적) 사랑, 욕정에서 발견할 수 있다. 이 근원영역은 수치심에도 적용될 수 있다 (She was *burning* with shame/embarrassment(그녀는 수치/당혹으로 *불타고 있었다*)). 그러나 전적으로 관습적인 수치심에 대한 표현인 My cheeks were *burning*(내 뺨이 *타고 있다*)은 엄밀히 말해 환유(수치에 대한 신체 열)이며, 이 환유를 토대로 은유가 형성된다(이것은 "은유적 환유(metaphorical metonymy)"라고 부를 수 있다). 열/불은 행복, 슬픔, 자부심, 놀람의 경우에는 근원영역으로 발생하지 않는 것처럼 보인다.

뒤에서 분명해지는 이유들로 인해, 나는 감정의 은유적 근원영역으로 "뜨거운-차가운"과 "따뜻한-차가운"을 구별하는 것이 유용하고 옳다는 것을 알았다. 열의 요소는 **그릇** 영상(그리고 **액체**로서의 감정의 영상)과 결합해 **그릇 속의 펄펄 끓는 액체**라는 복합적 영상을 생산할 수 있다(Lakoff & Kövecses 1987 참조).

따뜻함-차가움, 밝음-어둠, 위-아래, 생기-생기 결핍. "따뜻함-차가움" "밝음-어둠" "위-아래" "생기-생기 결핍"의 은유적 근원영역은 행복과 슬픔에만 적용된다는 점에서 행동의 일관성을 보인다. 호주 영어에는 one can be dark at someone(누군가에게 화를 낼 수 있다)이라는 표현이 있다. 이것은 화가 나서 얼굴이 어두워지는 것(빨개지는 것)과 관련 있으므로 환유이다(얼굴의 어두워짐/빨개짐은 화를 대표한다).

경제적 가치. 경제적 가치라는 근원영역은 자부심과 수치심에 적용된다. 자부심에서는 감정의 주체는 자신에게 높은 가치(너무 많은 자부심)나 낮은 가치(너무 적은 자부심)를 할당할 수 있다. 반면, 수치심에서는 그 가치가 상대적으로 낮다. 자부심이나 수치심과는 달리, 존경에서의 감정의 주체는 그 존경의 대상에게 높은 가치를 할당한다(Kövecses 1990 참조).

영양물/음식, 전쟁, 게임. 이것은 외형적으로 구별되는 근원영역이다. 그 공통점은 (감정이나 감정의 대상에 상응하는) 어떤 대상을 얻고자 하는 바람이다. 이것의 적용은 사랑과 욕정에 제한된 것처럼 보인다.

기계, 동물 공격, 굶주림. 이런 근원영역은 화와 욕정을 개념화할 때 발견할 수 있다. 기계 은유는 That got her going 같은 예에서 나타난다. 이 예는 화와 욕정 은유 모두로 생각될 수 있다. 화의 경우에, 굶주림은 "길들지 않은 동물" 은유의 일부처럼 보인다(Lakoff & Kövecses 1987 참조). Lakoff(1987)는 미국인이 화와 욕정을 이해할 때 보게 되는, 이런 흥미로운 유사성에 대해 논의한다.

황홀/높음과 숨긴 물건. 황홀/높음과 숨긴 물건은 행복과 사랑의 감정 개념을 이해하는 데 사용된다.

마술, 결합, 여행. 이런 은유적 근원영역은 사랑과 욕정을 특징짓는다. 제2장에서 거론된 연구를 통해 볼 수 있듯이, 사랑은 물론이고 욕정도 마술과 결합을 근원영역으로 사용할 수 있다. 그러나 여행은

(She *neared the peak* of ecstasy(*그녀는 황홀경의 극에 달했다*)에서처럼) 단지 두세 가지 예에서만 나타났기 때문에 동일한 연구에서 제공되지 않았다. 반면, 사랑에서 여행 은유는 (We're *stuck*(*우리는 꼼짝 못하고 있다*), This was a *long and bumpy road*(*이것은 멀고 험한 길이었다*)에서처럼) 매우 생산적이다. 이것은 여행 은유가 비록 주변적이지만 욕정을 이해하는 데에는 주요하다는 것을 암시한다. 사랑에서 여행 은유가 중요하고 욕정이나 기타 감정에서는 여행 은유가 주변적인 위상을 가질 수밖에 없는 이유는 제6장에서 확인될 것이다.

물리적 손상. 물리적 손상은 자부심과 수치심을 개념화할 때 사용되며, 이 둘은 아주 긴밀하게 서로 관련된 두 가지 감정이다(이 둘 사이의 관계에 대한 상세한 조사는 Holland & Kipnis 1995 참조). 물리적 손상은 마치 (자동차 한 대가 다른 자동차를 움푹 들어가게 하는 것과 같이) 한 물건이 다른 물건과 부딪치면서 초래되는 가시적인 손상의 의미와 같다.

하나의 감정 개념에 적용되는 근원영역

제2장에서 볼 수 있듯이, 어떤 은유적 근원영역은 오로지 하나의 감정 개념과 함께 나타난다. 여기서는 이런 근원영역을 그것이 적용되는 감정과 함께 간략히 언급해 보겠다.

침입, 물리적 성가심 – 화
숨은 적, 초자연적 존재 – 공포
지면에서 발이 떠 있음, 천국에 있음, 건강한 동물, 유쾌한 육체적 감각 – 행복

입을 옷이 없음, 크기의 감소, 세상 봉쇄 - 수치심

결국, 몇 개의 감정 개념이 대부분의 은유적 근원영역을 공유한다고 제안하는 것이 타당한 듯하나, 특별한 감정 개념에만 특유하게 보이는 몇몇 근원영역이 있다. 이것은 어떤 근원영역이 공유되고 어떤 근원영역이 특유하며 왜 그러한지에 관한 물음을 던진다. 다음 절에서 이에 대해 재차 연구할 것이다.

감정 개념의 양상

지금까지 대부분의 근원영역이 특별한 감정 개념에 특유하거나 유일하지 않다는 것을 입증하고 싶었다. 이런 근원영역이 일반적인 감정의 범주에 국한되는지 아니면 그것을 초월하는지를 보기 위해, 우리가 할 일은 공통된 근원영역이 초점을 두는 감정 개념의 양상을 검토하는 것이다.

존재

어떤 은유(또는 근원영역)는 감정의 "존재"를 주요 초점으로 삼는다. 즉 감정이 존재하는지 또는 존재하지 않는지를 표현하는 것이 그 과제인 은유가 있다. 다음은 이런 기능을 하는 주요한 개념적 은유를 열거한 것이다.

감정의 존재는 지금 여기서의 현존이다
감정의 존재는 한정 공간 내에 있는 것이다

감정의 존재는 사물의 소유다

감정의 존재는 기계의 작동이다

이 가운데 앞의 세 가지 은유는 매우 일반적이고 모든 감정 개념
에 적용되는 데 반해, 마지막 은유 **작동하는 기계**는 그 적용이 (화와
욕정에) 제한된다.

이런 은유는 분명 감정의 영역을 초월한다. 이런 은유는 우리의
개념적 체계에서 매우 일반적인 은유라고 Lakoff(1993)가 말하는 "사
건 구조" 은유의 하나이다. "사건 구조" 은유는 감정 상태를 포함해
서 모든 종류의 상태에 적용된다(다음 장에서 **사건 구조** 은유를 상세
히 논의할 것이다). 따라서 위의 은유들은 감정 상태의 존재나 비존
재를 개념화하는 표준 방법에 해당한다. **작동하는 기계**가 이 체계의
부분인지의 여부는 지금으로서는 장담할 수 없는 문제이다.

강도

강도는 몇 개의 은유로 부각되는 감정 개념의 또 다른 양상이다.
원형적 감정 개념은 매우 강렬한 상태로 간주된다. 이런 양상에 초
점을 두는 은유적 근원영역으로는 **그릇, 열/불, 유기체, 자연력/물
리적 힘**이 있다. 이런 근원영역이 주어지고, 강도가 그 영역의 주요
한 초점이라고 한다면, 다음과 같은 일반적인 은유를 얻을 수 있다.

감정의 강도는 (그릇에 담긴 내용물의) 양이다

감정의 강도는 열이다

감정의 강도 증가는 성장이다

감정의 강도는 (힘의) 효과의 세기다

따라서 감정이 *가득 찬* 것은 감정이 *고갈된* 것보다 더 강한 감정의 강도를 나타낸다는 것이다. 전자의 경우는 후자보다 그릇에 더 많은 내용물이 들어 있다.

다시, 이 은유들은 감정의 영역을 넘어서 적용된다. 이 은유들은 다음과 같이 더욱 일반적인 용법으로 제시 가능하다.

강도는 양이다
강도는 열이다
강도 증가는 성장이다
강도는 효과의 세기다

이런 은유의 "비감정적" 적용을 증명하는 몇 가지 예가 있다. I appreciate it *very much*(대단히 감사합니다)(양), *to blaze away* at something(누군가에게 흥분해서 *이야기하다*)(불/열), the sudden *growth* of the economy(갑작스런 경제 *성장*)(성장), The country was *hit hard by* the flood(시골이 홍수로 *심한 타격을 받았다*)(효과)가 그 예이다. 이 모든 경우에는 무엇보다 강도가 은유의 초점이다.

수동성

비록 **자연력/물리적 힘** 은유가 강도의 양상을 포착하는 데도 참여하지만, 그 일차적인 초점은 수동성의 개념에 있다. 세계에 대한 소박한 통속 이해에서, 감정 경험의 수동성은 감정의 기준 자질로 간주된다(따라서 낱말 passion(열정)은 처음에 수동적 경험인 "suffering(고통)"을 의미한다). 따라서 감정이 우리에게 발생하는 것으로 간주된다. 다음 은유가 이를 반영한다.

감정 경험의 수동성은 자연력/물리적 힘의 물리적 효과다

더욱 일반적으로, 어떠한 수동적 경험도 이 은유로 이해된다. 보다 일반적인 은유는 다음과 같다.

수동적 경험은 힘의 물리적 효과다

이 은유는 예 Communism was *swept away by* the storms of history(공산주의가 역사의 폭풍으로 *소탕되었다*)에서처럼 일방적 방식으로 한 실체가 다른 실체(힘)로부터 영향을 받는 것으로 개념화되는 상황에서 사용된다.

통제

앞서 본 많은 근원영역은 감정 영역 내에서 "통제"를 목표영역으로 가진다. **자연력/물리적 힘, 적, 포획된 동물, 그릇 속의 액체, 정신병, 마술, 상급자, 불완전한 사물, 황홀/높음**이 이런 근원영역이다. 최소한 감정 영역에서 통제는 통제 시도, 통제 상실, 통제 부재라는 세 부분이나 단계로 분류 가능한 복잡한 개념이다. 이런 단계가 주어지면, 근원영역은 통제 시도, 통제 상실, 통제 부재라는 각기 다른 단계에 초점을 두는 경향이 있다(중복될 수 있다).

통제 시도에 초점
감정 통제 시도는 적을 이기고자 하는 것이다
감정 통제 시도는 포획된 동물을 제지하고자 하는 것이다
감정 통제 시도는 그릇 속에 액체를 막고자 하는 것이다

감정 통제 시도는 완전한 사물을 한데 모으고자 하는 것이다

통제 상실에 초점
감정 통제 상실은 강한 힘에 대한 통제 상실이다

통제 부재에 초점
감정 통제 부재는 정신병이다
감정 통제 부재는 마술이다
감정 통제 부재는 황홀이다
감정 통제 부재는 상급자다
감정 통제 부재는 분열된 자아다

이런 은유들은 감정 영역에만 특유한 것 같지는 않다. 위의 근원영역에는 (포획된 동물, 그릇 속의 펄펄 끓는 액체, 상급자와 같은) 자구적 힘이나 (정신병이나 마술 같은) 은유적 힘으로 개념화되는 실체가 있다. 이런 관찰은 위의 감정 특정적 은유를 재공식화하는 것을 가능하게 만든다. 더욱 일반적인 "통제 관련" 은유는 다음과 같다.

통제 시도는 힘과의 투쟁이다
통제 상실은 힘에 대한 통제 상실이다
통제 부재는 힘에 대한 통제 부재다
통제가 되는 사람은 표준 사람이다
통제가 안 되는 사람은 분열된 자아다

이런 매우 일반적인 은유 때문에, 혹자는 수학과 투쟁하며(*struggle*

with), 몸무게와 *이길 가망이 없는 전투를 하고 있다(fight a losing battle against)*고 말할 수 있다. 이런 예를 비롯한 다른 많은 예는 감정의 통제 양상을 이해하는 데 활용되는 은유적 근원영역이 감정 영역에 유일한 것이 아닌 그것을 포함한 훨씬 큰 체계의 부분을 형성한다는 것을 보여준다.

"긍정적-부정적" 평가

감정은 "긍정적"이거나 "부정적"인 것으로 판단될 수 있다. 이는 감정을 분류할 수 있는 가장 일반적인 차원이다. 어떤 의미에서 "부정적"인 것으로 간주되는 감정은 더러 병으로 이해되기도 하므로 다음과 같은 은유가 있다.

부정적 감정은 병이다

감정 관계는 또한 감정이 (목적을 수행한다는 의미에서) 작동하고 있는지 또는 작동하고 있지 않은지에 따라 판단될 수 있다. 혹자는 a sick relationship(불건전한 관계)이나 a healthy relationship(건전한 관계)에 대해 이야기하기도 한다. 이것은 "부정성"의 의미가 "비작동성"으로부터 발생할 수 있음을 암시한다. "(비)작동성"은 감정 영역 바깥에서는 **병/건강**으로 이해된다. 또 다른 혹자는 *sick/healthy* mind, society, or economy(*병든/건전한* 마음, 사회, 경제)에 대해 이야기한다.

감정 개념의 이런 양상에 초점을 두는 다른 근원영역이 있다. 위-아래, 밝음-어둠, 따뜻함-차가움, 가치-무가치가 그것이다. 흥미롭게도, 이런 근원영역은 행복-슬픔, 자부심-수치심, 애정-무관심에만 적용된다. 이런 감정은 내재적으로 긍정적이거나 부정적이다. 화, 공포, 낭만적 사랑, 욕정, 놀람 같은 감정은 내재적으로 좋거나 나쁜 것으로 개념화되지 않는다. 물론 이런 감정은 (따뜻함–차가움이 아닌) 뜨거움–차가움 도식을 이용할 수 있다.

이런 근원영역을 포함하는 은유는 감정 영역보다 훨씬 넓은 영역을 가진다. (생명과 같은) 일반적인 좋은 사물은 은유적으로 **위, 밝고, 따뜻하고, 가치 있는** 데 반해, (죽음과 같은) 나쁜 사물은 **아래, 어둡고, 차갑고**, 심지어 **무가치**하다(이 중 몇몇 경우들에 대한 논의는 Lakoff & Johnson 1980 참조).

어려움

많은 감정(가령 화, 공포, 슬픔, 수치심)은 감정의 주체가 극복해야 하는 어려운 상태로 간주된다. 이것은 짐이라는 근원영역이 초점을 두는 감정 개념의 양상이다. 이는 다음의 은유를 창출한다.

감정적 어려움은 짐이다

보다 일반적으로, 어떤 종류의 어려움이라도 그것은 짐으로 개념화되며, 다음과 같은 은유를 낳는다.

어려움은 짐이다

우리가 This exam places a terrible *burden on* me(이 시험은 나에게 엄청난 부담을 준다), This teacher is *bearing down on* me(이 선생님은 나를 억누르고 있다)라고 말할 때에는 이런 일반적인 은유의 언

어적 (그리고 비감정적) 예를 다루어야 한다.

욕망/욕구

욕망의 개념은 감정 개념에 두 가지 방식으로 나타난다. 첫째, 감정의 주체 입장에서 어떤 행동을 하고자 하는 욕망이 있다. 이런 행동은 감정 자체에 의해 "박차가 가해진" 것이거나 감정의 결과이다. 이것은 우리가 화와 욕정에서 발견한 것이다. 둘째, 욕망은 감정을 가지는 것으로 되어 있다. 따라서 우리는 사랑을 열망하지만(hunger for), 화를 열망하지는 않는다. 비록 화가 탐욕스러운(*insatiable*) 것이라고 말할 수도 있다. 이런 경우를 통틀어 "감정적 욕망"이라 부르자. 이는 굶주림으로 은유적으로 개념화된다. 다음과 같은 은유가 그것이다.

감정적 욕망은 굶주림이다

그러나 앞서 논의한 경우들처럼 한층 일반적인 은유가 있다.

욕망은 굶주림이다

물론 욕망이 특별한 종류의 감정으로 간주되지 않는다면, 이 영역은 감정 영역을 초월하는 은유이다.

물리적 결합

결합 은유는 감정 영역(사랑과 욕정) 외에도 적용 범위가 넓다. 이 은유는 종교적 · 심리적 · 사회적 실체 등과 같은 다양한 비물리적 실체로 확장된다. 우리는 *unite with* God(*신과 하나가 되다*)과 *unity of* body and mind(몸과 마음의 결합)와 같이 말할 수 있다. 이런 표현은 다음과 같은 일반적인 은유에 근거를 둔다.

비물리적 결합은 물리적 결합이다

사랑과 욕정에 대한 결합 은유는 이 은유의 특별한 경우이다.

진척

이 근원영역은 지금 연구 중인 대부분의 감정 개념에는 적용되지 않는다. 그러나 사랑과 (주변적으로) 욕정 외에, 근원영역으로서의 여행은 (We aren't *getting anywhere* with this project(이 계획은 *결과가 좋질 못하다*)에서처럼) 감정 영역 외 많은 활동에 적용된다. 여행 은유가 초점을 두는 주요 차원은 목표를 향한 진척인 것처럼 보인다. 이것은 다음과 같은 일반적인 은유를 생산한다.

진척은 (여행에서) 목적지로의 이동이다

다음 장에서 여행 은유를 재차 논의할 것이다.

손상

우리는 물리적 손상이라는 근원영역이 주로 자부심과 수치심이라는 두 감정 개념에 적용된다는 것을 보았다. 그러나 그것은 화(가령 He *burst with* anger(그는 화가 나서 폭발했다)), 사랑(가령 She *got burned again*(그녀는 다시 흥분했다)), 놀람(가령 When he heard the news, he *came apart at the seams*(그 소식을 들었을 때, 그는 솔기가 터

졌다))과 같은 다른 개념 영역에서도 확인 가능하다. 이런 경우들에서 작용하는 은유는 다음과 같다.

감정적 손상은 물리적 손상이다

한 가지 종류의 감정적 손상은 통제 상실이다. 이것은 통제 상실의 은유들과 약간 중복되는 현상을 설명해 준다. 일반적으로 손상의 개념(또는 비자구적인 부정적 효과)은 물리적 손상으로 이해된다. 다음과 같은 은유가 그것이다.

비물리적 손상은 물리적 손상이다

이것은 비감정적 문장인 The strike caused *inestimable damage* to the country(파업이 헤아릴 수 없는 손상을 그 나라에 가져다주었다)에서 볼 수 있다.

감정의 양상과 비에츠비카의 의미적 보편소

앞절의 논의에 비추어, 일반적인 감정 개념을 특징짓는 일련의 양상이나 차원이 있는 듯하다. 존재, 강도, 수동성, 통제, 평가, 어려움, 욕망, 손상이 그것이다(조금 전 보았듯이, 진척의 차원은 감정에 전형적인 것은 아니다). 이런 차원들은 연구 중인 감정 개념과 관련해 밝힌 근원영역의 고유한 목표영역으로 간주될 수 있다.

이제 흥미로운 일의 하나로 감정 개념의 이런 양상들을 비에츠비카의 보편적인 "의미적 본원소"와 비교해 보라. Wierzbicka(1995)는 "정신적 술어" "행동, 사건, 이동" "존재, 삶" "평가소" "강화사" "증대소"를 포함해 16개의 본원소가 있다고 제안한다. 이런 보편적인 의미적 본원소와 이 절에서 기술한 감정 개념의 양상이 서로 약간 대응하는 듯하다.

비에츠비카의 정신적 술어에는 "want(원하다)"와 "feel(느끼다)"이 포함된다. "want"는 여기서 말하는 "욕망"에 대응하는 것이다. 반면, "feel"은 "감정"의 범주에 대응한다. 비에츠비카의 행동, 사건, 이동에는 "do(하다)" "happen(발생하다)" "move(움직이다)"라는 세 가지 본원소가 있다. "happen"은 여기서 말하는 "수동성" 양상과 일치하는 것으로 간주된다. 존재, 삶에 대한 본원소 "there is, live"는 내가 말하는 "존재" 차원의 대응물로 간주될 수 있다. 평가소 "good(좋은)"과 "bad(나쁜)"는 내가 말하는 "긍정적-부정적 평가"의 뚜렷한 기능을 가진다. 마지막으로, 비에츠비카의 강화사 범주에는 "very(매우), more(더 많은)"이 있는데, 이는 "강도"의 양상에 대응하는 것 같다. 따라서 비에츠비카의 의미적 본원소의 범주와 감정 은유로 강조되는 감정의 양상은 분명 대응하는 것처럼 보인다. 의미적 본원소의 다섯 가지 범주(정신적 술어; 행동, 사건, 이동; 존재, 삶; 평가소, 강화사)는 앞서 밝힌 감정 개념의 양상에 대응한다.

내가 알 수 있는 한, 이것이 갖는 중요성은 영어에서 사용되는 개념적 은유를 근거로 발견한 감정 범주의 양상이 영어 사용자의 개념적 체계에 국한되는 것은 아니라는 점이다. 대신 비에츠비카가 옳다고 가정한다면, 감정 개념의 양상이 보편적으로 적용될 수 있다고 할 수 있다.

같은 맥락에서, 흥미로운 것은 비에츠비카의 체계에는 빠져 있지만, 내가 약술한 체계에는 있는 것이 무엇인지를 확인하는 일이다. 비에츠비카의 본원소와는 쉽게 대응되지 않는 세 가지 양상이 있다. "통제" "어려움" "손상"이 그것이다. 나는 그 이유를 설명할 수 없다. 그럼에도 불구하고, 만약 다른 양상들이 보편적으로 적용될 수 있다면 후자의 이 세 가지 양상 역시 그러해야 한다고 추측해 볼 수 있다. "통제" "어려움" "손상"이 보편적인 의미적 본원소의 목록에 추가될 수 있는지 또는 대안적으로 이런 양상들이 감정에 대한 서구(영미) 개념의 부분으로 간주되어야 하는지를 보고자 하는 것은 의미 있는 일이다. 일반적으로 서구 사람들이 감정 통제를 강조하고, 감정을 합리적인 사람의 서구적 이상에 대한 적절한 기능에 해로운 것으로 간주한다고 하면, 후자의 선택은 실행 가능한 것 같다.

감정 특정적 근원영역

다음 순서는 특별한 감정 개념에 특유한 근원영역이 있는지에 관한 논제이다. 특별한 감정에 특유하고 동시에 감정 영역에 국한된 것처럼 보이는 근원영역이 있다.

화: 침입, 물리적 성가심
두려움: 숨은 적, 초자연적 존재
행복: 지면에서 발이 떠 있음, 건강한 동물, 유쾌한 육체적 감각
수치심: 입을 옷이 없음, 크기의 감소, 세상 봉쇄

예컨대 침입은 화를 초래하고, (지면에서 떠 있어서) 춤추며 돌아다

니는 것은 행복을 나타내고, 크기의 감소는 어떤 사람의 부끄러움과 당혹감을 보여준다. 어떻게 이런 근원영역이 감정에 특유한지를 설명할 수 있는가? 그 근원영역의 특정성은 두 가지 요인에서 나온다. 어떤 근원영역은 감정의 원인과 관련이 있는 데 반해, 어떤 근원영역은 감정의 효과와 관련된다. 해당 원인과 효과 둘 다 주어진 감정에 특유한 것처럼 보인다. 예컨대 은유 **수치심은 입을 옷이 없음이다**가 주어지면, 입을 옷이 없는 것은 수치심에 대한 잠재적인 원인이며, 전형적으로는 수치심과 연상된다. 또 다른 예를 들어 보자. 춤추고 아래위로 뛰는 것(그러나 발을 세게 구르는 것은 아님)은 전형적으로 기쁨/행복과 연상되며, 그것은 이런 감정의 결과나 효과로 간주된다. 따라서 ("위" 은유와 달리 평가적 은유가 아닌) 은유 **행복은 지면에서 발이 떠 있는 것이다**가 있다.

보다 일반적으로, 우리는 감정이 상정상의 전형적인 원인과 결과 둘 다를 통해서 이해될 수 있고 이해된다고 말할 수 있다. 이것이 발생할 때, 감정 특정적인 은유적 근원영역을 얻을 수 있다. 특별한 감정의 상정상의 전형적인 원인과 결과로부터 도출되는 몇 가지 감정 특정적 은유가 있다.

감정은 그 원인이다
　화는 침입이다
　화는 신체적 성가심이다
　공포는 숨은 적이다
　공포는 초자연적 존재다
　행복한 사람은 건강한 동물이다
　행복은 유쾌한 물리적 감각이다

수치심은 입을 옷이 없음이다

감정은 그 결과이다
　행복은 지면에서 발이 떠 있는 것이다
　수치는 크기의 감소다
　부끄러워하는 것은 세상 봉쇄다

비록 특별한 근원영역이 특별한 감정 개념에 특유하다 할지라도, 상태-사건(이 경우에 감정 상태-사건)을 원인이나 결과에 의해 이해하는 인지적 메커니즘은 매우 일반적이다(Kövecses 1991b, 1994b 참조). 이 과정의 본질은 내재적으로 환유적이다(Kövecses & Radden 1998, Radden & Kövecses 인쇄중, Kövecses 1998 참조).

결론

우리는 감정 영역의 개념화에 특유한 근원영역이 있는지에 관한 질문으로 논의를 시작했다. 내가 주장하는 일반적인 결론은 감정 은유에 대한 대부분의 근원영역이 감정의 영역에 특유하지 않다는 것이다. 비록 어떤 근원영역은 감정의 영역에 특정하기는 하다. 이런 의미에서 "감정에 특유한 은유가 있는가"라는 질문에 대한 나의 대답은 조건부 "아니오"다. 사실상, 우리는 감정 개념에 대한 대부분의 근원영역이 감정 영역을 초월하는 적용의 범위를 가진다는 것을 보았다. 특유하지 않은 이런 근원영역은 적용의 범위가 우리의 개념적 체계 중에서 많은 부분을 차지하는 매우 일반적인 은유적 사상의 부분이다(여기에서 나는 이런 부분이 정확하게 얼마나 큰지에 관한 논제는 연구하지 않았다).

이것은 적어도 감정 영역 같은 경우에, 특유한 방법으로, 즉 주어진 추상적 영역에 특유한 은유를 사용함으로써 추상적 영역을 이해하지 않는다는 중요한 이론적 함축을 가진다. 대신, 우리의 개념적 체계의 다른 부분에서 우리가 이용하는 "개념적 재료"로부터 추상적 영역을 구성하는 것처럼 보인다. 우리는 (내재적으로나 우리가 그것을 그런 것으로 개념화하기 때문에) 그것을 요구하는 어떤 영역에서도 마치 "통제"에 대한 은유를 이용한다. 관계에 관한 장에서, 나는 우정의 개념과 관련하여 동일한 일반적인 주장을 할 것이다.

그럼에도 불구하고, 어떤 감정 근원영역은 특별한 감정 개념과 감정 영역 모두에 특유한 것처럼 보인다. 나는 규칙적인 환유적 과정에 의해 원인이나 결과를 통해 감정 개념을 이해할 때 이것이 발생한다고 본다.

제4장

사건과 감정: 감정의 하위범주화

감정은 보통 두 가지 주요한 방법으로 범주화된다. 주로 학술 문헌에서 감정은 사건과 반대되는 상태의 하위범주로 간주된다. 심리학자들과 몇몇 다른 학자들은 종종 감정 상태에 대해 이야기하곤 한다. 다른 한편, 일반 사람들과 초기 학자들은 감정을 행동과 반대되는 열정의 하위범주로 간주한다. 실제로, 다음과 같은 질문이 제기된다. 감정은 상태의 하위범주인가 아니면 열정, 사건, 행동의 하위범주인가 아니면 이들의 결합인가? 공교롭게도, 감정을 범주화하는 네 가지 방법 각각의 지지자도 없지 않다. 예컨대 어떤 인류학자들은 감정을 사건으로 간주하는 데 반해(Lutz 1988), 솔로몬(Solomon)과 프롬(Fromm) 같은 철학자들은 열정이 아닌 행동으로 간주한다(Solomon 1976, Fromm 1956). 그러나 이런 후자의 하위범주화는 감정을 분류하는 주류 방법에서 벗어난 듯하다.

이런 맥락에서, 감정에 대한 하위범주화의 세부항목을 가장 자연스러운 통속 이론, 즉 언어로 조사하는 것은 중요하다. 여기서 감정 하위범주화의 본질을 고려하기 위한 기초가 되는 언어는 영어이다. 만약 감정이 단순히 "상태"라면, 사건 은유와 감정 은유 사이에는 중복을 기대할 수 없다. 또한 감정이 행동과 반대되는 "열정"이라면, 감정 은유들 사이에서 행동 은유는 발견되지 않아야 한다. 하지만 신기하게도 감정에 대한 사건 은유와 행동 은유 둘 다 존재하는 것처럼 보인다. 이것은 앞서 언급한 감정에 대한 두 가지 "소수" 견해를 뒷받침한다(이는 프롬이 우리가 기술하고 있는 통속 이론에서 제안하고 있는 것과 정확히 같은 의미에서 사랑의 행동 같은 특징을 보았다라고 말하는 것은 아니다).

감정 은유들 사이의 중복의 범위와 그 관계의 본질, 그리고 Lakoff (1990, 1993)가 말하는 **"사건 구조 은유"**를 조사하는 것이 이 장의 핵심적인 목표이다.

사건 구조 은유와 감정

Lakoff(1990)는 다음과 같은 방법으로 영어의 **사건 구조** 은유를 특징짓는다. 상태 변화, 행동, 활동 등을 포함해 일반적인 사건은 물리적 이동, 물리적 힘, 물리적 공간에 의해 은유적으로 이해된다. 사건의 주요 양상이나 성분에는 상태, 변화, 원인, 목적, 수단, 어려움, 진척 등 여러 가지 것들이 포함된다. 이런 추상적 개념에 물리적 공간, 힘, 이동의 개념이 적용됨으로써, 화자가 추상적 개념을 보다 명확히 이해하도록 하는 개념적 은유가 유발된다. 그렇다면 **사건 구조** 은유가 영어의 감정 은유와 중복되는지를 보자. 레이코프가 밝힌 **사건 구조** 은유의 하위 은유로는 다음과 같은 것이 있다.

상태는 위치다
변화는 이동이다
원인은 힘이다

행동은 자체 추진적 이동이다

목적은 목적지다

(상태 변화/행동의) 수단은 (목적지로 가는) 경로다

어려움은 이동에 대한 장애물이다

예상 진척은 여행 일정이다

외부 사건은 크고 움직이는 사물이다

의도적인 장기적 활동은 여행이다

 사건 구조 은유에서 일반적인 상태는 공간상의 물리적 위치나 한정 지역으로 개념화된다. 사건은 종종 한 상태에서 다른 상태로 변하는 실체를 포함하므로, 상태는 **사건 구조**의 부분인 것이다. 따라서 **사건 구조** 은유 내의 하위 은유 **상태는 위치다**가 주어지면, 영어 사용자들은 상태에 대해 이야기하기 위해 I am *in* trouble(나는 곤경에 *처해* 있다)과 같은 문장을 사용할 것이다. 여기서 이 은유를 보여주는 핵심 낱말은 in이다. 이것은 방, 통 등과 같은 공간상의 물리적 한정 지역을 일차적 참조로 가진다. 이와 유사하게, 감정 상태를 지시하는 가장 자연스러운 방법들 가운데 하나도 이 은유를 이용한다. 그래서 영어에는 I'm *in* love(나는 사랑에 *빠졌다*), He's *in a* rage(그는 화를 *벌컥 내었다*), She's *in* depression(그는 의기소침한 *상태다*)과 같은 표현이 있는 것이다. 일반적으로, 학자들과 일반인 모두는 Someone is *in an emotional state*(사람은 감정 상태에 *빠져* 있다)라고 말한다.

 변화의 개념은 한정 지역 안팎의 물리적 이동으로 간주된다. 따라서 영어에서는 The patient *went into a* coma(환자가 혼수상태에 *빠졌다*) 같은 문장이 발견된다. 누군가가 행복의 상태로 들어가고(*entering*), 사랑에 빠지고(*falling in* love), 화를 벌컥 내는 것(*flying into* a rage)에 대해 이야기할 때, 동일한 하위 은유가 그 감정에 적용된다.

사건은 인과적 양상을 가진다. 원인은 사건 구조 내 은유적 힘이다. 이것은 Circumstances *drove* him *to* commit suicide(상황이 그를 자살하도록 *몰아갔다*), I *pushed* him *into* washing the dishes(나는 그가 설거지를 하도록 *떠밀었다*), What *kept* you *from* suing them?(무엇이 당신에게 그들을 고소하지 *못하게 했습니까*?) 같은 문장에서 원인에 대해 이야기하기 위해, 영어 사용자들이 drive(몰다), send(보내다), push(밀다), keep(유지하다) 등과 같은 동사를 사용하게 해주는 것이다. 예컨대 The news *sent* the crowd *into* a frenzy(그 소식은 군중을 광란으로 *몰았다*), His depression *drove* him to commit suicide(그의 우울증이 그를 자살로 *몰았다*), Fear *ruled over* her(공포가 그녀를 *다스렸다*), Love *makes* the world go *round*(사랑이 세상을 *움직이게 한다*) 같은 감정에 대한 기술적 진술문에서도 같은 동사나 다른 동사들을 발견할 수 있다.

행동은 의도적으로 촉발된 사건이며, 자체 추진적 이동으로 은유적으로 개념화된다. 예컨대 A person *goes on* with what he is doing(어떤 사람이 자신이 하고 있는 것을 *계속하고 있다*), He *went back to* sleep(그는 *다시 잠들었다*), He exercised *to* the point of exhaustion(그는 지칠 때*까지* 운동했다)이라고 말할 수 있다. 영어의 감정에 대한 은유적 개념화에서는 어떤 자연스러운 대응물을 찾을 수 없어 보인다. 하위 은유 **행동은 자체 추진적 이동이다**와 가장 밀접한 언어 예는 I *worked* myself *up into* a rage(나는 화를 *내도록* 나 자신을 *자극했다*)이다. 이때 낱말 work는 어떤 고의나 의도를 암시한다. 그러나 work는 이동 동사가 아니다(비록 낱말 up과 into는 이동을 표현하는 불변화사이지만, 상태 변화를 암시하지는 않는다).

사건의 하위부류는 목적과 연상되며, 이런 목적은 보통 은유적 목적지로 간주된다. 따라서 하위 은유 **목적은 목적지다**가 있다. 가령 We aren't *getting anywhere*(with this project)((이 계획은) *결과가 좋질 못하다*)가 그 예일 것이다. 같은 문장이 (Lakoff 1993에서 볼 수 있듯이) 결혼이나 사랑 관계에 대해서도 사용될 수 있다.

변화나 행동의 양상으로 (상태 변화나 행동의) 수단을 정교하게 사용하는 경우도 있다. 하위 은유 **수단은 경로다**는 자연스럽게 감정의 개념화로 확장될 수 없다. 따라서 비록 He went from fat to thin *through* an intensive exercise program(그는 집중적인 운동 프로그램을 통해 살이 빠졌다)처럼 말할 수 있지만, 어떤 감정 경험이 어떤 수단을 통해(*through*) 정교하게 달성될 수 있는 것으로 기술하기란 찾기 어렵다. 이것이 발생할 수 있는 가능한 상황은 어떤 사람이 정신의학의 도움을 구하고, 그 결과 그가 훈련을 통해(*through*) 어떤 감정적인 느낌을 달성했다고 주장할 수 있는 상황이다. 하지만 분명 이것은 **사건 구조** 은유를 예사롭지 않게 적용시킨 것이다.

다음 하위 은유 **어려움은 이동에 대한 장애물이다**에 따르면, 어떤 계획에 대해 이야기할 때, We have *to get around* this problem(우리는 이 문제를 극복해야 한다)이라고 말할 수 있다. 바로 이때 어려운 문제는 장애물로 간주된다. **사건 구조** 은유에서, 움직임에 대한 5개의 장애물이 감별되었다.

방해물:

    He *got over* his divorce. (그는 이혼을 극복했다.)

    He's trying *to get around* the regulations. (그는 규정을 잘 *피하고자* 노력하고 있다.)

지형:

He's *between a rock and a hard place*. (그는 대단히 어려운 입장에 처해 있다.)

It's been *uphill* all the way. (그것은 내내 힘든 것이었다.)

짐:

He's *carrying quite a load*. (그는 꽤 많이 짐을 나르고 있다.)

He's *weighed down* by a lot of assignments. (그는 많은 숙제로 인해 짓눌려 있다.)

저항력:

Quite *pushing* me *around*. (나를 그만 괴롭혀라.)

She's *holding* him *back*. (그녀는 그를 제지하고 있다.)

에너지 근원의 부재:

I'm *out of gas*. (나는 지칠대로 지쳤다.)

We're *running out of steam*. (우리는 힘이 다 떨어졌다.)

더 큰 문맥으로 보면, **사건 구조**의 이런 양상은 어떤 감정이 어려운 무언가나 극복해야 하는 무언가로 간주될 때 감정에 적용된다. 이런 경우의 예로 He *got over* his anxiety(그는 걱정을 극복했다), She's *weighed down* by her sadness(그녀는 슬픔에 짓눌려 있다), He's *held back* by his anger in life(그는 거의 화로 인하여 방해를 받았다) 같은 문장이 있다.

활동의 또 다른 양상은 진척이다. 이것은 여행 일정으로 개념화되고, 하위 은유 **예상 진척은 여행 일정이다**를 창출한다. We're *behind schedule* on this project(이 계획은 예정보다 늦다)가 비감정적 은유의 예일 것이다. 이 은유는 사랑 관계에도 적용되며, 사랑하는 연인은

We've *made a lot of headway* in recent months(최근 수개월간 놀라운 진척이 있었다)나 We're just *spinning our wheels*(우리는 헛돌고 있다)라고 말할 수 있는 것이다.

은유적으로 의도적인 장기적 활동은 여행으로 간주된다. 따라서 하위 은유 **의도적인 장기적 활동은 여행이다**가 있다. 혹자는 어떤 계획과 사랑 관계 모두를 *갈림길에 서 있을 수(at a crossroads)* 있다고 말한다. 이와 유사하게, 계획과 사랑 관계 모두는 *멀고 험한 길(a long, bumpy road)*로 기술될 수 있다.

사건 구조에서, 사건은 크고 움직이는 사물로 개념화된다. 이는 특히 다음 세 가지 경우로 나타난다.

외부 사건은 크고 움직이는 사물이다

1. 사물: *Things are going against* me these days. (요즘 일이 나에게 불리해지고 있다.)
2. 액체: The *tide* of events. (사건의 풍조)

   The *flow* of history. (역사의 흐름)
3. 말: *Wild horses* couldn't make me go. (나는 굳건히 자신을 지켰다.)

이 하위 은유가 감정에 적용되는지 여부는 논란의 여지가 있다. 혹자는 위의 예와 다소 유사해 보이는 감정 언어의 경우에 대해 생각할 수 있을 것이다.

1./2. She was *moved*. (그녀는 감동을 받았다.)

   Ho got *carried away*. (그는 넋을 잃었다.)

3. He *held back* his anger. (그는 분을 *자제했다.*)

이런 예들은 다른 개념적 은유(감정적 반응은 타자 추진적 이동이다)를 환기시킴으로써 설명 가능하다.

사건과 감정 간 중복의 정도

감정 은유는 **사건 구조** 은유와 중복된다. 즉 **사건 구조**의 많은 하위 은유들이 감정에도 적용될 수 있다. 이제 그 연장선상에서 중복의 정도에 관한 논제를 다룰 수 있다. 여기서는 감정에 대한 진술문과 기술적 구를 사건에 관한 그것들과 비교함으로써 나오는 일반화를 지적하고 싶다. 세부항목을 다루어 보기로 하자.

첫째, 감정 은유는 **사건 구조** 은유의 "상태" 부분과 일치한다. 그런 세 가지 경우에 명확한 증거가 있다(단선 화살표는 "대응한다"는 표시다).

1. 상태(실체) → 한정 지역
   사람의 감정 상태는 한정 지역에 대응한다.
2. 변화(실체, 상태₁; 실체, 상태₂) → 이동
   사람의 상태는 비감정 상태에서 감정 상태로 변한다. 이런 변화는 이동으로 개념화된다.
3. 원인(변화[실체, 상태₁; 실체, 상태₂]) → 힘
   비감정 상태에서 감정 상태로의 변화는 실체나 사건에 의해 유발된다. 감정의 원인은 물리적 힘으로 간주된다. 가장 널리 알려진 감정의 통속 이론에서, 감정의 원인은 감정을 유발하는 것으로 생각된다. 동일한 생각을 도식적인 방식으로 표현하면 다

음과 같다(이중 화살표는 "유발하다, 이어진다"를 나타낸다).

감정의 원인(실체/사건) ⟹ 감정

둘째, **사건 구조** 은유의 **"행동"** 부분에 관해서는 명확한 중복을 찾기 어렵다. 다음의 하위 은유들은 감정에 적용되지 않거나 거의 적용되지 않는 경우이다.

행동은 자체 추진적 이동이다
목적은 목적지다
(상태 변화/행동의) 수단은 (목적지로 가는) 경로다
어려움은 이동에 대한 장애물이다
예상 진척은 여행 일정이다
의도적인 장기적 활동은 여행이다

어려움은 이동에 대한 장애물이다가 일부는 적용되긴 한다. 그러나 이것은 감정의 개념화를 "행동같이" 만들지는 않는다. 이 하위 은유는 단지 공포, 걱정, 화 등과 같은 감정이 삶에서 극복해야 할 어려움으로 간주될 수 있음을 제안할 뿐이다. **행동은 자체 추진적 이동이다**와 **수단은 경로다**는 전혀 적용되지 않는다. 이유는 자명하다. 통속 이론에서, 감정은 주로 행동이 아니라 열정이며, 이는 일상 언어의 사용에서 드러난다. 그러나 앞서 언급한 다른 네 가지 하위 은유들은 왜 감정에 대해 사용되는 듯한가? 우리는 네 가지 하위 은유들이 사랑, 결혼 및 목적의 성분을 가질 수 있는 기타 다른 관계들에만 적용 가능한 것처럼 보인다는 데 주목해야 한다. 사랑하고 결혼한 남녀는 자신들이 달성하고 싶은 목표를 정할 수 있다. 그러나 그런 명시적인 목표는 화, 공포, 행복, 자부심 등과 같은 감정과는 연관되지 않는다. 후자의 개념은 사람들에게 *발생하는 것*으로 가정되는 데 반해(fall in love(사랑에 빠지다)가 보여주듯이, 물론 사랑은 이런 감정들과 이런 자질을 공유한다), 사랑은 (다른 감정이 사랑과 공유하지 않는) 분명한 목적 양상을 가질 수 있다. 사랑이 장기적인 목표와 결부될 수 있는 한, 사랑은 어떤 계획을 계속 진행시키는 것처럼 어떤 것과 동등한 활동으로 간주될 수 있다. 이는 이 두 가지가 목표 토대적 은유를 공통으로 가지는 이유를 설명해 준다.

셋째, 레이코프, 에스펜슨과 골드버그가 (*Master Metaphor List* 1989에서) 지적하듯이, **행동은 자체 추진적 이동이다**와 **원인은 힘이다**라는 하위 은유는 두 가지 합동 은유적 함의를 가진다. 하나는 **행동에 대한 통제는 자체 추진적 이동에 대한 통제다**이다. 만약 행동이 이동이고, 원인이 힘이라면, 행동에 대한 통제는 이동에 대한 통제일 것이다. 예컨대 She *held* him *back* in his endeavors(그녀는 그의 노력을 *저지했다*)나 She *has* her fiancé *on a short leash*(그녀는 자기 약혼자를 *구속한다*)라고 말할 수 있다. 이때 두 문장은 행동에 대한 통제를 암시한다. 우리는 이와 같은 진술문에 대응하는 He *held back* his anger(그는 화를 *자제했다*)나 She *let go of* her feelings(그녀는 자신의 감정을 *표출한다*) 같은 문장을 감정 영역에서도 찾을 수 있다. 여기서 감정 용어 anger나 feelings(of love)는 화나 사랑의 감정 상태에 있는 사람 입장에서의 감정적 행동을 환유적으로 대표한다. 특별한 감정과 연상되는 특별한 행동이나 사건이 감정의 주체에 의해 통제되고, 그것은 은유적으로 이동으로 이해되고, 감정의 통제는 이동의 통제로 이해된다. 이동에 대한 통제로서의 감정적 행동이나 사건의 통제는 의식적이고, 감정의 주체에 의해 의도된다. 중요한 점은 이런 경우에 있어서 감정이 어떤 행동이나 사건에 대한 의식적인 통제를 포함할 수 있다는 점에서, 감정에 대한 명확한 "행동" 양상이 있다는 것이다. 감정의 이런 양상은 보다 일반적인 **사건 구조** 은유로 개념화된다.

레이코프와 그의 동료들에 따르면, **행동은 자체 추진적 이동이다**와 **원인은 힘이다**의 두번째 은유적 함의는 **행동을 통제하는 바람은 이동을 통제하는 외부 힘이다**이다. 이 함의의 예는 애호에 대한 The coat *pulled* me *into* the store(그 코트는 나를 상점으로 *밀어 넣었다*), 사랑에 대한 She *attracts* me *irresistibly*(그녀는 나를 *녹이듯이 매혹시켰다*) 같은 문장이다. 여기서의 바람은 감정적 행동을 통제하는 외부 힘으로 간주된다. 그러나 앞의 경우와는 대조적으로, 힘으로서의 바람은 감정의 주체에게 영향을 미치며, 그와 동시에 다시 힘으로서의 바람의 영향도 경험한다. 즉 (감정적) 행동을 통제하는 바람은 감정의 주체에 의해 의도된 것이 아니다. 따라서 여기서의 감정을 행동이 아닌 열정에 좀 더 가까운 어떤 것으로 개념화하는 경우도 있다.

넷째, 이동 동사를 포함하는 감정 경험을 기술하는 표현이 영어에는 많다. 동사구의 예로는 swept *away*(일소당하다), moved(감동받다), blown *away*(감동받다), transported(어쩔 줄 모르게 되다), carried *away*(황홀해지다) 등이 있다. 왜 그럴까? **사건 구조** 은유를 고려하면, 이는 아주 쉽게 설명할 수 있다. 지금까지 나타난 상황은 감정이 자아가 겪는 어떤 행동적 반응을 유발하는 것으로 생각된다는 것이다. 이 도식에서, 감정 자체는 그것이 생산하는 반응에 상대적인 원인이 된다. 따라서 감정은 힘으로 개념화되며, 감정의 결과, 즉 행동적 반응은 힘의 결과로 개념화된다. **사건 구조**에서 행동은 자체 추진적 이동으로 간주된다. 이런 맥락에서, 감정적 반응, 즉 (의도된 행동과 대조되는) 원인이 있는 사건은 자체 추진되는 것이 아닌 다른 것에 의해 추진되는 이동으로 개념화되는 것이 타당하다. 이것은 감정적 반응을 기술하기 위해 이동 동사가 사용되는 현상을 설명할 것이다. 따라서 이 경우에 **사건 구조** 하위 은유들은 다음과 같은 방식으로 감정에 적용된다.

사건 구조
  감정 구조
원인은 힘이다
  감정은 물리적 힘이다
초래된 사건은 타자 추진적 이동이다
  감정적 반응은 타자 추진적 이동이다

감정을 개념화할 때 이동 동사를 활용하는 것은 감정적 반응이 자아가 겪는 사건으로 간주됨을 암시한다. 다시 말해, 통속 이론에서 감정은 상태일 뿐만 아니라 두말할 필요도 없이 사건이기도 하다.

마지막으로, **사건 구조**의 하위 은유인 **외부 사건은 크고 움직이는 사물이다**는 감정에 전혀 적용되지 않는 것 같다. 왜냐하면 감정은 논의 중인 통속 이론에서 외부 사건이 아닌 내부 사건으로 생각되기 때문이다. 외부 사건에 대한 은유가 적용될 수 없는 이유는 여기에 있다.

감정의 하위범주화

감정에 적용되는 **사건 구조**의 하위 은유는 가장 널리 알려진 감정에 관한 통속 이론에서 감정이 몇 가지 방식으로 하위범주화된다는 것을 암시한다. 이를테면 감정은 상태, 사건, 행동, 열정이다. 다른 곳에서(Kövecses 1990) 나는 감정에 대한 이런 통속 이론이 5단계 시나리오, 즉 인지모형으로 특징지을 수 있다고 제안한 바 있다.

원인 → 감정 → 통제 → 통제 상실 → 행동적 반응

감정은 비감정 상태에서 감정 상태로의 상태 변화이다("상태" 양상). 감정은 자아에 영향을 미치는 것으로 생각된다("열정" 효과). 자아는 감정적 행동을 통제하고 싶어한다("행동" 양상). 자아는 의도를 지닌 행위자로 행동하는 것이 아니라 감정적 행동을 겪음으로써 감정에 반응을 보일 수 있다("사건" 양상).

사건 구조 은유의 하위 은유들이 어떻게 이 시나리오에 수렴되는지를 그림 4.1에서 볼 수 있다. 그러나 이 그림과 앞의 논의는 열정의

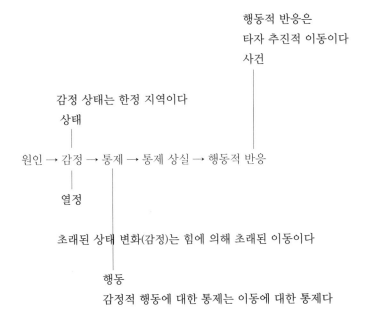

**행동적 반응은
타자 추진적 이동이다**
사건

감정 상태는 한정 지역이다
상태

원인 → 감정 → 통제 → 통제 상실 → 행동적 반응

열정

초래된 상태 변화(감정)는 힘에 의해 초래된 이동이다

행동
감정적 행동에 대한 통제는 이동에 대한 통제다

그림 4.1. **사건 구조** 은유, 감정 은유, 감정의 하위범주화

개념을 정당화하지 않는다. **사건 구조** 은유와의 비교에만 기초해서는 열정을 완전하게 설명할 수 없고, 하지도 못한다. **사건 구조**는 열정의 개념에 관여하지 않기 때문에, 그 비교 자체가 열정에 대해 더 많은 것을 말해 주리라 기대할 수 없다. 열정은 초래된 상태 변화다. 물론, 열정에는 이것보다 더 많은 것들이 있다. 열정의 복잡성은 그 장에서 우리가 다루지 않은 적어도 2개의 은유를 더 포함한다. **감정은 정신병이다**와 **바람은 굶주림이다**가 그것이다. 첫번째 것은 열정의 "비합리적"이고 "비통제적" 양상을 포착하는 데 반해, 두번째 것은 (insatiable anger(탐욕스러운 화)에서처럼) 그것이 초래할 수 있는 "강렬하고 힘 있는 행동" 양상을 포착한다. 열정에 관한 이런 복잡성은 다음 장에서 보다 상세히 거론될 것이다.

결론

사건 구조 은유는 한편으로 상태, 고유한 사건(즉 비의도적 사건), 행동, 활동과 다른 한편으로 원인, 변화 등과 같은 그것의 다양한 성분들에 적용되는 가장 일반적인 몇 가지 개념적 은유를 드러낸다. 이 일반적인 은유가 감정에 적용되는 범위를 검토함으로써, 우리는 감정을 하위범주화하는 몇 가지 방법을 밝혀냈다. 이런 검토를 토대로 우리는 상태, 사건, 행동, 열정으로서의 감정에 대해 모두 동시에 생각하고 이야기하는 것처럼 보인다. 이것이 가능한 것은 5단계 인지모형으로 제시된 감정에 대한 통속 이론이 이 가운데 몇 가지 양상을 가지고 있고, 또 구별되는 이 각각의 양상들이 모든 하위범주화에 이바지하기 때문이다.

제5장

감정의 힘

(나의 이전 연구를 포함해) 인지언어학 관점에서 시도된 감정 개념에 대한 연구를 통해, 전형적으로 감정 개념이 서로 구별될 수밖에 없고 관련성이 부족한 많은 개념적 은유에 의해 특징지어지는 것으로 기술되는 분석을 찾을 수 있을 것이다. 이 책은 이런 관점의 타당성에 도전하고 감정 개념과 그것을 특징짓는 은유를 바라보는 새로운 방법을 제공한다.

우리는 앞장에서 감정이 일반적으로 어떤 행동적 반응을 초래하는 원인으로 개념화된다는 것을 보았다. **사건 구조** 은유에서 **원인은 힘**이다. 때문에 감정을 어떤 반응이나 결과를 초래하는 힘으로 개념화하는 것이 자연스러운 일이다. 실제로, 이것은 서구 문화에서 감정에 대한 지배적인 개념으로 보인다. 그러나 제8장에서 보게 되듯이, 몇몇 비서구 문화에서도 힘 은유를 발견할 수 있다. 특히 **힘** 은유는 모든 기본적인 (많은 비기본적인) 감정에 적용되는 은유이다. 이런 이유 때문에, 이 은유는 우리가 일반적인 감정에 대해 생각하는 방식에 매우 중요한 역할을 맡는다.

이 장에서 제기하고 강조하고 싶은 두 가지 논점이 있다. 그중 하나는 (**불, 적, 자연력** 같은) 대부분 익히 알려진 감정 은유가 유일한 근원적인 "주(主) 은유"인 **감정은 힘이다**의 실례로 보인다는 점이다.

다른 하나는 이런 은유들이 총칭 층위 은유를 매우 다른 방식으로 실례화해서 감정 경험의 전혀 다른 양상을 포착한다는 점이다. 두 논점은 감정 언어의 연구에 의미심장하다. 왜냐하면 첫번째 논점을 고려하면, 지금까지 지적되지 않았던 감정 영역의 개념적 조직에서 응집성의 정도를 알아낼 수 있기 때문이다. 개념적 은유 이면의 이런 근본적인 응집성은 감정 영역이 합리적 사고와 같은 다른 "인접한" 총칭 층위 영역들과는 체계적으로 전혀 다른 방식으로 개념화되는 정확한 방법을 알 수 있게 만들어 준다. 두번째 주장을 고려하면, 감정 개념화의 심층적인 내재적 응집성을 놓치지 않고서도 세부항목과 풍부함에 대해 알 수 있다.

힘 도식

감정은 힘이다 은유는 **힘** 도식을 근원영역으로 가진다. 이 도식이 개념적 체계를 구조화하는 기본적인 영상도식이라는 점에 대해 학자들 간에는 상당한 합의가 이루어져 있다. **힘** 도식을 가장 광범위하게 연구한 **Leonard Talmy**(1988: 53)는 다음과 같이 특징짓는다.

여기서 언어가 명시하는 주요한 구분은 힘을 발휘하는 두 실체 간의 역할 차이다. 힘을 발휘하는 한 실체는 초점 주의를 위해 선택된다. 상호작용에서 두드러진 논점은 이 실체가 힘 성향을 표명할 수 있는지 아니면 반대로 극복되는지이다. 이와 관련해, 두번째 힘 실체는 첫번째 실체에 미치는 영향에 대해 고려된다. 두번째 실체는 첫번째 실체를 효과적으로 극복하거나 또는 극복하지 못한다.

이런 기술방법을 근거로 탈미는 힘 도식에서 다음과 같은 요인을 분리해 낸다.

　힘 실체:
　　주힘
　　반힘
　고유한 힘 성향
　　활동 성향
　　정지 성향(비활동)
　힘 상호작용의 결과
　　활동
　　정지(비활동)
　힘의 균형
　　강한 실체
　　약한 실체

이런 요인을 감정의 개념에 적용한다면, 다음과 같은 총칭 층위 사상을 이끌어 낼 수 있을 것이다.

　힘 주힘　　　　　　→ 감정 주힘
　힘 반힘　　　　　　→ 감정 반힘
　힘 반힘의 힘 성향　→ 감정 반힘의 힘 성향
　힘 주힘의 힘 성향　→ 감정 주힘의 힘 성향
　힘 주힘의 결과적 상태 → 감정 주힘의 결과적 상태

정지하려는 힘 성향을 표명하는 실체는 주힘으로 간주되고, 주힘에 힘을 발휘하고 전형적으로 그것을 극복하는 실체는 반힘으로 간주될 것이다. 상호작용의 결과로 인해 주힘은 전형적으로 비활동을 멈추고 반응을 보일 것이다. 전형적으로, 전적으로는 아닐지라도 주힘은 감정적이거나 감정적이게 될 합리적 자아로 실례화되는 데 반해, 반힘은 감정의 원인이나 감정 그 자체로 실례화된다. 이와 유사하게, 감정 영역에서 주힘의 전형적인 힘 성향은 반힘의 영향을 받지 않는 것인 데 반해, 반힘의 힘 성향은 주힘이 변하도록 하는 것이다. 그러나 표 5.1에서 간략히 볼 수 있듯이, 이런 일반화에는 의미심장

표 5.1. 감정 은유에서의 주힘과 반힘

근원영역	주힘	반힘
I.		
내부 압력	자아	감정
적	자아	감정
야생동물	자아	감정
상급자	자아	감정
자연력	자아	감정
사기꾼	자아	감정
정신병	자아	감정
불	자아	감정
II.		
굶주림1	자아	감정에 대한 바람
굶주림2	감정적 자아	탐욕스런 바람
물리적 흔들림1	자아	감정의 원인
물리적 흔들림2	몸	감정
짐	자아	감정적 압박
III.		
물리적 힘	자아	감정의 원인

한 예외가 있다.

물론, 즉각적으로 발생하는 문제는 정확히 어떻게 이런 일련의 사상이 감정 영역에 적용되느냐는 것이다. 이런 추상적인 힘 도식이 감정의 개념에 적용될 수 있는 방법은 적지 않다. **감정은 내부 압력이다, 감정은 자연력이다, 감정은 불이다, 감정은 짐이다** 등과 같은 총칭 층위의 **감정은 힘이다** 은유의 특정 층위의 실례를 여기서 확보할 수 있다.

논의에 약간의 구조를 제공하기 위해, 우리는 좀 더 특정한 은유들이 감정에 대한 서구 통속 이론의 가장 일반적인 개념에서 두 가지 기본적인 부분에 초점을 두고 있다고 본다.

(1) 원인은 감정을 초래한다. (2) 감정은 어떤 반응을 초래한다.

따라서 어떤 은유는 주로 "원인 ⇒ 감정" 부분과 관련된 데 반해 (That *kindled* my ire(그것이 나의 화를 불붙게 했다)), 다른 은유는 "감정 ⇒ 반응" 부분과 관련된다(He was *overcome* by passion(그는 열정에 압도당했다)). 즉 감정 자체가 어떤 반응을 이끌어 내는 원인(따라서 힘)으로 개념화될 수 있을 뿐만 아니라, 감정의 원인은 무엇보다도 그런 감정을 초래하는 사건이나 사물로 개념화될 수도 있다. 이런 의미에서 감정의 원인은 감정 자체보다 훨씬 자연스럽고 자명하게 원인과 힘으로 간주된다. 더욱이 어떤 은유는 방금 약술한 골격적 감정 시나리오의 두 부분 모두를 개념화하는 데 기여한다.

독자에게 뒤에서 이어질 분석 내용을 미리 알려 주기 위해, 표 5.1을 제시한다. 이 표는 탈미의 추상적인 힘 도식의 두 요인인 주힘과 반힘이 감정의 많은 특정 층위 은유에서 어떻게 실례화되는지를 보

여줄 것이다. "I" 그룹은 은유적 근원영역이 이 시나리오의 "감정
⇒ 반응" 부분에 초점을 둔다는 것을 나타낸다. "II" 그룹은 근원영역
이 "감정 ⇒ 반응"이나 "원인 ⇒ 감정"을 초점으로 간주할 수 있음을
나타낸다. "III" 그룹은 "원인 ⇒ 감정" 부분에 초점을 둔다는 것을 나
타낸다.

여기서는 주로 이 시나리오의 두번째 부분(감정 ⇒ 반응)을 개념화
하는 데 사용되는 특정 층위 은유로 분석을 시작하고, 두 부분 각각
에 초점을 두고 있는 은유를 검토한 후, 끝으로 골격적 감정 시나리
오의 첫번째 부분(원인 ⇒ 감정)에 초점을 두는 은유에 주의를 기울일
것이다. 이런 구조를 사용하는 데는 은유의 논의에 있어서 어떤 순
서를 정하기 위함이다.

지금까지의 문헌(제2장과 Lakoff & Johnson 1980, Lakoff 1987,
Kövecses 1986, 1988, 1990 참조)에서 식별한 감정에 관한 많은 개념
적 은유는 **감정은 힘이다**라는 총칭 층위 은유의 특정 층위의 실례이
다. 다시 말해, **감정은 힘이다**라는 총칭 층위 은유가 존재한다고 가
정하면, 많은 감정 개념화를 응집력 있게 설명할 수 있을 것이다. 그
러나 또한 그에 못지않게 모든 특정 층위 은유가 총칭 층위 은유를
다른 방식으로 실례화한다는 것도 보여주고 싶다. 이는 구별되는 화
의 몇 가지 양상을 다루는 것이다. 우리가 언어 토대적 통속모형에
서 감정 개념을 매우 풍부하게 이해하는 이유는 여기에 있다.

"감정-반응"에 초점을 두는 특정 층위 은유

이제부터 가장 유명하고 가장 널리 연구된 감정 은유인 **감정은 그
릇 속의 압력이다**로 특정 층위 감정 은유를 조사하고 재분석해 보겠
다(Kövecses 1990: 제9장 참조).

감정은 그릇 속의 내부 압력이다. 감정의 경우, 총칭 층위의 **힘** 도식은 **압력**의 아주 특정한 버전에서 찾을 수 있다. "내부 압력" 은유는 다른 은유 두 가지를 가정한다. **사람은 (감정을 담는) 그릇이다**와 **감정은 그릇에 담긴 내용물이다**가 그것이다. 감정을 담는 특정한 그릇은 인간의 몸이고, 특정한 내용물은 전형적으로 액체나 가스이다.

이제 **감정은 힘이다**라는 총칭 층위 은유가 어떻게 이런 복잡하기 그지없는 특별한 경우에서 실례화되는지를 검토해 보자.

근원영역: 내부 압력

1. *주힘*: 압력의 영향을 받는 그릇-실체.

2. *반힘*: 그릇 내에서 압력을 가진 내용물.

3. *반힘의 고유한 힘 성향*: 그릇 위의 내용물-압력.

4. *주힘의 고유한 힘 성향*: 그릇-실체가 압력에 저항한다.

5a. *강한 반힘의 힘으로 인한 결과적 행동*: 내용물이 그릇 밖으로 나간다.

5b. *강한 주힘의 저항으로 인한 결과적 비활동*: 내용물이 그릇 밖으로 나가지 않는다.

목표영역: 감정

1. *주힘*: 합리적 자아.

2. *반힘*: 감정.

3. *반힘의 고유한 힘 성향*: 감정은 자아가 반응하도록 한다.

4. *주힘의 고유한 힘 성향*: 합리적 자아가 반응하지 않고자 한다.

5a. *감정의 힘으로 인한 결과적 행동*: 자아가 반응한다.

5b. *주힘의 저항으로 인한 결과적 비활동*: 자아가 반응하지 않는다.

이런 실례화를 고려하면, **힘** 영역과 **감정 영역** 간의 근원영역-목표 영역 사상을 다음과 같은 방식으로 설명할 수 있다. 이런 은유 복합체에서, 감정 내용물의 층위가 그릇 속에서 올라갈 수 있다. 그렇다면, 이 내용물은 그릇에 지각 가능한 압력을 창조한다. 이때 압력은 내용물이 그릇 밖으로 나가는 지점까지 증가할 수 있다. 다시 말해 그릇 속에 내용물이 거의 없을 때, 압력은 낮아지며 그에 따라 감정의 강도도 낮아진다. 반대로 내용물이 올라갈 때는 감정적 강도의 증가도 올라간다. 압력 자체는 자아가 반응하도록 촉발시키는 감정에 대응한다. 압력이 어떤 효과를 초래하는 것은 감정이 반응을 초래하는 것에 대응한다. 내용물이 그릇 밖으로 나가는 것은 자아의 외적인 행동(반응)에 대응하며, 내용물이 그릇 밖으로 나가지 않는 것은 반응의 부재에 대응한다.

이런 특정 층위의 은유에 대한 사상을 다음과 같이 배열함으로써 이를 좀 더 명확히 할 수 있다.

압력을 가진 내용물	→ 감정
그릇에 대한 압력	→ 감정이 자아가 반응하도록 초래함
압력의 강도	→ 감정의 강도
압력의 영향을 받는 그릇-실체	→ 감정의 영향을 받는 자아
내용물이 그릇 밖으로 나감	→ 감정에 의해 초래된 자아의 반응
내용물이 그릇 밖으로 나가지 않음	→ 자아 반응의 부재

탈미는 이런 사상이 표상하는 특별한 유형의 힘역학 패턴을 "비지속 상태의 힘역학 패턴(shifting force dynamic pattern)이라고 부른다.

이 패턴에서 반힘과 주힘 사이의 강도의 균형에 변이가 발생한다.

감정과 행동-반응 사이의 인과적 관계 때문에 감정은 행동-반응에 상대적인 동기로 간주된다. 즉 이 도식에서 감정은 (즉 반응하고자 하는) 행동에 대한 내적 동기로 간주된다. 동기는 내부 힘으로 개념화되는 데 반해, 생산되는 행동은 이 내부 힘의 외부 효과로 간주된다. 내부 압력의 강도가 강하면 강할수록, 감정적으로 반응하려는 동기의 정도도 덩달아 커진다. 이러한 사상에 다음 사항을 추가할 수 있다.

내부 압력	→ 행동에 대한 동기화
힘의 외부 효과	→ 감정에 의해 초래된 행동(반응)
효과를 초래하는 내부	→ 감정적으로 반응하려는
압력의 강도	동기화의 강도

만약 내부 압력의 강도가 증가하여 어떤 지점을 넘는다면, 이것은 몸-그릇에 어떤 효과를 초래한다. 즉 감정적 반응이 수행된다. 내용물이 몸-그릇 밖으로 나가지 못하게 함으로써 그 효과(즉 행동)를 막을 수 있다(이런 양상에 대해서는 뒤에서 더 많이 이야기할 것이다). 이를테면 다음과 같은 식이다.

내용물을 안으로 억제하려는	→ 감정적 반응을 통제하려는
시도	시도

그런데 만약 자아가 내용물을 그릇 안으로 억제할 수 없다면, 그릇에 대한 외부 효과가 발생한다. 즉 감정적 반응이 따른다는 것이다. 이것은 두 가지 방식으로 발생할 수 있다. 그릇이 흘러넘치거나 폭발

하는 것이 바로 그것이다.

두 가지 가능성은 탈미 체계의 개선을 요구한다. 주힘 입장에서 두 종류의 행동을 인식해야 한다는 점에서 그렇다. 그릇이 흘러넘칠 때에는 통제할 수는 없지만 난폭하지 않은 감정적 반응이 있을 수 있다. 그릇이 폭발할 때에는 화의 경우에서처럼 통제되지 않는 난폭한 반응이 나온다.

그릇이 흘러넘침 → 통제할 수는 없지만 난폭하지 않은 반응
그릇의 폭발 → 통제되지 않는 난폭한 반응

(애정과 슬픔처럼) "온순한," 즉 낭만적 감정은 그릇에서 "흘러넘치는 것"으로 개념화되는 데 반해, "난폭한" 감정은 몸-그릇으로부터 "폭발하는 것"으로 간주된다. 그러나 이것은 단지 전형적인 경우에만 적용된다. 때때로, "난폭한" 감정은 난폭하지 않은 반응을 생산하는 것으로 개념화될 수 있고(가령 He was *brimming/overflowing with rage*(그는 분노로 흘러넘치고 있었다)), "난폭하지 않은" 감정이 상대적으로 난폭한 반응을 초래하는 것으로 간주될 수 있다(가령 She felt like she was going *to burst* with joy(그녀는 기뻐서 폭발할 것 같은 느낌이 들었다)). 그럼에도 불구하고, 적어도 영어에서 누군가가 기뻐서 폭발하는 것에 대해 이야기하는 것은 이상하다. 폭발은 다른 사람들에게 고의로 난폭한 방식으로 손상을 입히는 것과 연관된다.

이 은유의 한층 더한 정교화를 위해, 좀 더 수정된 탈미의 체계를 사용할 수 있다. 우리는 *결과적* 행동의 *결과적* 행동에 대해 이야기할 수 있다. 결과적 행동의 연쇄는 실제로 (Lakoff & Kövecses 1987로 설명되는) 은유적 근원영역의 함의이다. 그릇, 물건, 가까이 있는 사

람들에게 폭발이 초래하는 손상은 마치 상황에 관여하는 자아나 다른 사람들에게 통제되지 않는 난폭한 행동이 초래하는 사회적·심리적 손상이다.

폭발로 인한 손상 → 난폭한 반응으로 인한 사회적 손상

이 은유적 추론의 중요한 양상은 감정 통제가 이루어질 수 없는 "지점"이다. 내부 압력에 대한 그릇-실체의 저항의 강도 척도상에 놓인 이 지점은 "감정적 관대"의 개념, 즉 자아의 감정성이나 감정적 행동의 성질에 대응한다.

물론 모든 외적인 감정적 반응이 내적으로 동기화된다고 주장하는 것은 아니다. 만약 그렇다면, 우리는 감정을 내부 힘(내부 압력)으로 개념화하는 것이 아니라, 단순히 몸-그릇에 담긴 내용물로 개념화하는 셈이다. 따라서 그릇에는 약간의 내용물이나 많은 내용물이 있을 수 있거나, 가득 차거나 텅 비어 있을 수 있지만, 자아의 감정적 반응은 내부 힘에 의해 "초래되는 것"으로 간주되지는 않을 것이다(어떤 실례에서 My respect for her *kept* me *from* reporting the fraud(그녀에 대한 존경은 내가 그 사기 행위를 보고하지 못하게 *막았다*)에서처럼, 약한 외부 힘이 발휘될 수 없다는 것은 아니다). 이것은 존경처럼 그다지 원형적이지 않은 약한 감정이나 "강한" 감정의 덜 강렬한 형태의 특징이다.

감정은 적이다. 감정은 싸우는 적으로도 개념화된다. 여기에는 많은 언어의 예가 있다.

표 5.2. 감정은 적이다

은유적 사상	주힘의 힘 성향	반힘의 힘 성향	결과적 행동
근원영역	적 1 적 1은 적 2에 저항함	적 2 적 2는 적 1이 자기 힘에 굴복하도록 함	적 2가 승리하거나 적 1이 승리함
목표영역	합리적 자아 자아는 통제를 유지하려 함	감정 감정은 자아가 통제 를 소실하도록 함	자아는 통제를 소실 하거나 유지함

근원영역: 싸우는 적
목표영역: 감정

He was *seized* by emotion. (그는 감정에 사로잡혔다.)

He was *struggling with* his emotions. (그는 자신의 감정과 투쟁하고
있었다.)

I was *gripped by* emotion. (나는 감정에 사로잡혔다.)

She was *overcome by* emotion. (그녀는 감정에 압도되었다.)

자아와 감정은 서로 적이 되어 싸운다. 일단 자아가 감정을 통제하
지만, 이어서 감정은 자아가 반응하게끔, 다시 말해 통제력을 잃게
끔 한다. 자아는 감정에 대한 통제를 유지하려고 한다. 따라서 싸움
은 감정을 통제하려는 시도인 것이다. 이 싸움에는 승리와 패배 두
가지 결과가 있다. 표 5.2는 적의 개념을 통해 총칭 층위 은유 **감정은
힘이다**가 실례화되는 방식을 보여준다. 이 은유에서는 감정에 굴복
하기보다 합리적인 통제를 유지하는 것이 더 나은 것으로 생각된다.
그래서 합리적 자아는 감정의 인과적 힘을 통제하기 위해 저항한다.

감정은 야생동물이다. 야생동물 은유는 적 은유의 특별한 경우이

표 5.3. 감정은 야생동물이다

은유적 사상	주힘의 힘 성향	반힘의 힘 성향	결과적 행동
근원영역	주인	동물	동물이 달아나거나
	동물을 저지함	주인에게서 달아남	주인이 동물을 저지함
목표영역	합리적 자아	감정	자아는 통제를 소실
	감정 통제를 유지	자아가 통제를	하거나 유지함
	하고자 함	소실하도록 힘을	
		발휘함	

근원영역: 싸우는 적
목표영역: 감정

다. 따라서 그 대부분의 사상을 계승한다. **야생동물** 은유에서는 주인과 그 주인으로부터 달아나려는 동물 간에 싸움이 있다. 다음 예에서 볼 수 있듯이, 이런 의미에서 주인과 동물은 서로 "적"이다.

His emotions *ran away* with him. (그는 감정에서 벗어났다.)

She *kept* her emotions *in check*. (그녀는 감정을 자제했다.)

He *couldn't hold back* his feelings. (그는 감정을 억제할 수 없었다.)

표 5.3은 몇 가지 공통된 사상을 보여준다. 분명, 주인과 동물 간의 싸움은 감정 통제를 위한 싸움에 대응하고 있다. 동물은 달아나려고 하고 주인은 이를 억제한다. 동물이 달아나려고 할 때 주인에게 힘을 쓴다. 이 힘은 자아가 감정에 대한 통제력을 잃도록 하는 감정의 힘에 대응한다. 동물이 발휘하는 힘의 효과는 자아가 의도하지 않은 감정 반응을 보이게끔 하는 것이다. 그것은 은유적으로 **의도하지 않은 행동은 타자 추진적 이동이다**로 개념화된다. 이것은 **사건 구조**의 한 유형인 은유 **사건은 이동이다**에 근거한다(제3장 참조).

감정은 사회적 힘이다. 감정은 사회적 힘으로도 간주될 수 있다. 이 가운데 가장 흔히 사용되는 형태는 은유 **감정은 상급자다**이다. 몇 가지 예를 보자.

> He is *ruled by* anger. (그는 화에 *지배받는다*.)
>
> She is *driven by* fear. (그녀는 공포에 *이끌린다*.)
>
> His whole life is *governed by* passion. (그의 삶 전체는 열정에 *지배받는다*.)
>
> Your actions are *dictated by* emotion. (당신의 행동은 감정에 *지배된다*.)

이 은유에 따르면 감정, 즉 상급자는 합리적 자아를 통제한다. 상급자의 사회적 힘은 감정이 자아에게 발휘하는 통제에 대응한다. 상급자가 자아에게 끼치는 사회적 효과는 감정이 자아에게 미치는 감정적 효과에 대응한다(표 5.4 참조).

힘역학을 적용하는 경우, 상급자의 힘과 하급자의 힘 사이에는 더 이상 싸움이 없다. 이것은 반힘의 힘 성향과 주힘의 힘 성향에 대응하는 박스를 비워둠으로써 표에서 볼 수 있다. 상급자의 사회적 힘,

표 5.4. 감정은 사회적 힘이다

은유적 사상	주힘의 힘 성향	반힘의 힘 성향	결과적 행동
근원영역	*하급자*	*상급자*	하급자는 상급자가 원하는 것을 함
목표영역	*비합리적 자아*	*감정*	자아는 통제하지 못하고 감정에 따라 행동함

근원영역: 상급자
목표영역: 감정

즉 감정은 하급자의 사회적 힘, 즉 (싸움이 있기 전의 합리적 자아였던) 비합리적 자아를 통제한다. 이런 결과적 상태는 그림에서 볼 수 있다.

그의 행동이 이성이 아닌 감정의 통제를 받는 사람에게 이 은유가 주로 적용된다는 것이 전체 결과이다. 따라서 이 특별한 은유가 감정의 개념을 추가한다는 생각은 이것이 순간적 상태나 행동이 아닌 습관적인 경향, 즉 기질을 개념화하는 방법이라는 것이다. 상급자에겐 하급자에 대한 장기적인 통제력이 있으며, 하급자의 행동은 오랜 기간 상급자에 의해 결정된다. 따라서 이 은유는 주로 어떤 감정적 사건이 아닌 어떤 종류의 사람("감정적인 사람")을 대부분의 힘 은유로 기술하고 있다.

감정은 자연력이다. 홍수, 바람 등과 같은 자연력은 매우 강력한 것으로 간주되며, 엄청난 충격으로 물리적 사물에 영향을 미치는 것으로 간주된다. 물리적 사물은 자연력의 효과를 받지 않을 수 없다. 감정의 영역에 대한 이런 개념화를 반영하는 다음과 같은 예가 있다.

I was *overwhelmed*. (나는 당황했다.)
I was *swept off my feet*. (나는 열광했다.)

두번째 예가 암시하듯, 자연력이 실체에 미치는 효과 중 하나는 실체를 한 위치에서 다른 위치로 이동시키는 것이다. 우리는 이를 앞장에서 은유 **초래된 사건은 타자 추진적 이동이다**로 기술한 바 있다. 이 은유에 대한 실례는 표 5.5에서 볼 수 있다. 분명, 열정이나 다른 감정들의 매우 강렬한 형태들만이 이런 식으로 개념화된다. "관성"에 의해 자아의 성향은 계속 동일한 방식으로 행동할 것이다. 이것

표 5.5. 감정은 자연력이다

은유적 사상	주힘의 힘 성향	반힘의 힘 성향	결과적 행동
근원영역	물리적 사물 동일하게 있고자 함	자연력 물리적 사물에 영향 을 초래함	물리적 사물을 수동 적으로 효과를 겪음
목표영역	합리적 자아 계속 감정 전처럼 행동함	감정 자아가 감정에 반응 을 보이도록 초래	자아는 수동적으로 감정에 반응을 보임

근원영역: 자연력
목표영역: 감정

은 감정 힘의 영향을 계속해서 받지 않는다는 것이다.

자연력의 영향을 받는 사물은 그 힘의 충격을 겪지 않을 수 없다. 이와 동일한 방식으로, 사람은 수동적이고 무력하게 감정을 경험한다. 이것은 통속 이론에서 가장 중요한 감정의 자질 중 하나이다.

감정은 정신적 힘이다. 이 은유는 몇 가지 버전으로 나타난다. 정신적 힘은 인간이나 약의 힘일 수 있다. 만약 그 힘이 인간으로부터 나온다면, 그것은 **감정은 마술사다**와 **감정은 사기꾼이다**이다. 이 둘은 사람을 속일 수 있다. 즉 이 두 은유는 마술이나 속임수로 세계에 대한 우리의 신념을 바꿀 수 있는 지력을 가진다. **마술사** 은유는 낭만적 사랑에 국한된다. 여기서는 이를 더 이상 논의하지 않을 것이다. **사기꾼** 은유는 어떤 감정에도 적용될 수 있다는 점에서 더 일반적인 것 같다. 몇 가지 예로 이 은유를 분석해 보자.

Our emotions often *fool* us. (감정은 보통 우리를 *속인다*.)

His emotions *deceived* him. (그의 감정은 그를 *기만했다*.)

표 5.6. 감정은 정신적 힘이다

은유적 사상	주힘의 힘 성향	반힘의 힘 성향	결과적 행동
근원영역	정상적인 사람 계속 속임을 당하지 않음	사기꾼 사람을 속이려고 함	사기꾼은 정상적인 사람을 속임
목표영역	합리적 자아 계속 합리적임	감정 합리적 자아를 비합 리적으로 만듦	감정은 자아를 비합 리적으로 만듦

근원영역: 사기꾼
목표영역: 감정

She was *misled* by her emotions. (그녀는 감정에게 속임을 당했다.)

게다가 감정 상태에 처한 사람은 보통 "고차원"의 정신적 기능을 할 수 없다. 이것은 His emotions *clouded* his judgment(그의 감정은 그 자신의 판단을 *흐리게 했다*) 같은 문장으로 표현될 수 있다. 이와 같은 언어 사용은 표 5.6에서 볼 수 있는 실례와 사상을 취한다.

정상적인 사람은 합리적 자아와 동일시된다. 그는 사기꾼-감정의 속임수의 결과로 비합리적이게 될 수 있다. 감정의 힘 성향은 합리적 자아가 세계를 왜곡된 방식으로 보게 만드는 것인 데 반해, 합리적 자아의 성향은 합리적인 채로 존재하는 것이다. 그러나 궁극적으로 사기꾼은 피해자를 속이고, 그에 따라서 감정이 합리적 자아를 비합리적으로 만든다. 다시 말해, 감정 상태에 처한 자아는 이 은유에 의해 비합리적인 것으로 묘사된다.

감정은 정신병이다. 비합리성의 요소는 **정신병** 은유에서도 찾을 수 있다.

He is *mad* with desire. (그는 욕망 때문에 돌아버릴 *지경이다.*)

I was *crazy* with emotion. (나는 감정에 *미쳐 있었다.*)

그러나 이러한 예들이 암시하듯, 이 은유는 그 이상의 것을 암시한다. 강렬한 감정은 궁극적인 통제의 부재 상태이다. **사기꾼** 은유의 경우에는 합리적 자아가 제한된 상황에서 비합리적이게 되는 반면(감정에 상대적으로 세계의 양상을 판단하는 경우), **정신병** 은유의 경우에는 합리적 자아가 행동의 관점에서는 물론이고 인지적으로도 완전히 무능력하게 된다. 그는 모든 통제를 소실하는 것이다.

정신병 은유에서, 감정은 정신병을 일으킬 수 있는, 상술되지 않은 강렬한 심리적 힘이다. 이 은유의 근원영역에서, 정상적인 사람은 이런 강렬한 심리적 힘의 결과로 인해 제정신이 아니게 된다. 결과적으로, 은유 **감정은 정신병이다**를 강렬한 감정 상태의 결과는 정신병이다로 바꿔 말하는 것이 좀 더 정확할 것이다. 표 5.7은 **정신병** 은유를 훨씬 공식적으로 기술한다. **사기꾼** 은유와 **정신병** 은유 사이의 또 다른 주요한 차이는 후자가 매우 강렬한 감정(화, 공포, 사랑 같은 열정)에만 적용되는 데 반해, 전자는 그 어떤 감정에도 적용될 수 있다는 점이다.

강렬한 감정으로부터 초래되는 비합리성은 **정신병** 은유가 암시하는 것만큼 그렇게 강렬할 필요는 없다. 비합리성의 좀 더 온순한 형태는 은유 **감정은 황홀이다**에서 발견할 수 있다. 이는 *drunk* with emotion(감정에 *취한*)이나 *intoxicated* with passion(열정에 *도취된*) 같은 표현으로 예증된다. 여기서 감정은 사람의 지적 능력에 불리한 영향을 미칠 수 있는, 일종의 알코올 중독의 행동으로 간주된다. 이 은유는 **정신병** 은유의 사상을 공유하는 한편 **정신병** 은유에 어떤 것을

표 5.7. 감정은 정신병이다

은유적 사상	주힘의 힘 성향	반힘의 힘 성향	결과적 행동
근원영역	*정상적인 사람* *정상적으로 남아 있음*	*강력한 정신적 힘* *정상적인 사람에게* *정신병을 초래함*	정상적인 사람은 제정신이 아니게 됨
목표영역	*합리적 자아* *합리적으로 남아 있음*	*감정* *자아가 비합리적이게* *되도록(즉 모든 통제를* *소실하게) 초래함*	합리적 자아는 비합리적이게 됨

근원영역: 정신병
목표영역: 감정

추가하기도 한다. 많은 감정 상태는 비합리적인 상태뿐만 아니라 "유쾌한" 상태로도 간주된다. 이것은 감정을 도취하게 하는 행동으로 개념화함으로써 발생하는 은유적 투사이다. 다음과 같은 또 다른 사상이 있다.

　　취함의 유쾌함 → 감정 상태의 유쾌함

　분명, 이 사상은 사랑이나 행복 같은 "긍정적" 감정에만 적용되며, being *high on* love(사랑에 *취하는*)나 having a *delirious* feeling(*기뻐서 흥분한* 감정이 있는) 같은 예를 설명할 수 있다.
　일반적으로, 감정은 정신적으로 무능력하게 만드는 현상으로 간주된다. 특정한 "정신적 무능"은 위의 것 외에 **말할 수 없음**과 **생각할 수 없음**를 포함하다. 우리는 이 둘을 매우 일반적인 환유 **정신적 무능은 감정을 대표한다**의 특별한 경우로 간주할 수 있다.

감정은 불/열이다. 이 특정 층위 힘 은유는 다음과 같이 예증할 수 있다.

> He was *on fire* with emotion. (그는 감정으로 흥분했다.)
>
> She was *consumed* by passion. (그녀는 열정으로 불탔다.)
>
> The events *kindled* several emotions in him. (그 사건은 그의 감정에 불붙었다.)
>
> I am *burning* with emotion. (나는 감정으로 불타고 있는 중이다.)
>
> They *were hot* with passion. (그들은 열정으로 달아올랐다.)

전치사 with와 by는 어떤 감정적 반응과 불로서의 감정 사이에 인과적 연결이 있음을 나타낸다(Radden 1998). 반응은 감정에 의해 초래되는 것으로 간주된다. **불** 은유는 감정 도식의 두 부분, 즉 "감정 ⇒ 반응"과 "감정의 원인 ⇒ 반응" 모두에 "걸친다." 표현 kindle(불붙이다)은 후자와 관련 있다. 그러나 대부분의 위의 예는 감정 개념의 "감정 ⇒ 반응" 양상과 관련 있다. 이런 예들을 설명하기 위해, 근원영역과 목표영역이 어떻게 감정에 대한 총칭 층위 **힘** 은유의 실례가 되는지를 고려해 보라(표 5.8 참조).

반힘의 힘 성향은 감정 상태에 놓인 사람이 활기 있게 하거나 기능장애를 갖는 것과 같은 감정의 효과를 겪게 만드는 것이다. 반면, 주힘의 힘 성향은 불변하는 것, 즉 감정의 효과를 겪지 않는 것이다. 그러나 보통의 결과적 행동은 감정 상태에 처해 있는 사람이 변한다는 것, 즉 활기 있게 되고, 기능장애로 되는 것이다.

일반적인 강도는 열로 보통 개념화된다(제3장 참조). 따라서 강도 양상을 가진 많은 상태와 행동은 개념 **열**을 통해 이해된다. "뜨거운"

표 5.8. 감정은 불/열이다

은유적 사상	주힘의 힘 성향	반힘의 힘 성향	결과적 행동
근원영역	*타는 물건 불에 의해 변하지 않고 있음*	*불 사물이 불의 효과를 겪도록 함*	타는 물건은 불 때문 에 변함
목표영역	*감정 상태에 있는 사람 감정에 의해 변하지 않고 있음*	*감정 사람이 감정의 효과 를 겪도록 함*	사람의 행동은 감정 때문에 변함

근원영역: 불
목표영역: 감정

감정에는 화, 낭만적 사랑, 성적 욕망이 있다. 따라서 사람은 화, 낭만적 사랑, 성적 욕망으로 뜨거울 수 있다. 이런 감정은 매우 강렬하고 활기찬 상태로 간주된다.

앞서 주목하지 않은 사상은 열의 다양한 정도가 감정 강도의 다양한 정도에 대응하고, 열의 부재가 감정의 부재에 대응한다는 점이다. 후자를 고려하면, 이런 사상은 감정적 평온, 무관심, 욕망의 부재 등과 같은 감정의 "대립"도 설명해 준다. 게다가 이런 사상은 여기서 특징지은 감정에는 "열정"과 애정, 슬픔 등과 같은 "온화한" 감정 모두가 포함됨을 암시한다. 이런 감정은 열의 하위 층위에서 개념화되므로(가령 애정에 대한 따뜻함), 힘으로는 간주되지 않는다. 따라서 "뜨거운 것"으로 개념화됨으로써, 화, 낭만적 사랑, 성적 욕망의 형태들은 열정으로 간주된다. 물론 다른 이유들도 있다.

열은 사물을 뜨겁게 만들 수 있다. 앞서처럼 물리적 힘, 즉 열-힘은 감정에 대응한다. 여기서 제기되는 문제는 다음과 같다. 특히 근원영역에서 열-힘의 내재적 힘 성향은 무엇이고, 목표영역에서 감정의 힘 성향은 무엇인가? 열의 높은 정도("뜨거움")는 사물-사람에게 활기찬 상태를 일으킨다. "뜨거운" 감정은 모두 매우 강렬한 상태로 간주된다. 이런 상태에서의 자아는 상당히 활기찬 것으로, 즉 강렬한 방식으로 기꺼이 행동하고자 하는 상태에 있다. 이에 대한 한 가지 예는 사람이 hot to trot(성욕에 불타오르다)라고 말할 때이다. 여기서의 이동 동사인 to trot(급히 걷다)는 강렬한 활동을 암시하며, 이것은 **사건 구조 은유 행동은 자체 추진적 이동이다**로부터 도출되고 그것에 의해 동기화되는 의미이다.

그러나 열-힘의 특정한 효과는 타는 물건에 대한 손상, 즉 자아에 대한 손상일 수도 있다. 사물이 통제되지 않는 불(열의 높은 정도)에 노출되는 결과로 기능장애가 생기는 것과 동일한 방식으로, 자아도 통제되지 않는 강렬한 감정의 결과로 기능장애가 생긴다. 이것은 be burned up(다 태워지다), be consumed(불타다) 등과 같은 표현에서 볼 수 있다. 이런 예에서 사물의 강렬한 물리적 반응은 자아에게 가해지는 손상에 대응하고, 이런 손상은 자아가 감정을 통제하지 못함으로써 초래된다.

불 은유의 또 다른 특징은 불이 불붙은 사물뿐만 아니라 다른 사물에도 손상을 입힐 수 있다는 점이다. 이런 일은 자아가 의도적으로 불을 특정한 목표 쪽으로 돌릴 때 발생할 수 있다. 여기서의 불은 사물-그릇 속에 있다. 다시 말해 **불** 은유와 은유 **사람은 그릇이다**가 결합된 것이다. 불은 그릇인 사람 안에 있으며, 그는 불을 다른 사람에게로 돌린다(breathe fire(불을 뿜다)). 다른 사물에 가해진 손상은 다른 사람에게 가해진 손상이다.

breathing fire(불 뿜기)의 예는 **그릇 속의 액체** 은유에서 더욱 일반적인 사상으로부터 계승되는 사상에 기초한다. 내부 힘을 구체화하는 것은 반응을 보이는 것이다. 이런 반응은 고의적인 공격적 행동으로 간주된다.

감정 도식의 두 부분 모두에 초점을 두는 은유

이 절에서 논의하는 은유의 초점은 두 가지이다. 이 은유는 감정 시나리오의 첫 부분과 마지막 부분 모두를 실례화한다.

감정은 생리적 힘이다. "생리적 힘"으로 간주될 수 있는 것은 감정을 개념화하는 데도 사용된다. 이런 감정에는 몇 가지 종류가 있다. 굶주림, 갈증, 병, 흥분이 그것이다.

감정은 굶주림/갈증이다

I'm *starved for* affection. (나는 애정에 굶주렸다.)

His anger was *insatiable*. (그의 화는 탐욕스러웠다.)

음식에 대한 굶주림은 감정(가령 애정)이나 그 감정과 연관되는 행동(가령 화가 나서 보복하는 행위)에 대한 욕망에 대응한다. 감정이 "탐욕스럽다"는 버전은 보통 **감정은 야생동물이다** 은유의 한 부분을 이룬다. 이 은유에서 동물의 반응은 굶주림이라는 생리적 힘에 의해 동기화될 수 있다.

외관상 이질적인 것으로 보이는 두 가지 예를 통합하는 것은 제3장에서 본 개념적 체계의 일반적 사상이다.

(음식에 대한) 굶주림 → (감정이나 행동에 대한) 욕망

따라서 **욕망은 굶주림이다** 은유는 일반적인 힘 도식을 두 가지 방

표 5.9. 감정은 생리적 힘이다(버전 1)

은유적 사상	주힘의 힘 성향	반힘의 힘 성향	결과적 행동
근원영역	*사람*	*(음식에 대한) 굶주림*	굶주린 사람이 음식
	(배고프지 않은) 사람은	사람이 음식을	을 가지러 가도록
	음식을 원하지 않음	원하도록 함	만듦
목표영역	*자아*	*(감정에 대한) 욕망*	욕망은 자아가
	(욕망이 없는) 자아는	자아가 감정을	감정을 갖도록 함
	감정을 원하지 않음	가지고 싶도록 함	

근원영역: 굶주림

목표영역: 감정

식으로 실례화한다. "감정에 대한 욕망"과 "감정적 행동에 대한 욕망" 사이의 세부적인 차이를 검토해 보자. 전자의 버전에서 음식은 감정에 대응한다. 그러할 때, 배고픈 사람은 감정을 가지고는 싶지만 갖지 못한 사람이다. 후자에서 음식이 행동에 대응할 때, (탐욕스럽게) 배고픈 야생동물은 자아가 행동을 수행하도록 하는 감정이다.

다시 말해, **굶주림** 은유의 두 가지 버전은 표 5.9에서 사상에 의해 구조화된다. 이런 사상은 우리가 지금까지 본 실례와 전혀 다른 총칭 층위 **힘** 도식의 실례를 반영한다. 주요한 차이는 감정이 주힘과 반힘 모두를 실례화하지 않는 것 같다는 점이다. 쟁점이 되는 바는 감정에 대한 욕망이다. 자연스럽게도, 이 버전은 애정과 사랑 같은 "긍정적" 감정에만 적용된다.

그러나 이 도식을 다르게 적용할 때(감정이 "탐욕스럽다"), 감정의 개념은 주힘을 예시한다. 표 5.10의 세부항목을 보자.

위에 주어진 실례에 상대적으로 새로운 대응관계는 다음과 같다.

"음식 → 행동 반응"

표 5.10. 감정은 생리적 힘이다(버전 2)

은유적 사상	주힘의 힘 성향	반힘의 힘 성향	결과적 행동
근원영역	*야생동물* *(탐욕스런 식욕이 없는) 동물은 "단지" 충분히 먹음*	*(음식에 대한) 탐욕스런 식욕* 탐욕스런 식욕은 동물이 계속 먹도록 만듦	탐욕스런 식욕이 이는 동물은 계속 먹음
목표영역	*자아* *(탐욕스런 욕망이 없는) 감정은 자아가 계속 감정에 따라 행동하도록 하지 않음*	*(감정에 대한) 욕망* 탐욕스런 감정적 욕망은 자아가 계속 감정에 따라 행동하도록 함	탐욕스런 식욕을 가진 자아는 계속 감정에 따라 행동함

근원영역: 굶주림
목표영역: 감정

이것은 "음식"이 주힘이나 반힘을 예시하지 않는 데 따른 것이다. 그러나 명확히 이런 요소들의 일부가 감정 영역으로 사상된다. 물론 그것이 우리가 여기서 연구하고 있는 것은 (주힘, 반힘의 힘 성향 등과 같은) 다섯 가지 요소에 국한되는 **힘** 도식 외부에 있긴 하다. "긍정적이고" "부정적인" 대부분의 감정은 특별한 행동과 연상되기 때문에, 이 은유의 버전 2는 대부분의 감정에 적용될 수 있다.

일반적인 **힘** 도식에서, 한 가지 요소는 영향을 받는 실체에 대한 "힘의 효과"이다. 우리는 이것이 어떻게 **굶주림** 은유에서 실현 가능한지 질문할 수 있다. 버전 2에서 그것은 감정과 연상되는 행동 수행에 대응하는 동물의 굶주림을 충족시켜 주는 것처럼 보인다. 버전 1에서, 그것은 또한 바라는 감정을 가지는 것에 대응하는 굶주림을 충족시켜 준다.

요컨대 **굶주림** 은유의 경우, 동일한 일반적인 힘 도식이 다르게 사용되지만, 동시에 이 도식의 총칭적 구조는 버전 모두에서 보존된다.

감정은 물리적 흔들림이다. 굶주림 은유처럼, 이 은유도 두 가지 버전을 가진다. 버전 1은 감정 시나리오의 "원인 ⇒ 감정" 부분을 해당 범위로 가지는 데 반해, 버전 2는 "감정 ⇒ 반응" 부분을 가진다. 버전 1에 대한 몇몇 예는 다음과 같다(Kövecses 1990).

The speech *stirred* everybody's feelings. (그 연설은 모든 사람들의 감각을 뒤흔들었다.)

I am all *shook up*. (나는 완전히 긴장되었다.)

She was all *worked up*. (그녀는 완전히 흥분되었다.)

Why are you *upset*? (당신은 왜 당황합니까?)

Don't get *exited*. (흥분하지 마시오.)

He was slightly *ruffled* by what he heard. (그는 들은 말 때문에 조금 당황했다.)

The children were *disturbed* by what he saw. (아이들은 그가 본 것 때문에 동요되었다.)

이 예는 표 5.11의 실례화에 기반한다.

이 은유의 이런 적용에 따르면, 감정은 어떤 원인으로부터 발생하는 흔들린 마음 상태이다. **감정적 교란, 물리적 흔들림, 감정** 사이에는 어떤 개념적 관계가 있는가? 이 경우, **감정적 교란**은 은유적으로 **물리적 흔들림**으로 이해된다. 그러나 **감정적 교란**은 환유적으로 감정을 대표한다. 좀 더 간략히 말하면, 감정은 (감정적) 흔들림으로 정의되며, 흔들린 마음 상태는 전체 감정을 대표하는 데 사용된다.

버전 2는 범위와 개념적 조직 모두에 관해 다른 상황을 제시한다. 먼저 몇 가지 예를 보자.

표 5.11. 감정은 물리적 흔들림이다(버전 1)

은유적 사상	주힘의 힘 성향	반힘의 힘 성향	결과적 행동
근원영역	평온 상태에 있는 사물 평온을 유지함	사물에 흔들림을 초래할 수 있는 외적인 원인 사물에 물리적 흔들림을 유발함	사물은 물리적으로 흔들림
목표영역	자아 감정적으로 평온을 유지함	(감정에 대한) 욕망 자아에게 감정적 교란을 일으킴	자아는 감정적으로 동요함

근원영역: 물리적 흔들림
목표영역: 감정

I stood there *trembling* with emotion. (나는 감정으로 떨면서 거기에 서 있었다.)

He *quivered all over* with emotion. (그는 감정으로 떨었다.)

As a result of what she felt, *shivers ran up and down her spine*. (그녀가 느꼈던 것의 결과로, 그녀의 등골에 전율을 느꼈다.)

He was *quaking* in his boots. (그는 겁을 먹고 있었다.)

이 예들은 흔들린 마음 상태가 아니라 (전치사 with로 암시되듯이) 어떤 감정으로부터 발생하는 신체적 흔들림을 암시한다. 표 5.12는 그 실례화와 사상을 보여준다. 위에서 동사 tremble(떨다), quiver(떨리다), shiver(떨다), quake(떨다)는 모두 힘 도식의 "결과적 행동"과 관련된 마지막 사상의 예이다.

버전 1과는 달리, 여기서는 감정 시나리오의 "감정 ⟹ 반응" 부분이 다루어질 것인데, 반응은 감정으로부터 발생하는 흔들림이다. 더

표 5.12. 감정은 물리적 흔들림이다(버전 2)

은유적 사상	주힘의 힘 성향	반힘의 힘 성향	결과적 행동
근원영역	물리적 사물 물리적으로 평온을 유지함	사물에 흔들림을 초래할 수 있는 힘 사물에 물리적 흔들림을 유발함	사물은 물리적으로 흔들림
목표영역	사람의 몸 신체적으로 평온을 유지함	감정 몸에 감정적 교란을 일으킴	사람은 신체적으로 흔들림

근원영역: 물리적 흔들림
목표영역: 감정

욱이 **물리적 흔들림**은 **감정**을 환유적으로 대표한다. 즉 물리적 흔들림은 더욱 직접적인 방식으로 감정을 개념화하는 데 사용된다.

흔들림은 일종의 무능력, 다시 말해 정신적 무능력이다. 이것이 발생할 때, 자아는 정상적으로 행동할 수 없다. 이것은 **감정의 무기력 효과는 감정을 대표한다**라는 일반적인 환유와 일치한다.

감정은 짐이다. 감정의 일반적인 평가에 초점을 두는 은유는 **감정은 짐이다.**

She is *weighed down* by sadness. (그녀는 슬픔에 젖어 *가라앉았다*.)
He felt good after he *unburdened* himself. (그 스스로 마음의 부담감을 떨쳐 버리자 기분이 좋았다.)
When they left the dark forest behind, he felt *relieved*. (그들이 어두운 숲을 벗어났을 때, 그는 안도감을 느꼈다.)

짐(반힘)이 몸-그릇(주힘)에 초래하는 외부 압력은 감정(반힘)이 자아(주힘)에게 초래하는 스트레스나 어려움에 대응한다. 이를 "감정적 스트레스나 어려움"이라고 하자. 이 은유에서, 감정적 스트레스나 어려움은 자아가 비정상적으로 행동하도록 하는 데 반해(반힘의 고유한 힘 성향), 주힘의 힘 성향은 정적으로 기능하고자 하는 자아의 성향과 동일할 수 있다. 표 5.13은 여기에 어떤 사상이 관련되는지를 보여준다.

근원영역에서 반힘의 힘 성향은 pressure *on* person(사람에 **대한** 압력)을 포함하는 데 반해, 목표영역에서는 stress *in* self(자아의 스트레스)가 그것이다. on에서 in으로의 변화는 이런 사상의 기초를 이루는 부가적인 은유가 있음을 암시한다. 즉 내부 상태가 외부 사건으로 이해되는 **내적인 것은 외적인 것이다**가 그것이다.

또한 **짐** 은유가 물리적 이동과 결과적으로 행동의 어려움을 함축할 수 있다는 데 주목하자. 이런 함축은 **사건 구조** 은유로부터 나온다. **사건 구조**에서 이동은 행동에 대응한다(**행동은 이동이다**).

마지막으로, **짐** 은유는 자아에게 끊임없이 지속적인 압력을 발휘

표 5.13. 감정은 짐이다

은유적 사상	주힘의 힘 성향	반힘의 힘 성향	결과적 행동
근원영역	*사람*	*짐*	사물은 물리적
	짐을 짊	사람에게 물리적 압력을 가함	어려움을 경험함
목표영역	*자아*	*감정*	자아는 감정적
	감정적 스트레스를 견딤	자아에게 감정적 스트레스를 일으킴	어려움을 경험함

근원영역: 짐
목표영역: 감정

한다. 이것은 내부 압력이 전형적으로 순간적이거나 짧은 시간 동안 지속되는 **압력이 가해진 그릇** 은유의 내부 힘과 대조된다. 따라서 감정의 고유한 힘 성향(즉 반힘의 힘 성향)은 **내부 압력**에서 순간적인 데 반해, **짐** 은유에서는 지속적이거나 장기적이다.

"감정의 원인"에 주로 초점을 두는 은유

감정은 물리적 힘이다. 이 그룹에 속하는 특정 층위 은유의 예들로 시작해 보자.

감정은 기계적 힘이다, 감정적 효과는 물리적 접촉이다

When I found out, it *hit* me *hard*. (내가 그 사실을 알아냈을 때, 그것은 충격이 컸다.)

That was a terrible *blow*. (그것은 끔찍한 타격이었다.)

She *knocked* me *off my feet*. (그녀는 나를 어리둥절하게 했다.)

감정은 전력이다

It was an *electrifying* experience. (그것은 깜짝 놀라운 경험이었다.)

감정은 중력이다

Her whole life *revolves around* him. (그녀의 전 인생은 그를 중심으로 돌고 있다.)

They *gravitated toward* each other immediately. (그들은 즉시 서로에게 끌렸다.)

감정은 자력이다

I was *magnetically drawn to* her. (나는 자석에 끌리듯 그녀에게 끌렸다.)

I am *attracted to* her. (나는 그녀에게 끌렸다.)

She found him *irresistible.* (그녀는 그가 못 견디게 매혹적임을 알았
다.)

That *repels* me. (그것은 나에게 혐오감을 준다.)

　표 5.14의 총칭 층위 **힘** 도식의 실례화와 사상이 암시하듯이, 이런
은유는 주로 감정이 발생하는 방식과 관련된다. 여기서는 이런 특정
층위 은유가 각각 어떻게 감정의 통속 개념에 기여하는지는 분석하
지 않을 것이다. 다만, 무엇이 위 은유의 은유적 사상에 공통적인지
만 검토할 것이다. 감정에 대한 우리의 개념은 원인에 의해 창출되는
물리적 효과로 이해된다. 이것이 통용되는 것은 우리의 감정이 상황
(감정의 원인)에 대한 반응으로 개념화되기 때문이다.

　이런 사상이 앞서 다룬 것과는 전혀 다른 감정의 통속 이론에서의
감정 시나리오의 일부에 적용된다는 데 주목해야 한다. 위의 경우, 상
황은 다음과 같았다. 즉 반힘으로서의 감정은 힘 성향을 가지고 있
다. 그 힘 성향은 주힘으로서의 자아에서 표명된다. 그 결과는 자아에
대한 어떤 감정적 효과이다. 이를 도식으로 나타내면 다음과 같다.

표 5.14. 감정은 물리적 힘이다

은유적 사상	주힘의 힘 성향	반힘의 힘 성향	결과적 행동
근원영역	물리적 사물	물리적 힘	사물은 영향을 겪음
	힘의 영향을 받지 않음	사물에 영향을 미침	
목표영역	자아	감정의 원인	자아는 감정적임
	비감정적으로	자아가 감정적이게	
	남아 있음	되도록 함	

근원영역: 물리적 힘
목표영역: 감정

감정 - 감정/자아의 힘 성향 ⇒ 자아는 감정을 가진다 ⇒ 결과적인
감정적 효과

그러나 **물리적 힘** 은유의 경우는 다르다. 즉 감정의 원인이 반힘의
힘 성향을 가진다. 그 힘 성향은 주힘으로서의 자아에게 표명된다.
결과적으로, 자아는 감정을 가진다. 이를 도식으로 나타내면 다음과
같다.

감정의 원인 - 감정의 원인의 힘 성향 ⇒ 자아는 감정을 가진다

첫번째 연쇄는 감정이 나타난 후에 발생하는 것을 묘사한 것인 데
반해, 두번째는 무엇이 감정이 나타나게 하는지를 포착한다. 이 두
인과적 연쇄 중 하나는 감정이 나타나기 전에 어떤 일이 발생하는지
를 포착하고, 다른 하나는 그 후에 어떤 일이 발생하는지를 포착한
다. 이런 점에서, 둘의 인과적 연쇄는 서로를 보충한다. 따라서 영어
로 부호화되는, 가장 널리 퍼져 있는 감정의 통속 이론의 기초를 이
루는 골격적 시나리오에 대한 완전한 그림을 얻으려면 두 가지 인과
적 연쇄를 다음과 같이 결합할 수 있다.

(1) 감정의 원인 - 감정의 원인의 힘 성향 ⇒ (2) 자아는 감정을 가진
다 - 감정의 힘 성향 ⇒ (3) 결과적 효과

여기서 빠진 부분은 (2)와 (3) 사이에 놓일 수 있는 감정의 통제 관
련 양상이다. 만일 이런 정보를 위의 도식에 배치하면 다음과 같다.

(1) 감정의 원인 – 감정의 원인의 힘 성향 ⇒ (2) 자아는 감정을 가진다 – 감정의 힘 성향 ⇒ (3) 자아의 힘 성향 감정의 힘 성향 ⇒ (4) 결과적 효과

골격만 보여준 것이지만, 그런대로 완전한 이 도식은 감정에 대한 우리의 기본적인 이해가 다양한 힘들이 어떻게 서로 상호작용하는지에 대해 우리가 어떻게 이해하느냐에 달려 있음을 나타낸다. 가장 중요한 것은 이 도식은 우리가 감정을 가장 기본적으로 "원인 ⇒ 감정 ⇒ 반응"으로 이해하는 것조차 완전히 은유적이라는 것이다.

결론

감정 은유들은 고립적이고 관련 없는 특정 층위 은유들이 아닌, 탈미가 분석한 총칭적인 힘 개념으로 조직되는, 크고 정교한 체계를 형성한다. 다양한 감정 은유의 근원영역들은 **힘** 개념의 실례화다. 이것은 감정 은유에 대한 이전 연구들을 새롭게 조명하는 결론이다.

총칭 층위에서, 감정과 모든 근원영역들은 포코니에와 터너 (Fauconnier 1997, Turner 1996)가 말하는 "총칭공간"을 공유한다. 여기서는 힘의 정신공간을 말한다. 힘 정신공간은 한 특정 근원영역뿐만 아니라 감정의 개념을 구조화해서, 감정의 원인 ⇒ 감정 ⇒ 반응이라는 골격 구조를 생산한다. 이것은 은유적 감정에 매우 기본적인 구조를 제공한다.

결국 감정에 대해 은유적으로 생각되지 않는 것은 거의 없다는 것이 최종 결론이다. (앞서 밝힌 골격적 도식 같은) 감정에 대한 우리의

가장 기본적인 이해까지도 자구적이지 않고 은유적이다. 그러나 비은유적인 "극히 소수"는 감정의 영역을 개념화하는 데 중요하고, 이렇게 큰 은유 체계의 체험적 기초를 구성한다. 정확히 이 체험적 기초가 무엇으로 이루어지느냐는 감정 개념화의 보편적 양상에 관한 장에서 언급될 것이다.

감정 개념의 고유한 은유적 본성에 관한 결론은 감정과 결혼 같은 개념을 위한 문화모형이 자구적이고, 다양한 개념적 은유들이 이런 자구적 이해를 반영한다는 Naomi Quinn(1991)의 주장에 반문을 제기한다. 어떤 개념적 은유들은 기본적인 문화적 도식을 반영하지만, 적어도 이런 도식은 감정 영역에 대해서는 애초부터 명백히 고유하게 은유적일 수 있다. 제7장에서는 이 논제를 다시 다룰 것이다.

이 장에서 강조했듯이, 앞서 제시한 감정의 기본 도식은 단지 골격 도식에 해당된다. 도식의 많은 세부항목은 앞서 논의한 많은 특정 층위 도식들의 개념적 기여로 채워진다. 제7장에서는 개념적으로 한층 풍부한 문화모형을 제시하고, 통속 이론과 전문 이론 사이의 관계를 논의할 것이다.

제6장

감정과 관계

지금까지 매우 다양한 감정 은유를 보았다. 제2장에서는 9개의 감정 개념에 대한 여러 특정 층위 은유를 논의한 바 있다. 제5장에서는 다양한 감정 은유를 응집된 체계로 조직하는 영역에 대한 근본적인 유일한 "주 은유"가 있다고 지적했다. 이 장의 목표는 두 가지다. 첫째, 우정, 사랑, 결혼 같은 인간관계 영역의 기초가 되는 특정 층위의 개념적 은유를 밝히는 것이다. 여기서는 이와 같은 인간관계가 감정 영역이 개념화되는 것과 동일한 방식으로 은유적으로 개념화되는지를 살피는 것이다. 둘째, 감정과 유사하게, 인간관계도 앞장에서 보았던 **감정은 힘이다**라는 "주 은유"를 중심으로 조직되는지 그 여부에 관한 문제이다.

나는 우정의 개념에 주로 초점을 맞출 것이다. 왜냐하면 이미 상세한 은유 분석의 방법론을 사용해 사랑과 결혼에 관한 광범위한 연구가 이루어졌기 때문이다(예컨대 Quinn 1987, 1991, Kövecses 1988, 1991a, Baxter 1992 참조). 그러나 "의미심장한 관계"에 대한 연구를 사용함으로써(Duck 1994), 감정과 인간관계가 어떻게 개념화되는가라는 논제에 관한 흥미로운 일반화도 몇몇 이끌어 낼 수 있다.

이 장에서 우정을 연구하는 데 사용된 언어 자료는 두 가지 근거에 기반한다. 여기엔 언어 자료를 수집하는 방법 두 가지가 반영되어 있다. 한 가지 방법에서, 모두 미국영어를 사용하는 17명의 성인 원어민 화자들로부터 우정이라는 주제로 한 인터뷰가 하나의 방법이었다(미국영어를 사용하며 인터뷰한 원어민 화자 3명은 셰릴 크리스, 라스 모스튜, 조셉 바르고였다). 피실험자는 (19세에서 57세까지의) 백인 중산층 성인으로 8명의 남성과 9명의 여성이었다. 이들 모두는 대학졸업자거나 인터뷰 기간 중 대학 재학 중이었다. 다른 한 방법은 뉴저지 루트거스대학의 학생들에게 낱말 friendship이나 friend를 사용해 아무 문장이라도 적도록 하는 것이었다. 이런 방식으로 500개 이상의 문장이 모아졌다. 이번 연구에서 우정에 대한 분석은 바로 이 두 데이터베이스에 전적으로 의존한다.

"의사소통" 체계

우리가 이야기를 나눠 본 미국인들로부터 확인한 것은 우정은 많은 의사소통을 수반하며, 의사소통은 그런 우정의 기본 특징인 것 같았다. 친구끼리의 의사소통은 (Reddy 1979가 기술한 것과 같은) 일반적 의사소통의 특정한 경우이다. 따라서 우리는 "친절한 의사소통"은 일반적 의사소통의 은유를 계승한다고 예측할 수 있다. 이 절에서 말하려는 바는 바로 이것이 어느 정도까지 가능하며, 이 과정의 세부 항목이 어떠한지를 살피는 것이다.

의사소통은 우정에 대한 미국인의 개념상으로 보면 다각적 개념이다. 어떤 종류의 것이 의사소통되며, 어떻게 의사소통되며, 의사소통자 자신은 무엇과 같은가와 같은 양상이 여기에 포함되어 있다. 이 절에서는 **경험은 사물이다**, **의사소통은 (경험) 사물을 공유하는 것**

이다, 사람은 (경험 사물을 담는) 그릇이다 같은 서로 관련된 세 가지 은유하에서 각각의 논제를 다룰 것이다. 다만, 이런 은유는 단지 뒤에 나올 논의를 조직하는 편리한 표제로 간주되어야 한다. 이것과 중요성이 동일한 다른 은유들도 제시할 것이다.

경험은 사물이다

An important element for friendship is *sharing*(우정의 중요한 자질은 공유이다), Friendship is *sharing* happiness and sadness(우정은 행복과 슬픔을 공유하는 것이다), Friendship is *sharing* deep, dark secrets (우정은 심오하고 어두운 비밀을 공유하는 것이다)에서처럼, 각종 자료에서 빈번하게 나오는 우정의 자질은 공유이다. (행복과 슬픔 같은) 어떤 감정과 (비밀 같은) 정보를 공유하는 것 외에, 몇몇 다른 것들에 대한 언급도 있다. 한 사람은 A best friend almost *has to be going through what you're going* through at the same time(가장 친한 친구는 당신이 겪은 것을 동시에 *겪어야 한다*)이라고 말했다. A friend is someone that you *can share* your ideas with(친구란 함께 당신 생각을 공유할 수 있는 사람이다)에서처럼, 생각을 공유하는 것 또한 논의의 대상이었다. 즉 사람들은 인생에 있어서 중요한 사건, 감정, (정보를 포함해) 생각이 친구들이 공유하고 공유할 것으로 생각되는 어떤 것이라고 이야기한다. 사건, 감정, 생각(정보)은 일반적으로 사물로 개념화되는 경험이다. 이로써 우리는 은유 **경험은 사물이다**가 존재한다고 가정한다. 위의 예가 말해 주듯, 이런 경험들이 우정에서는 공유 가능하다. 따라서 일반적인 개념적 은유 **경험은 사물이다** 대신, 우정에 적용되는 더욱 특정한 **경험을 공유하는 것은 사물을 공유하는 것이다**가 있다. 실제로, 우정과 관련된 각종 자료에서 사람들이 사용한 가장 흔한 표현 중 하나는 *sharing experiences*(경험 공유)이다.

수도관 은유

경험은 직접적·간접적으로 공유할 수 있다. 한 사건을 직접적으로 공유할 때, 은유적으로 말하면, 그 사건은 사람들 마음속에 동일한 경험 **사물**을 갖도록 할 것이다. 간접적인 공유의 경우로는 누군가가 자신의 경험 **사물**을 다른 사람에게 전달하며, 그에 따른 결과로 그 둘은 적절한 경험을 공유하게 될 것이다. 다시 말해 후자의 공유는 의사소통 과정의 통속 이론에 대한 Reddy(1979)의 기술에 기초한 의사소통이다. 이 모형에 따르면, **마음은 그릇이다, 의미는 사물이다, 의사소통은 전달이다.** 즉 의사소통은 수도관을 통해 물건이 한 그릇에서 다른 그릇으로 보내지는 것이다. 우리가 앞서 "경험 공유"라고 기술한 것은 의사소통에 대한 이런 견해에 긴밀히 대응한다. 마음과 사람은 둘 다 그릇이며, 의미와 경험은 둘 다 사물이고, 의사소통과 공유 모두는 사물을 한 그릇에서 다른 그릇으로의 전달을 수반한다.

간접 공유는 우정에 대한 사람들의 개념에서 의사소통과 상당히 중복 또는 실질적으로 그것과 동의적이다. "두 사람이 쉽게 관련지을 수 있고, *서로에게 표현할 수 있는 것*은 다름 아니라 동일한 물건을 *서로 공유한다는* 전체 개념이다." 또는 또 다른 사람에 따르면, "이상적인 우정은 당신이 *마음속에 품은 생각*을 이야기할 수 있고 *느낌을 공유할 수 있는* 사람이다." 공유와 의사소통을 동일시하는 것은 "당신은 누군가와 *마음속의 것을 공유할* 것이고, 다른 사람들에게 결코 말하지 않는 것을 가장 친한 친구에게는 *털어놓을 것이다*"라는 진술문에서 가장 자명하다. 우리는 (간접) 공유가 **수도관** 은유의 은유적 결과로 간주할 수 있다. 경험 **사물**(의미)은 한 그릇에서 다른 그릇으로 전달되며, 그 결과로 두 그릇은 동일한 경험 사물을 갖는다.

사람은 그릇이다

우정에서 특별한 종류의 의사소통은 신뢰이다. 많은 사람들에게, 친구란 내가 신뢰할 수 있는 사람이다. 신뢰는 **사람은 그릇이다**라는 은유에 기초를 둔 듯하다.

We've been exchanging letters, *deeply felt* letters, where we really try to work out ideas about things and share those ideas and argue about those ideas and *dredge-up our deepest feelings* about things, I mean, I really think of this man as a confidant. (우리는 편지, 특히 *매우 절실한 편지*를 주고받고 있었다. 우리는 이 편지에서 우리의 아이디어를 만들어 내고, 이런 아이디어를 공유하고, 그것에 대해 진정으로 주장하고, *우리의 가장 깊은 느낌을 들추어 낸다.* 나는 이런 사람이 진정으로 막역한 친구라고 여긴다.)

사람에게는 심오한 부분과 피상적인 부분이 있다. 사람의 가장 중요한 부분은 가장 심오한 부분이다. 그곳은 실제 사람이 "존재하는" 장소이다. 바로 여기에 사람에 대한 **그릇** 은유와 **중요한 것은 중앙이다** 은유가 결합되어 있다. **그릇** 은유가 가정하는 것은 한 사람이 2개의 자아를 가지고 있다는 것이다. 하나는 가장 심오한 부분에 대응하는 진정한 자아이고, 다른 하나는 피상적인 부분에 대응하는 피상적 자아다. 사람에 대한 이런 개념에서 이런 구분이 갖는 특별한 중요성이 데이터에 있는 **인생은 연극이다**라는 은유로 강조된다. A friend is someone that you can share your ideas with and know that you can be at peace with them. *There are no facades, no masks* (친구란 당신의 생각을 함께 공유할 수 있고, 함께 있으면 마음이 편한 사람이다. *겉치레와 가면은 없다*) 같은 인용이 보여주듯, 사람들은 종종 "진정한 자아"가 아닌 "피상적 자아"와 함께 자신의 삶을 살아가는 것으로 가정된다. 데이터에서 지적한 것처럼, 우정의 주요한 특징은 친구들이 "이런 가면을 쓸(wear this mask)" 필요가 없다는 것이다. 그들끼리는 "진정하고 진실된 자아"일 수 있다는 것이다.

The difference between a best friend and a good friend is a great degree of honesty, complete *renunciation of facades and masks* which consequently leads to them *being themselves in a very natural way* – it's *not something contrived, or planned*; rather it's *a very natural state of being*. (최고의 친구와 좋은 친구의 차이는 가식과 거짓 외향이 전혀 없는 솔직함이며, 이것은 아주 자연스럽게 그들이 그들 자신이 되도록 한다. 이것은 어떻게 고안된 것이나 계획된 것이 아니다. 이것은 오히려 아주 자연스러운 상태이다.)

우정에 관한 **인생은 연극이다** 은유에서 가장 중요한 사상은 연극에서 배역을 맡는 것이 인생에서 "진정하고 진실된 자아"를 은폐하는 "피상적 자아"에 대응한다는 것이다. 우정에서 가시적일 수밖에 없는 것은 진정한 자아다. 물론 우연적으로 이런 특별한 사상은 우정에 가장 적절한 것이다. 왜냐하면 배역과 특히 그것의 전형적인 형태인 가면은 그릇 은유의 버전으로 간주될 수 있기 때문이다. 이 은유에서 자아의 가장 의미심장한 측면을 덮고 있는 것은 그 사람의 가장 바깥층이다.

더욱이 가장 깊고 가장 안쪽 경험이 공유될 때, 진정하고 진실된 자아가 공유된다. 이것은 **진정한 자아는 가장 안쪽의 (경험) 사물이다**(그것에 의해 구성된다)라는 은유적 사고에 기반한다. I feel that friendship involves an *intimacy* and *openness*(나는 우정이란 *친밀감과 개방성*을 포함한다고 느낀다)에서처럼, 친밀감과 개방성의 개념은 **사람은 그릇이다** 은유에 기초를 둔다. **그릇** 은유의 언어에서 친밀감과 개방성이 의미하는 바는 우리의 경험이 담긴 그릇이 열릴 수 있다는 것이다. 만약 그릇이 열려 있다면, 우리는 그 내부를 들여다볼 수 있고, 더 많이 열면 열수록 더 많은 것을 볼 수 있다. 그릇이 열리기 전에는 볼 수 없던 내용물을 볼 수 있다. 그 내용물은 진실, 진정한 자아다. 이런 진정한 자아는 친구들끼리의 의사소통으로 공유된다. 다시 말해, 우정에서 경험을 의사소통한다는 관점에서 우정에 대한 핵심 은유는 **친구들끼리의 의사소통은 가장 안쪽의 (경험) 사물을 공유하는 것이다**라는 은유이다. 우정이 친구들 간의 상당히 많은 의사소통을 포함하는 주요 특성으로 간주된다면, 이것은 **우정은 가장 안쪽의 (경험) 사물을 공유하는 것이다**(그리고 그것의 주요한 하위 사상인 **친구는 [서로에게 열리는] 그릇이다**) 같은 또 다른 은유로 이어지게 된다. 우정은 한 사람이 다른 사람과 진정한 자아를 공유하는 것이다.

　이 절에서 우리가 발견한 것은 미국식 우정의 개념이 상당한 정도로 의사소통의 개념에 의해 구성된다는 것이다. 이런 개념은 우정이 상당한 정도로 의사소통 그리고 사람과 그들의 경험 같은 하위 성분에 대한 관습적 은유에 의해 이해되는 효과를 지닌다. 우정은 의사소통, 사람, 경험에 대한 주요한 모든 은유를 가정한다. **수도관** 은유, **사람은 그릇이다, 경험을 공유하는 것은 사물을 공유하는 것이다** 은유가 바로 그것이다. 우정(그리고 사랑과 결혼 같은 밀접하게 관련된

영역)에 다소 특정한 것처럼 보이는 것은 공유되는 경험(**가장 안쪽의 경험**, 즉 진정한 자아), 경험을 공유하는 방식(**신뢰**), 이런 공유로 유발되는 친밀감(**더 많은 경험 사물이 공유되면 될수록, 두 사람 사이에 더 많은 친밀감이 있다**)의 본질이다.

이 절에서 제시한 언어적 증거를 근거로 도출할 수 있는 결론은 친구들끼리의 의사소통이 미국식 우정의 두드러진 특징이란 점이다. 그런즉, 일반적 의사소통과 관습적으로 연상되는 은유가 우정에 적용되고, 미국인들의 우정에 관한 이야기 방식에 널리 퍼져 있다는 것은 놀라운 일이 아니다. 그러나 *친구들끼리의* 의사소통이 일반적 의사소통의 특별한 경우이기 때문에, 여기엔 적어도 어느 정도 우정만의 독특한 특징이 몇몇 있을 것이다.

"감정" 체계

몇몇 연구가 암시하듯이, 사람들은 우정을 개인 간의 관계로도 보지만 비록 매우 *비원형적*이라 하더라도 감정으로도 간주하고 있다. 우정은 Storm & Storm(1987)의 연구에서는 주변적인 감정 낱말로 언급되지만, Fehr & Russell(1984)과 Shaver et al.(1987)의 연구에서는 감정 낱말로는 언급되지 않는다. 우정에 감정의 맛을 제공하는 것은 우정이 좀 더 분명하게 감정 범주의 구성원인 친밀감과 애정이라는 적어도 두 가지 개념을 포함하는 것처럼 보이기 때문이다(존경은 그 세번째 개념이지만, 데이터상 은유적으로 정교화된 형태로는 나타나지 않았다). 우정이 이런 두 가지 감정 개념과 연결되기 때문에, 우정 역시 친밀감과 애정이 일반적으로 연상되는 은유를 갖게 될 것이다.

우리는 우정의 친밀감으로 시작할 수 있다. 공유가 친밀감으로 이어진다는 것을 의사소통에 관한 절에서 언급한 바 있다. 이는 **사람은 그릇이다** 은유를 이용한다. 정보제공자가 사용한 또 다른 은유는 **우정은 가까움이다**로서, 이 은유는 전적으로 관습적이며 매우 일반적인 **친밀감은 가까움이다**라는 은유의 특이한 경우이다. 이 은유는 다시 **감정적 관계는** (두 사람 같은) **두 실체 간의 거리다**라는 상위 층위 은유로부터 도출되는 것처럼 보인다. 이 은유는 주로 사랑과 애정이나 이것의 부재에 적용된다. 주로 언급되는 표현은 *close* friends(*가까운 친구*)이다. 낱말 close는 두 친구 간의 은유적 거리를 가리킨다. 가까움 은유는 우정에 관한 데이터에서 아주 빈번하게 발생한다. 이는 미국의 개념상 우정과 관련해서는 친밀감이 중요하다는 것을 암시한다. 우정에 대한 **가까움** 은유의 예에는 We were *tight as a glove*(*우리는 아주 가까웠다*), They were *bosom* buddies(*그들은 친한 친구였다*), We are *attached at the hip*(*우리는 아주 가깝다*), He was a *sidekick* of mine(*그는 나의 친구였다*), They are as *thick as thieves*(*그들은 매우 친하다*), They are *inseparable*(*그들은 떨어질 수 없다*), We were *two peas in a pod*(*우리는 꼭 닮았다*)가 있다. 이런 경우에, 일반적인 은유 **감정적 관계는 두 실체 간의 거리다**가 있다. 이 은유에서 친밀감에 대해 거리는 가까운 것으로 상술된다. 우정은 친밀감을 포함하기 때문에, 우정 또한 **가까움** 은유를 가질 것이다.

많은 미국인들에게 우정이 포함하는 다른 감정 개념은 애정이다. 이것은 Yeltsin and Bush have a *warm* friendship(*옐친과 부시는 따뜻한 우정을 나눈다*), Making too many requests can put a *warm* friendship permanently *on ice*(*요청을 너무 많이 하는 것은 따뜻한 우정에 찬물을 끼얹을 수 있다*) 같은 예에서 표현된다. 애정이라는 감정은 따뜻함으로 이해되고, 애정의 부재는 차가움으로 이해된다. 일반적인 감정은 종종 온도로 개념화된다(제4장 참조). 따라서 **감정은 온도/열이다**라는 상위 층위 은유는 **따뜻함**에 대해 애정의 근원영역으로 상술된다. (적어도 전형적인 경우에서처럼) 애정이라는 감정이 우정의 특징이기 때문에, **애정은 따뜻함이다** 은유는 또한 **우정은 따뜻함이다**의 형태로 우정에 적용될 것이다. 앞장에서 보았듯이, 감정 은유 **감정적 관계는 가까움이다**와 **감정은 온도/열이다**는 "감정" 은유 체계의 일부를 구성한다. 따라서 우정의 개념은 감정 은유에 일부 의존하고 있다.

"상태" 은유 체계

최소한 원형적으로, 누군가와 친구가 된다는 것은 항구적 상태에 있다는 것이다. 이것은 우정을 **사물**로 개념화할 때 나타난다. 일반적인 상태는 은유적 사물이다. 더욱이 상태는 속성적 상태이다. 즉 우리는 사람들과 우리 자신에게 우정이라는 속성을 부여한다. 속성적 상태는 은유적으로 소유물로 간주된다(Lakoff 1993).

우정은 소유물이다

다음 예가 보여주듯이, 우정은 종종 소유물로 개념화된다.

우정은 소유물이다

The friendship that Kelly and I *hold* is ten years old. (켈리와 내가 유지하고 있는 우정은 10년이나 되었다.)

Julie and I *carry* our friendship through our correspondence. (줄리

와 나는 편지를 통해 우리의 우정을 *계속 이어 나갔다*.)

The *loss* of friendship is like a little part of you dying off. (우정을 잃어버리는 것은 당신의 작은 한 부분이 죽어 없어지는 것과 같다.)

People who have trouble making friends have a hard time *keeping* friendship. (친구를 사귀는 데 어려워하는 사람은 우정을 *유지하는* 데 어려움을 겪는다.)

You can *possess* the "quality" of friendship. (당신의 우정의 "특성"을 *소유할* 수 있다.)

이러한 예는 다음과 같은 사상을 가정한다.

● 사물을 소유하고 있는 사람들은 서로 친구다
● 사물의 소유는 우정의 존재이다
● 소유물의 분실은 우정의 분실/중단이다
● 사물의 유지는 우정의 유지/지속이다

따라서 이 은유의 주안점은 우정의 존재(또는 비존재)이다.

우정은 소유물이다라는 속성은 소유물이다라는 상위 층위 은유의 특별한 경우이다. 일반적 속성은 보통 사물로 개념화되며, 속성의 존재(또는 비존재)는 소유·분실·유지되는 사물로 개념화된다(Lakoff 1993). 속성은 물리적·감정적·사회적 속성, 상태, 관계를 포함한다. 여기엔 몇 가지 예가 있다.

속성은 소유물이다

have a headache(두통이 있다)

have trouble(근심이 있다)

keep cool(냉정을 유지하다), lose control(통제를 소실하다)

lose health(건강을 잃다), keep health(건강을 유지하다)

lose one's love(사랑을 잃다), keep one's love(사랑을 유지하다)

lose speed(속력이 떨어지다), lose weight(살이 빠지다)

lose one's sanity(정신을 잃다)

have pride(자부심을 가지다), lose respect(존경심을 잃다), discard dignity(위엄을 버리다)

lose wealth/fortune(재산/부를 잃다), gain wealth(재산을 벌다)

lose status(신분이 떨어지다), keep face(체면을 유지하다)

이 모든 예는 이런저런 형태로 속성의 존재(또는 비존재)와 관련된다.

우정은 접착제다

속성적 상태는 상태의 특별한 경우이며, 관계를 포함한다. 관계를 이해하는 일반적 방법은 **물리적 연결**이나 **연결**이라는 근원영역을 통해서이다. 우정 역시 관계로서, 두 사람 사이의 **강한 (물리적) 접착제**로 개념화된다.

우정은 강한 (물리적) 접착제다

True friendship is *a bond that can weather the storms of life*. (진정한 우정은 인생의 폭풍을 뚫고 나아갈 수 있는 유대이다.)

[In] real friendship somehow or other you make the other person feel and they make you feel what *connects* you is that you have this *common*, *heavy heavy link* in many areas, not that you were just working in the same field or what have you. (진정한 우정에서 는 어떻게든 서로가 많은 분야에 강한 유대가 있다고 느끼게 된다. 이 것은 같은 방면에서 일하거나 가지고 있는 것이 아니다.)

A real friendship *starts with a thread and spins into a rope*. It *gets stronger and it gets stronger* and it *spins another thread and another thread*, and with a real friendship, occasionally *one of the little threads may break but the rope is so strong*, it survives it ——you know the boundaries, it's understood——but it grows. (진 정한 우정은 한 가닥의 실로 시작해서 감기며 밧줄이 된다. 그것은 한 가닥 한 가닥 감기며 더욱더 강해진다. 진정한 우정에서는 한 번씩 작 은 실 가닥이 끊어지더라도 밧줄이 아주 강하기 때문에 우정은 계속되 며 *성장한다*——너는 그 경계를 알 것이고 이해하고 있을 것이다.)

사상은 다음과 같다.

- 두 실체(사람 등)는 두 친구이다.
- 두 사람 사이의 물리적 접착은 두 친구 사이의 감정적 접착이다.
- 접착의 강도는 우정의 안정성이다.

두 사람 사이의 감정적 접착은 우정의 안정성과 지속성을 보증한 다. 따라서 이 은유는 우정의 지속적 본질에 초점을 두고 있다. **접착 제** 은유를 포함하는 다른 긍정적인 대인적 · 감정적 관계에는 사랑 (Baxter 1992), 결혼(Quinn 1987, 1991), (child's *bond* with his mother (아기가 자기 엄마에게 붙어 있는 것)에서처럼) 애정이 있다. 더욱이 이런 일반적 관계는 연결, 매듭, 접착 등으로 간주된다. 이는 다른 정도의 힘을 암시하며, bond(접착)는 주로 강한 인간의 감정적 관계로 지정된다. 보통 아주 강한 접착은 참여자들이 지속적이고 영구적인 것으로 간주하는, 매우 안정된 관계에 대응한다.

우정은 경제적 교환이다

만약 두 실체가 어떤 관계를 맺고 있다면, 그들은 상호작용할 수 있다. 우정에서는 두 친구가 관련되며, 그 둘은 여러 가지 방식으로 (의사소통적으로, 감정적으로, 행동적으로 등) 상호작용한다. 몇몇 예는 사람들이 우정을 두 사람 사이의 상호작용으로 간주하고 있음을 암시하고 있다. 궁극적인 은유는 **우정(에서의 상호작용)은 경제적 교환이다**이다. Friendship is *a give and take*(우정은 *공평한 교환이다*) 같은 문장이 데이터에서 종종 나타났다. 이런 문장은 경제적 교환의 근원영역과 우정에서의 상호작용의 목표영역 간의 다음과 같은 대응관계로 설명될 수 있다.

- 경제적 교환의 당사자들은 상호작용하는 친구이다.
- 경제적 교환(즉 돈 지불과 상품 인계)은 친구들이 행하는 상호작용이다
- 교환으로부터 얻는 이익은 상호작용으로부터 얻는 이익이다
- 지불된 가격은 우정에 투자해야 하는 돈과 에너지다

경제적 교환 은유에 뿌리를 둔 우정에 대한 중요한 지식이 있다.

근원영역: 경제적 교환은 상호적이다.

목표영역: 우정 관계는 상호적이다.

All friendships are rooted in *reciprocity*. (모든 우정은 상호성에 뿌리는 둔다.)

Friendship is a *give and take relationship*. (우정은 *공평한 교환 관계다*.)

근원영역: 경제적 교환은 전형적으로 동등성에 근거를 둔다.
목표영역: 우정 관계는 전형적으로 동등성에 근거를 둔다.

Being reciprocal is good in a friendship. This doesn't necessarily mean 50/50 and, yet, some people always use that. Like *partnership*, and then it gets this tinge of *50/50-ish and percentages*. (*상호적인 것은 우정에서 좋은 것이다*. 그것이 반드시 50 대 50을 의미하는 것은 아니지만, 어떤 사람들은 항상 그것을 사용한다. 교우관계처럼, 그것은 약 50 대 50 정도이다.)

여기서 핵심 개념은 "이익이 되는 상호작용"인 듯하다. 참여자의 이익을 위해 수행되는 상호작용은 은유적으로 이익을 낳는 경제적 교환으로 이해된다. 따라서 은유 **상호작용은 경제적 교환이다**가 가능하다. 따라서 **우정은 경제적 교환이다** 은유는 **상호작용은 경제적 교환이다**의 특별한 경우처럼 보인다. **상호작용은 경제적 교환이다** 은유는 우정을 넘어 다른 관계들로 확장된다. 거기엔 사랑(Kövecses 1988, Baxter 1992), 결혼(Quinn 1987, 1991) 등이 포함된다. 윤리적 상호작용도 경제적 교환으로 간주된다(Johnson 1992 참조). 더욱이 인간과 자연 간의 상호작용은 보통 give and take(공평한 교환)로 간주되며, 이는 인간이 자연을 to exploit(개척하다)하는 것으로 말해진다.

a lively "give and take" of ideas(생각을 활발하게 "주고받기")를 두고 말할 때 그렇듯이, 심지어 대화도 경제적 교환으로 간주될 수 있다. 따라서 이익을 창출하는 상호작용은 이익이 되는 경제적 교환으로 간주될 수 있다. 우정이 상호 이익을 생산할 것으로 예상되는 두 친구 간의 상호작용으로 특징지어질 수 있기 때문에, "이익이 있는 경제적 교환은 이익이 있는 상호작용이다"라는 일반적 사상의 적용은 놀라운 것이 아니다.

요컨대 우정은 "상태" 위계로부터 몇 가지 은유를 계승하는 것처럼 보인다. 이때 우정은 이런 위계의 한 부분을 이룬다. 우정이 계승하는 은유는 위계상 상위 개념들과 관습적으로 연상된다. 이것은 표 6.1에서 볼 수 있다. 이 표에서 진한 낱말은 위계상 상호 하위 개념을 나타내며, 이탤릭체의 진한 낱말은 위계에 있는 개념들에 대한 은유의 근원영역을 나타낸다. 또한 명조체 낱말은 은유의 "주요 의미 방위(main meaning orientation)"를 나타낸다.

표 6.1에서 관찰할 수 있는 것은 개념들의 수직적 위계이다. 상태의 개념은 맨 꼭대기에 있으며, 속성적 상태는 상태 아래에 있다. 관계는 속성 아래에 위치하고, 상호작용은 관계 아래에 있고, 우정은

표 6.1. 우정과 "상태" 계층

상태	사물	
속성	소유물	존재
관계	접착제	안전성
상호작용	경제적 교환	이익
우정	사물	
	소유물	
	접착제	
	경제적 교환	

맨 아래에 있다. 우정 위에 있는 개념들은 모두 고유한 은유적 근원영역을 가지고 있는데, 상태에 대한 **사물**, 속성에 대한 **소유물**, 관계에 대한 **접착제**, 상호작용에 대한 **경제적 교환**이 바로 그것이다. 그런즉, 우정이 이 모든 것(즉 상태, 속성적 상태, 관계, 상호작용)이기 때문에, 우정은 일반적 의미를 표현하기 위해 그런 의미와 연상되는 이런 은유를 계승한다. 우정이 한 부분을 이루는 상태 체계에서, 우정의 개념은 상위 네 가지 다른 개념으로부터 네 가지 *다른* 근원영역을 계승한다.

"복합적 체계" 은유

그러나 우정에 대한 보다 완벽한 은유적 이해는 다른 은유들도 포함한다. **우정은 구조화된 사물이다, 우정은 기계다, 우정은 유기체다**가 그것이다. 이런 은유의 모든 근원영역은 복합적 사물을 표상한다. 차차 보게 되겠지만, 이런 개념적 은유는 각종 데이터에 퍼져 있다. 우정을 개념화할 때 이런 은유가 존재한다는 것을 설명하기 위해, Lakoff(1990, 1993)의 사건 구조 체계와 본질적으로 유사한 은유의 체계를 가정하는 것이 합리적인 듯하다(제3장 참조). **구조화된 사물, 기계, 유기체** 은유가 이론, 마음, 몸, 사회, 복잡한 대인관계 및 사건이 아닌 다른 것들을 그 목표영역으로 취하기 때문에, 우리는 이를 "복합적 체계"라고 부를 수 있다. 따라서 이런 은유의 목표영역은 복합적 체계인 데 반해, 근원영역은 (건물, 기계, 공장 같은) 복합적인 물리적 사물이다. 이런 매우 일반적인 은유에서 우리는 다음과 같은 주요한 사상을 찾아낼 수 있다.

목표영역: 복합적 체계   근원영역: 복합적 사물

복합적 체계를 창조하는 것은 사물을 만드는 것이다

복합적 체계의 존재는 사물의 존재다

체계의 유지는 사물의 유지이다

복합적 체계를 창조하고 유지할 수 있는 노력은 사물을 만들고 유
　지할 수 있는 노력이다

복합적 체계의 지속성은 사물의 강도다

복합적 체계의 기능은 사물의 기능이다

복합적 체계의 작동은 사물의 작동이다

복합적 체계를 사용하는 목적은 사물을 사용하는 목적이다

복합적 체계의 발달은 사물의 성장이다

　이것들은 가장 상위 층위에서 이루어지는 사상이다. **복합적 체계**의
가장 일반적인 하위 층위의 목표영역에는 사회, 마음, 몸, 인간관계
가 있다. 다시 말해 은유는 다양한 사회적 · 심리적 · 생물학적 · 감정
적 영역을 그 초점으로 간주한다. 아래 주어진 사상의 목록에서, 개
념 **추상적**은 사회적 · 심리적 영역을 가리키는 것으로 이해되어야 한
다. 따라서 바로 앞의 더욱 정교한 사상을 다음과 같이 좀 더 간결한
방식으로 제시할 수 있다.

　창조는 만듦이다

　추상적 존재는 물리적 존재다

　추상적 유지는 물리적 유지다

　추상적 노력은 물리적 노력이다

　지속성은 강도다

추상적 기능은 물리적 기능이다

추상적 작동은 물리적 작동이다

추상적 목적은 물리적 목적이다

발달은 성장이다

나의 제안은 이런 사상이 **복합적 체계** 은유를 구성한다는 것이다. 복합적 체계에는 대인관계라는 특별한 경우가 있다. 우정은 대인관계의 특별한 경우이다. 레이코프의 사건 구조처럼, 하위 층위 영역은 상위 층위 영역의 사상을 계승한다. 따라서 우정의 개념은 앞서 상술한 사상을 계승할 것이다. **복합적 체계** 은유에서 사상에 대한 자명한 제약은 우정을 포함한 인간관계가 원형적으로 능동적인 두 참여자를 수반한다는 점이다. 인간관계에서 이것은 첫번째 사상에서 두 창조자(그리고 제조자)를 초래한다.

복합적 체계가 복합적 실체/사물의 일반적 구조를 취한다는 것이 나의 주장이다. 복합적 체계는 앞서 존재하지 않고 다음에 만들어진다. 그리고 어떤 목적 때문에 만들어지며, 고유의 기능을 가진다. 복합적 체계는 상호작용하는 부분들이 많으며, 만들고 유지하는 데 힘들다. 복합적 체계가 강하면 강할수록 더욱더 오래 지속된다. 또한 만들어지는 것이 아니라 그 자체로 존재하는 사물이 있다(유기체). 이런 사물은 복합적 사물의 범주 내에서 하위 부류를 표상한다. 사회, 마음, 인간관계 같은 복합적 체계는 이런 특징을 가지는 것으로 은유적으로 이해된다. 이 절에서는 일반적인 **복합적 체계** 은유 내의 다양한 목표영역과 관련해 이런 사상에 대한 언어적 증거를 제시할 테지만, 이런 일반적인 은유가 어떻게 우정에 적용되는지에 주로 초점을 맞출 것이다.

우정은 구조화된 사물이다

우정은 구조화된 사물이다는 각종 데이터에서 가장 빈번하게 발생하는 은유이다. 아래 예들이 암시하듯이, 여기서 말하는 구조화된 사물은 본질적으로 건물, 도구, 기계라는 세 가지 사물일 수 있다. 우선 "건물"과 "도구" 버전으로 논의를 시작할 것이다. 일단 우리의 말 뭉치에서 나온 몇 가지 예를 보자.

The two campers *formed a* lasting friendship. (그 두 야영자는 지속적인 우정을 만들었다.)

They *created* their friendship through the mail. (그들은 우편을 통해 우정을 만들어 냈다.)

Even if you have another relationship with somebody else, that wouldn't in any way intrude or *destroy* the relationship which *you built*. (당신이 어떤 다른 사람과 또 다른 주정을 가진다 할지라도, 그것은 어떤 식으로든 당신이 쌓은 관계에 침입하거나 그것을 *파괴하지* 않을 것이다.)

Friendship is something *stable which will not go away*. (우정이란 *사라지지 않은 안정적인 어떤 것이다.*)

Their friendship was as *strong as steel*. (그들의 우정은 *강철만큼 강했다.*)

My mother's high school friendships are still as *strong as they were 40 years ago*. (우리 어머니의 고등학교 우정은 *40년 전만큼이나 여전히 강하다.*)

이런 예들은 다음과 같은 기본적인 근원영역 존재론을 암시한다.

즉 집을 짓는 (또는 도구를 만드는) 사람들, 건물 (또는 도구) 그 자체, 짓는 (또는 만드는) 활동이 있다. 목표영역에는 친구가 되어 가는 과정 중인 두 사람, 우정 자체, 우정을 이루는 과정이나 활동이 있다. 이런 상황은 다음과 같은 존재론적 사상, 즉 대응관계를 제공한다.

- 집을 짓는 사람들은 우정을 이루는 친구들이다
- 집이나 건물(또는 사물)은 우정이다
- 집을 짓는 것은 우정을 이루는 것/우정을 존재하게 하는 것이다
- 건물의 강도(약함)는 우정의 안정성(불안정성)이다

우리는 이런 사상에 기초한 우정에 대해 굉장히 많은 지식이 있다.

근원영역: 어떤 사물은 건물을 파괴할 수 있다.
목표영역: 어떤 사물은 우정이 끝나게 할 수 있다.
The friendship was *shattered* due to neglect. (부주의로 인해 우정이 *산산조각 났다*.)

근원영역: 집을 짓는 것은 어렵다
목표영역: 우정을 이루는 것은 어렵다.
근원영역: 사물은 깨트리기 쉽다.
목표영역: 우정은 파멸시키기 쉽다.
Friendships are *hard to make* and *easy to break*. (우정은 만들기는 *어려워도 깨트리기는 쉽다*.)

근원영역: 집을 짓는 데에는 오랜 시간이 걸린다.

목표영역: 우정을 형성하는 데에는 오랜 시간이 걸린다.

It *takes time to build* a friendship. (*우정을 형성하는 데에는 시간이 걸린다.*)

근원영역: 집을 짓는 것은 힘든 일이다.

목표영역: 우정을 이루는 것은 힘든 일이다.

근원영역: 건물은 강하거나 약할 수 있다. 강한 집이 더 좋다.

목표영역: 우정은 안정적이거나 불안정적일 수 있다. 안정된 우정이 더 좋다.

It *takes a lot to build a strong* friendship. (*강한 우정을 형성하는 데에는 많은 시간이 걸린다.*)

We are *working on making our friendship stronger.* (*우리는 우정을 더 강하게 만드느라 힘쓰고 있다.*)

Their friendship seems very *shaky.* (*그들은 우정이 심하게 흔들거리고 있는 것 같다.*)

구조화된 사물(건물, 도구) 은유의 주요 초점은 우정을 이루는 다양한 양상과 그 형성 관계의 안정성에 있다. 결혼(Quinn 1987, 1991)과 사랑(Kövecses 1988, Baxter 1992) 관계 또한 이런 은유를 취한다. 그러나 이런 은유는 감정 영역을 훨씬 초월한다. 우리는 이런 은유를 논쟁, 이론, 사회의 개념화에서 찾을 수 있다. **건물**(그리고 도구) 은유는 주로 강한 논쟁, 이론, 사회를 만드는 것, 말하자면, 그것을 창조하려는 경향이 있는 것처럼 보인다. 논쟁은 "견고하고(solid)" "붕괴되고(fall apart)" "구성된다(constructed)"(Lakoff & Johnson 1980: 98). 이론 또한 "구성되고(constructed)" "강하거나(strong)" "불안정하고(shaky) "무너지거나(collapse)" "붕괴될 수 있다(fall apart)" (Lakoff & Johnson 1980: 46). 우리는 또한 사회를 "구성하는데(build)," 사회는 "강하거나 약한 토대(strong or weak foundations)"를 가질 수 있고, "무너질 수 있다(fall down)." 이런 예들은 모두 강한 물리적 사물의 건축이 강한 추상적 실체의 건축/창조인 사상에 기초한 것처럼 보인다.

우정은 기계다

기계 은유는 주로 우정의 기능적 양상과 관련된다.

우정은 기계다

His friendship with Joe *was off and on*. (그와 조의 우정은 불규칙했다.)

A friendship is so special that *to get* that (friendship) connection *going is tough*. (우정은 너무 특별해서 (우정) 연결을 진행시키도록 하는 것은 힘들다.)

Honesty is vital to a *working* friendship. (정직은 작동 중인 우정에 중요하다.)

기본적인 근원영역 존재론에는 기계를 작동시키는 사람들, 기계 자체, 기계의 작동, 기계를 켜고 끄는 것이 포함된다. 목표영역에는 두 친구, 우정 자체, 우정의 작동이 있다. 여기엔 조금 섬세한 사상이 있다.

● 기계를 작동시키는 사람들은 우정에 관련된 사람들이다
● 기계는 우정이다

- 기계의 고유한 작동은 우정의 고유한 작동이다
- 기계의 작동은 우정의 작동이다
- 기계의 고장은 우정의 와해다

이런 사상으로부터 재차 굉장히 많은 지식들이 도출된다.

근원영역: 기계는 고장 나면 수리할 수 있다.
목표영역: 관계는 와해되면 정정할 수 있다.

The test of friendship is something that *can be repaired*, you have to *work that out*. (우정의 시련은 *정정할 수 있는* 어떤 것이다. 당신은 *그것을 잘 해결해야* 한다.)

근원영역: 기계는 잠시 작동하지 않다가 재작동시키는 것이 가능하다.
목표영역: 우정은 잠시 기능하지 않다가 재기능하는 것이 가능하다.

You can *start up* after a break. (당신은 중단 후 *다시 시작할* 수 있다.)

근원영역: 구조화된 사물을 기능하도록 하려면 힘든 노동과 상당히
　　　　 많은 주의가 요구된다.
목표영역: 우정을 유지하려면 힘든 노동과 상당히 많은 주의가 요
　　　　 구된다.

It's not just that we possess or have friends. (우리는 친구를 가지는 것만이 아니다.)

We have *to work hard at it*. (우리는 *그것에 대해 열심히 노력해야* 한다.)

Friendship *requires a level of care and attention for its maintenance*.

(우정을 유지하기 위해서는 어느 정도의 관심과 주의가 요구된다.)

근원영역: 오랫동안 사용한 기계는 많은 유지 작업 없이도 잘 작동
한다.
목표영역: 안정된 우정은 많은 유지 작업 없이도 잘 작동한다.
In the kind of friendship involving my very *long-established*
friend I feel as if *I don't have to work very much*. (나의 오래된
친구와의 우정에선 나는 그렇게 신경 쓰지 않아도 된다고 느낀다.)
I didn't have to work at renewing anything because it *was*
continuing and always was. (무언가를 새로이 해야 할 필요가 없었
다. 왜냐하면 그것은 계속되고 늘 있어 왔기 때문이다.)

기계 은유에 따르면, 우정은 기능적이거나 기능장애를 일으킬 수
있으며, 작동적(능동적)이거나 비작동적(수동적)일 수 있는 관계이
다. 이 은유는 사랑(Kövecses 1988, Baxter 1992)과 결혼(Quinn 1987,
1991) 관계에도 적용된다. 관계가 기능적이고 *그리고* 작동하고 있을
때, 사람들로 하여금 자신들의 문제를 해결하도록 돕고, 서로서로 돕
고, 서로서로 즐기도록 허용하는 등과 같이, 예정된 대로 할 수 있다.
이런 적용 외에 이 은유는 마음, 몸, 사회 같은 개념들을 이해하는 데
에도 이용된다. **마음은 기계다** 은유에 대한 Lakoff & Johnson(1980)의
다섯 가지 예 중 3개는 마음의 기능성과 관련된다. My mind just isn't
operating today(오늘 머리가 잘 안 돌아간다), Boy, the *wheels are*
turning now(와우, 이제야 좀 일이 풀리네), I'm *a little rusty* today(오
늘 난 좀 *찌뿌드드해*)(27)가 그 예다. **몸은 기계다** 은유에도 동일한 것
이 적용된다. 이것은 Lakoff(1987: 410-411)가 **음탕한 사람은 작동하**

는 기계다 은유를 위해 인용한 I just *can't get myself going* this morning(오늘 아침 뭔가 안돼), You will *break down*(당신은 고장 날 것이다), My body *isn't working*(내 몸이 작동하지 않고 있다)을 비롯해 많은 예들로 입증된다. 사회와 관련시켜 볼 때, 사람들은 어떻게 사회가 작동하거나 작동하지 않는지(*work or don't work*)에 대해, 그리고 *smooth running* societies(순조롭게 돌아가는 사회), *monkey wrench in the works*(잘되어 가던 일을 방해하다) 등에 대해 이야기한다. 이 모든 경우에, 사상 "물리적 작동은 추상적 작동이다"로부터 도출되는 것 같은 어떤 형태의 기능성 개념이 깔려 있다.

건물, 기계, 도구 모두 고유의 기능이 있다. 이제로부터는 **건물과 기계** 은유 외의 다른 은유를 수반하는 몇 가지 예와 관련하여 우정에서의 기능 양상에 대해 논의할 것이다.

우정은 특별한 도구다

우정은 인생 목표를 달성하는 수단일 수 있다. 이것은 Friendship *makes the path* of life a little bit *smoother*(우정은 인생의 길을 약간 더 평탄하게 만든다) 같은 예에서 볼 수 있다. 여기서 사람들이 자신들의 목적지에 더 쉽게 도달하도록 해주는 도구(즉 길을 더욱 평탄하게 만들어 주는 도구)는 그들의 인생 목표를 달성하도록 돕는 우정이다. 사람들이 자신들의 목적지에 도달하도록 도와준다라는 특성은 우정과 관련된 **인생은 여행이다** 은유에서 특히 중요하다. 왜냐하면 인생은 힘든 여행, 즉 [A friend] is someone who *will be there* and you can depend upon([친구]란 항상 *거기에* 있고 당신이 기댈 수 있는 사람이다), Someone *who will be there to help you through* bad times—not just someone who wants to go out and have fun(함께 나가서 즐기는 사람만이 아니라 *당신이 어려움을 극복하도록 도와주기 위해 그곳에 있는 사람*)에서처럼, 시련의 특별한 경우로 간주되기 때문이다. 힘든 여행은 종종 When things *get turbulent*, your friend is there *to calm you*(사태가 소란스럽게 될 때, 친구가 당신을 *진정시켜* 줄 것이다)와 True friendship is a bond that *can weather the storms* of life(진정한 우정은 인생의 폭풍을 *뚫고 나아갈 수 있는* 유대이다)에서 그러하듯 바다 여행이다. **여행**과 **시련** 은유는 종종 대화에 함께 등장한다.

It's easier to relate to someone who has a lifestyle and demands on their time similar to your own. [;] they can more understand your problems, just what you're *going through* a little better than someone who lives a different lifestyle. Someone who's *going through* the same *trials and tribulations*. (당신과 비슷한 생활방식을 가지고 또 비슷하게 시간을 보내는 사람과 연관시키는 것이 더 수월하다. 그들은 다른 생활방식으로 사는 사람보다 당신의 문제에 대해 어떤 고초를 당하고 있는지를 더 잘 이해한다. 그는 당신과 똑같은 *시험과 고난을* 겪고 있는 사람이다.)

친구들이 서로의 인생 목표를 달성하도록(즉 여행의 장애를 극복하도록) 도와줄 것이라 기대하는 정도는 정보제공자들이 만든 많은 예와 그런 생각을 명시적으로 제시한 사실에서 볼 수 있다. 다음의 몇몇 비/은유적 예들이 그러하다.

She definitely has a feeling of responsibility if her friends were in trouble. (그녀의 친구들이 불화에 있다면, 그녀는 당연히 책임감을 느낄 것이다.)

She is committed to caring and nurturing aspects of friendship. (그녀는 우정의 보살핌과 배려적인 측면에 충실하다.)

I have a pal and I would help him in the middle of the night if he needed help. (나는 한 친구가 있고 만약 그가 한밤중에 도움이 필요하다면 도울 것이다.)

There is no true friendship without self-sacrifice. (자기 희생이 없다면 진정한 우정은 존재하지 않는다.)

A friend in need is a friend indeed. (필요할 때의 친구가 참된 친구이다.)

의사소통 은유의 경우처럼, 우리는 사람들이 영어의 은유적 체계에 있는 다른 영역들을 이해하기 위해 완전히 관습화된 은유로 우정의 개념을 이해한다는 것을 알 수 있다. 그러나 여기엔 **인생은 여행이다** 은유와 관련된 우정에 특유한 것도 있다. 이것은 우정과 관련해서 여행이 무엇과 같은지에 대한 특별한 "프레이밍"이다. 조금 전 보았듯이, 그것은 **힘든 여행**이다. 은유 **우정은 구조화된 사물이다**와 **인생은 힘든 여행이다**는 모두 친구지간인 사람들이 서로를 돕는다는 우정의 주요한 기능을 한정시킨다. 이것은 도구인 **구조화된 사물**이 사람들이 어려운 길을 따라 이동하게끔 도와주는 방식으로부터 발생한다.

인생의 여행을 힘든 것으로 특별히 프레이밍하는 것은 우정을 이해하는 데 중요하다. 이런 프레이밍은 사람들이 우정을 이해하는 데 특정한 배경을 제공한다. 우정 개념의 기초가 되는 삶은 친구지간인 사람들이 서로를 도와줄 것으로 생각되는 *힘든 삶*이다.

우정은 유기체다

유기체 은유는 우정의 시작, 발전, 가능한 종말이라는, 우정의 발달 국면을 부각한다.

우정은 유기체다

Friendship can *grow out of* colleague relationships. (우정은 동료 관계로부터 생길 수 있다.)

True friendship is *a plant of slow growth*. (진정한 우정은 느리게 성장하는 식물이다.)

Friendships take time to *develop*. (우정이 발전하는 데 시간이 걸린다.)

Our friendship *matured with time*. (우리의 우정은 시간이 갈수록 성숙해졌다.)

The *birth* of friendship is *slow*. (우정은 느리게 생긴다.)

Our friendship *died* as suddenly as it had started. (우정이 시작되었을 때만큼 갑자기 *사라졌다*.)

The days of our friendship *are numbered*. (우리 우정의 날이 그 수가 제한되었다.)

존재론의 사상은 다음과 같다.

- 유기체는 우정이다
- 유기체의 생명은 우정의 존재다
- 유기체의 성장은 우정의 발달이다
- 유기체의 출생(죽음)은 우정의 시작(종말)이다
- 유기체의 건강(병)은 우정의 기능성(기능장애)이다

이런 사상에 기초한 지식은 다음과 같다.

근원영역: 유기체의 성장은 늦다.

목표영역: 우정의 발달은 늦다.

True friendship is *a plant of slow growth*. (진정한 우정은 느리게 성장하는 식물이다.)

Friendships take time *to develop*. (우정이 발전하는데 시간이 걸린다.)

근원영역: 유기체는 또 다른 유기체로부터 성장할 수 있다.

목표영역: 우정은 또 다른 우정으로부터 발달할 수 있다.

Friendships can *grow out* of colleague relationships. (우정은 동료 관계로부터 생길 수 있다.)

근원영역: 유기체는 양육할 필요가 있다.

목표영역: 우정은 양육할 필요가 있다.

Close friendships involve simple *nurturing things* such as giving one another a message. (가까운 우정은 서로 메시지를 주고받는 것과 같은 간단한 *배려*를 포함한다.)

Janet chose *to foster* friendship. (자넷은 우정을 쌓기로 했다.)

Friendship *is not to be neglected*. (우정은 소홀히 다뤄선 안 된다.)

근원영역: 강한 유기체는 극단적인 환경에서도 생존할 수 있다.

목표영역: 강한 우정은 극단적인 환경에서도 계속 존재한다.

Pen pals prove that friendship can *survive* vast distance. (펜팔은 원거리에서도 우정이 *계속*될 수 있다는 것을 증명한다.)

No friendship can *survive* when all the giving is from one side.
(일방적으로만 이루어지는 우정은 *지속될 수 없다.*)

유기체 (특히 식물) 은유에서 우정은 어떤 시점에서 발달하기 시작하는 것으로 간주된다. 즉 우정은 또 다른 우정으로부터 발달할 수 있다는 것이다. 우정은 천천히 발달한다. 우정은 처음에는 연약해 양육을 필요로 하지만, 불리한 조건에서 생존할 수 있는 안정된 관계로 발전한다. 이것과 동일한 일반적인 특징묘사가 사랑과 결혼에도 적용될 수 있는 듯하다. 이는 이런 관계들과 관련해서 앞서 인용한 학자들의 연구에서 암시된다. 유기체 은유 또한 생각/이론, 사회, 느낌, 감정으로 확장된다. His ideas have finally come to *fruition*(그의 생각은 마침내 열매를 맺었다), That idea *died on the vine*(그 생각은 열매를 맺지 못하고 끝났다), That's a *budding* theory(그것은 신진 이론이다), It will take years for that idea to *come to full flower*(그 생각이 완전히 꽃 피는 데는 수년이 걸릴 것이다) 등과 같이 Lakoff & Johnson(1980: 47)이 제시한 예를 고려해 보라. 여기서의 주요 주제는 추상적인 발달 개념과 그 다양한 특성이다. 그것은 다시 물리적인 성장 개념과 그 특징으로부터 은유적으로 도출된다. 사회라는 개념에 관하여 보자. 국가 경제가 *성장할*(grow) 수도 있고, 사회에는 바람직하지 않은 *제거되어야 할 성장*(growths to be gotten rid of)이 있을 수도 있으며, 사회가 *번창할*(flourish) 수도 있다. 이 모든 것은 생각이 사회 발달의 단계나 특성과 관련 있음을 암시한다. 이와 유사하게, 나의 감정은 *시들고*(wilt, whither), *성장하고*(grow) *죽을*(die) 수 있다. 또한 감정을 *품을*(foster, nourish) 수 있다. 따라서 유기체를 포함하는 다양한 은유들이 모두 물리적 성장의 개념에 기초하는 발달 개념에 집중한 것처럼 보인다.

요컨대 **복합적 체계** 은유는 꽤 많은 일반적인 하위 사상들로 구성되어 있다. 이런 하위 사상들은 **복합적 체계는 구조화된 사물이다**와 **복합적 체계는 유기체다**라는 2개의 일반적인 개념적 은유로 표현된다. 이 은유들의 특별한 경우는 상당한 정도로 초점이 두어지는 것이 서로 중복되는데, 특히 이것은 인식론적 대응관계를 논의할 때 살핀 바 있다. 유지 작업은 건물, 도구, 기계, 심지어 식물의 양상이다. 그런데 다양한 특정 층위 근원영역(건물, 기계 등)은 복합적 체계의 각기 다른 양상에 초점을 두는 경향이 있다. 따라서 **건물** 은유는 주로 우정과 우정의 안정성을 구성하는 것에 관여하고, **기계** 은유는 우정의 기능성에 관여하며, **식물** 은유는 우정의 발달 양상에 관여한다.

"긍정적/부정적 평가" 체계

또한 여러 데이터에서 발견할 수 있는 **귀중품** 은유가 **복합적 체계** 은유의 또 다른 실례임을 제안하는 것은 귀가 솔깃한 일이 아닐 수 없다. 궁극적으로는 귀중품은 건물, 기계 등과 동일한 방식으로 복합적 사물이라고 할 수 있다. 그러나 **귀중품** 은유는 **복합적 체계**와 사상을 공유하는 것 같지 않다. 대신에, **귀중품** 은유는 바람직한 것에 대한 주요한 은유처럼 보인다. 따라서 은유 **우정은 귀중품이다**를 **바람직한 것은 귀중한 것이다**(또는 **바람직한 사물은 귀중품이다**) 은유의 특별한 경우로 간주하는 것이 더 합당해 보인다.

우정은 귀중품이다

우정은 매우 긍정적인 관계로 간주된다. 사람들은 우정에 대한 자신들의 태도에 대해 이야기할 때, 귀중품 은유에 의존하고 있다.

우정은 귀중품이다

Richard *valued* Rebecca's friendship more than anything else in the world. (리처드는 레베카와의 우정을 세상 무엇보다 소중히 여긴다.)

I *treasure* my friendship with Alaina. (나는 알레이나와의 우정을 귀중히 여긴다.)

Friendship is *like china, costly and rare*. (우정은 자기처럼 비싸고 희소하다.)

Good friendships are *rare and worth saving*. (좋은 우정은 드물고 아낄 가치가 있다.)

Friends ultimately might be *more valuable* and more enduring than love relationships. (친구는 결과적으로 연인관계보다 더 *귀중하고* 지속적일 수도 있다.)

Friendships are *more valuable than priceless jewels*. (우정은 값을 매길 수 없는 보석보다 더욱 귀중하다.)

The friendship of good neighbors is *precious*. (좋은 이웃과의 우정은 소중하다.)

우정과 상품 관계의 정확한 본질을 보여주는 대응관계 또는 사상은 다음과 같다.

● 귀중품을 가지고 있는 사람들은 친구들이다

- 귀중품은 우정이다
- 상품의 높은 가치는 우정의 높은 바람직함/가치이다

귀중품 은유는 또한 사랑과 결혼 같은 개념, 즉 다른 긍정적인 인간관계에서도 발견된다(I *treasure* this relationship very much(나는 이 관계를 매우 *소중히 한다*). 이 예는 사랑이나 결혼에 적용될 수 있다). 이 은유는 생각과 사람 같은 또 다른 개념으로도 확장된다. **생각은 귀중품이다**에서, 우리는 There is always a *market* for good ideas(좋은 생각이 호기를 맞을 때가 항상 있다), That's a *worthless* idea(그것은 하잘것없는 생각이다), He has been a source of *valuable* ideas(그는 귀중한 생각의 근원지였다), Your ideas don't have a chance in the *intellectual marketplace*(당신의 생각은 지적 시장에서 가망성이 없다) 등을 가질 수 있다(Lakoff & Johnson 1980). 사람들 또한 값어치나 가치를 가지고 있는 것으로 생각된다. *Emotion Concepts*(1990: 112)에서 He proved his *worth* to everyone(그는 모두에게 자신의 가치를 입증해 보였다), She *values* him *highly*(그녀는 그를 매우 높이 평가한다), She felt an *appreciation* for her parents(그녀는 부모님을 존경했다), The Giants *traded* Jones for Smith(자이언츠 팀은 존스와 스미스를 트레이드했다) 등을 포함한 예를 제시한 바 있다. 더욱이 행동, 상태, 특성도 가치를 갖는 것으로 간주될 수 있다. 이는 우리에게 **사태는 상품이다** 은유를 가능케 한다(Kövecses 1990: 96-97). 그 예로 That was a *valuable* victory(그것은 *귀중한* 승리였다), His paper *isn't worth* looking at(그의 논문은 검토할 *가치가 없다*), The *value* of her work is tremendous(그녀가 하는 일은 굉장히 *가치 있다*) 등이 있다. 따라서 세계에 대한 우리의 전체적인 견해는 **상품** 은유에 내포되어 있는데, 이 은유의 주요 주제는 "사물"의 가치, 바람직함이다. 이는 상업적 또는 경제적 가치는 지적/도덕적/감정적 가치와 바람직함이라는 사상으로 포착된다.

귀중품 은유의 이런 사용을 고려하여, 영어(그리고 아마도 다른 언어들)에서의 "사물"(상태, 사건, 실체 등)을 긍정과 부정이라는 대립되는 두 범주로 분해하는, 매우 일반적인 은유가 작용한다고 제안할 수 있다. 그것은 **바람직한 것은 귀중한 것이다(바람직하지 않은 것은 가치 없는 것이다)**라는 은유이다. 우정은 매우 바람직한 상태로 간주된다. 때문에 매우 일반적인 이 은유의 특별한 경우인 **우정은 귀중품이다** 또한 적용되고 있는 것이다.

"사건" 체계

우정은 다른 인생 목표를 달성하는 수단일 수 있다. 그것은 또한 인생 목표 그 자체이기도 하다. 장기적인 인생 목표는 보통 **(의도적인) 인생은 여행이다** 은유로 포착된다(Lakoff 1993 참조). 우정이 인생 목표일 때, 사람들은 이 은유에 의존한다. 예컨대 실험대상자 중 누군가가 It's worthy to *pass* all life *in the search after* friendship(우정을 찾아 모든 인생을 보내는 것은 가치가 있다)이라는 예를 제안했다. **인생은 여행이다** 은유에서, 인생은 "인생 행적을 따른" 잔행으로 간주된다. 인생 행적을 따른 진행은 삶을 이끌어 가는 것에 대응한다. 우정은 물론이고 어떤 상태도 인생 목표가 될 수 있기 때문에, **인생은 여행이다** 은유의 이런 적용은 우정과 관련해서는 별로 흥미롭지 않다.

훨씬 더 앞절에서, 이런 은유의 또 다른 적용을 언급한 적이 있다.

이것은 **인생은 (힘든) 여행이다**가 우정의 특정한 기능(즉 사람들이 자신의 인생 목표 달성을 도와주는 것)을 이해하는 배경 역할을 하는 경우였다. 사건 구조 은유의 계승 계층이 주어지면(Lakoff 1993 참조), (어떤 적용에서도) 우정에 대한 **인생은 여행이다** 은유의 사용은 **우정은 여행이다**로 이어지리라 기대된다. 실제로, 어떤 정보제공자는 우정에 대해 **여행** 은유가 존재한다는 암시를 예시한 바 있다. 그러나 그런 예는 많지 않았다. 또한 다른 원어민 화자들에게 항상 신빙성이 있는 것도 아니었다. 그런 예로는 Their friendship *has come a long way*(그들의 우정은 크게 발전했다), Their friendship *has traveled some rough roads*(그들의 우정은 힘든 길을 갔다), Our friendship is *on shaky ground*(우리의 우정은 흔들린다), Our friendship *has seen many waters*(우리의 우정에는 *많은 고난과 행복이 있었다*), Their friendship *is on the rocks*(그들의 우정은 *위기에 처해 있다*) 등이 있다. (가령 사랑과 결혼에 관한 자료와 비교해 볼 때) 이 은유가 데이터상 아무리 주변적이라 할지라도, 적어도 어떤 사람들에게는 우정이 또 다른 큰 은유적 체계, 즉 **사건 구조**의 일부를 형성한다는 것을 보여주고 있다. 즉 다른 목표영역들과 함께 우정은 상위 층위 목표영역으로부터 일련의 사상(**여행** 은유)을 계승한다.

그러나 이런 사상은 완벽하지 않다. 사람들이 만들어 낸 예들에 대해 특히 흥미로운 점은 가령 그들이 사랑을 특징짓는 going somewhere(잘되어 감)(가령 This relationship isn't *going anywhere*(이 관계는 잘되어 가고 있지 않다))와 dead-end street(막다른 골목)(가령 This relationship is *a dead-end street*(이 관계는 막다른 골목이다)) 같은 표현을 이용하지 않는다는 것이다(Lakoff & Johnson 1980: 44-45). going somewhere와 dead-end street는 목적에 관한 것이다. 사랑과는 달리,

우정에는 명백한 목적의 양상이 없는 것 같다(물론 우정은 기능을 가지고 있기는 하다). 사람들은 우정의 목적에 대해 이야기하기보다 사랑의 목적에 대해 이야기한다고 해야 더 뜻이 통한다. 우정이 명백한 목적과 연상되지 않는다는 특성 때문에, 우정은 **여행** 은유의 **목적은 목적지다**라는 하위 사상을 계승하지 못한다.

감정과 인간관계의 은유적 구조

이 연구가 기초를 두고 있었던 언어적 데이터는 수많은 개념적 은유가 미국식 우정의 개념에 적용된다는 것을 암시하고 있다. 이런 은유에 대한 분석은 또한 의사소통, 감정, 상태, 복합적 체계, 사건, 긍정적/부정적 평가 같은 소수의 은유적 체계로부터 이런 은유가 나온다는 것을 입증한다.

그 각각의 체계에는 목표영역인 복합적인 추상적 개념이 있으며, 근원영역이라는 보다 더 단순하고 비추상적 개념이 있다. 의사소통은 물리적 사물을 공유하는 것으로 이해된다. 감정은 물리적 현상(가령 물리적 사물의 특성)으로 이해된다. 상태는 물리적 사물로 이해된다. 복합적 체계는 복합적인 물리적 사물로 이해된다. 사건은 물리적 이동으로 이해된다. 긍정적이고 부정적이라는 특성은 가치나 가치의 부재로 이해된다.

이제 우리는 감정에 대한 은유적 개념화가 어떻게 우정, 사랑, 결혼 같은 인간관계에 대한 개념화와 다른가에 대한 질문에 답할 수 있게 되었다. 특정한 은유의 층위에 관해서, 우리는 감정과 인간관계 모두에 대한 풍부하고도 다양한 근원영역을 찾아냈다. 이 장과 앞장들에서 보았듯이, 대부분의 감정과 인간관계에 대한 개념화에서 발견할 수 있는, 특정 층위 은유는 다음과 같다.

감정
내부 압력
싸우는 적
야생동물
상급자
자연력(파도, 바람, 홍수)
사기꾼
정신병
불/열
굶주림
물리적 흔들림
짐
기계적 힘
전기력
중력
자력

인간관계
사물(경험) 공유
거리(가까움/멈)
따뜻함
접착제

경제적 교환

건물

도구

기계

식물

여행

귀중품

  이것이 감정이나 인간관계에 대한 완전한 근원영역의 목록인 것
은 아니다. 위에서 기재한 것 외에, 일반적인 상태, 즉 감정과 관계
둘 다에 적용되는 (**존재는 현존이다, 상태는 한정 지역이다** 등과 같은)
몇 가지 근원영역이 있다. 더욱이 특별한 감정이나 관계에만 적용되
는 (**수치심은 입을 옷이 없는 것이다, 화는 침입이다, 사랑은 게임이다,
결혼은 감옥이다** 등과 같은) 특정 층위 근원영역이 있다. 이와 같은 은
유적 근원영역이 일반적인 감정과 인간관계에 전형적이거나 그것을
특징짓는 것으로 간주될 수 없기 때문에, 이런 영역은 목록에서 고려
대상일 수 없다.

  위의 목록이 감정과 인간관계에 대한 근원영역의 대표적인 집합으
로 간주되면, 몇 가지 흥미로운 관찰을 할 수 있다. 이 두 집합은 극
미하게만 중복되는 듯하다. 인간관계는 감정과 **가까움**과 **따뜻함**을
공유한다. 감정에서 나온 **짐**은 어쩌면 관계에도 적용될 수 있다. 왜
냐하면 짐은 어떤 어려움이나 스트레스를 암시하는 일반적인 의미
지향(志向)을 가지기 때문이다. 특징적인 감정 은유, 즉 **힘**과 관련된
은유가 인간관계에 적용될 때, 그것은 보통 사랑하고만 관련된다. 사
랑 역시 감정인 인간관계이다. 그래서 우리는 우정에 대한 **힘** 은유의

주변적인 경우들만 발견했는데, 우정은 감정의 빈약한 경우로 간주되고 있다(사랑이 감정인지의 여부나 기본 감정인지의 여부에 관한 논란 또한 사랑의 이런 "이중 본질" 때문일 수 있다). 사랑에 관한 연구에서 Baxter(1992)는 **힘** 은유들이 **일** 및 **여행**과 관련된 은유들 다음으로 세번째로 가장 큰 집단을 형성한다는 것을 찾아냈다. 우리의 용어로 말하면, **복합적 체계** 은유는 우정이나 일반적인 관계의 일과 관련된 양상을 포함한다.

그러나 진짜로 중요한 것은, 감정 은유들이 대개 기본적인 주 은유 **감정은 힘이다**에 의해 응집적인 체계로 조직되는 "힘 관련" 은유들이라는 것이다. 한눈에 봐도 분명히 알 수 있듯이 전형적인 관계 은유는 **힘** 은유가 *아니라*는 점이다(여기서 사랑은 예외다). 문제는 인간관계에 대한 다양한 특정 층위의 비힘 은유들의 기초가 되는 주 은유가 있느냐는 것이다. 백스터와 퀸의 연구가 주지시키듯, **여행**이 사랑과 결혼을 개념화할 때 결정적으로 중요한 은유처럼 보인다. 그러나 **여행**은 우정을 이해할 때에는 주변적인 역할밖에 하지 못한다. 위의 목록에서 관계에 대한 개념상 확고한 은유적 체계에 속하는 우정에 대한 근원영역은 **상호작용적 관계**와 **복합적 체계**이다. **상호작용적 관계**의 범주는 각각 "의사소통" 체계와 "상태" 체계의 융합이다. 앞서 특징지은 "상태" 체계에는 상태, 관계, 상호작용이 포함된다. 앞서 분석한 의사소통에 대한 은유는 의사소통이 상호작용의 형태임을 암시하며, 그로 인해 의사소통은 **상호작용적 관계** 집단과 자연스럽게 일치한다. **건물**, **도구** 등과 같은 나머지 은유적 근원영역은 **복합적 체계** 집단을 형성한다.

지금까지 본 증거들은 이렇게 큰 두 체계가 인간관계가 무엇인지에 대한 대부분의 일상적인 이해를 조직한다는 결론을 지적한다. 여기서 제시된 많은 자료는 관계에 대한 많은 지식의 내용과 구조가 이 두 체계를 특징짓는 풍부한 사상들로부터 발생한다는 것을 보여준다. 이런 의미에서 **상호작용적 관계는 경제적 교환이다**와 **복합적 체계는 복합적인 물리적 사물이다**라는 인간관계에 대한 기본적인 2개의 총칭 층위 은유가 있는 것처럼 보인다. 둘 중 후자가 훨씬 널리 통용되고 지배적인 은유인 것처럼 보인다. 더욱이 이런 의미에서 이 은유는 인간관계에 대한 "주 은유"로 간주될 수 있다.

이제 우리는 감정과 인간관계라는 두 영역을 특징짓는 두 은유의 집합에 비추어, 어떻게 감정이 인간관계와 관련되는지를 질문할 수 있다. 둘 사이의 관계에 관한 통속 이론에서, 인간관계는 감정에 기초한다. 감정은 인간관계를 형성하는 토대로 간주된다. 실생활의 예로, 미국에서의 결혼에 대해 다프네 게리케(Daphne Guericke)가 행한 인터뷰를 인용하겠다(Guericke 1991).

I think it's more of an affirmation that I did make the right decision, that he's just such a great person. I feel that we have a *solid foundation* and *have built on that*. There's little things on a day-to-day basis too and I say, golly, I'm so lucky, I can't believe − I didn't realize how much I really did love him. (Appendix, interview with Heather, p.1) (나는 그가 대단한 사람이라는 것에 대해 내가 옳은 판단을 하였다고 단언한다. 나는 우리가 *튼튼한 기반*을 가지고 관계를 *발전시켰다고* 느낀다. 하루하루 벌어지는 작은 것들도 있으며 나는 내 자신이 정말 운이 좋다고 생각한다. 내가 예전에 그를 얼마나 사랑했는지 몰랐다는 것을 믿을 수 없다.)

여기서 감정은 사랑이고, 결혼의 인간관계는 그것에 입각해서 형성된다. 이런 사고방식에는 총칭 층위 은유 **일반적인 관계는 건물이다**가 포함된다. 이 은유는 인간관계만이 아니라 다른 관계에도 적용된다. 고려 중인 이 두 집합의 은유에서, 관계에 참가하는 실체는 **감정과 인간관계**이다. 사상은 다음과 같다. 감정은 토대에 대응하며, 인간관계는 건물의 상위 구조에 대응한다. 토대는 또 다른 실체(건물)를 지탱하는 강력한 실체일 수 있다. 상위 구조는 특정 부분을 지닌 복합적 사물(건물)로 간주될 수 있다. 두 집합의 은유는 이런 식으로 "만난다." 주로 감정은 힘이고, 인간관계는 복합적 사물이기 때문에, 은유 **일반적인 관계는 건물이다**는 2개의 주 은유 **감정은 힘이다**와 **인간관계는 복합적 사물이다**에게 자연스런 "만남의 장소"를 제공한다.

그러나 이것은 감정과 인간관계 사이의 관계가 수동적인 방식으로만 생각된다는 것은 아니다. 둘 사이의 "기초" 관계에 대한 또 다른 개념화는 좀 더 능동적이다. 인간관계의 분야에서 손꼽히는 연구가인 스티브 덕(Steve Duck)은 Aside from the *feelings* of love that drive us into relationships(우리를 관계 속으로 몰고 가는 사랑의 느낌 외에)와 같이 쓴다(Duck 1986: 8). 여기서의 사랑은 어떤 종류의 인간관계를 설립할 수 있는 감정으로 간주된다. 그럴 경우, 관계에 대한 일반적인 은유는 **두 실체 사이의 동적인 관계는 한 물리적 힘이 다른 물리적 힘에 영향을 미치는 것이다** 같은 것이다. 일례로, 다른 살아 있는 실체를 운전하는 것은 운전자지만, 대개는 이 가운데 강력한 실체들이 다른 실체들에 영향을 미칠 수 있다.

결론

서로 다른 두 집합의 은유에 관해 앞서 제시한 분석이 정확하다면, 그것은 감정의 개념화 대 인간관계의 개념화에서 극적 차이를 드러낸다. 감정의 광범위한 힘은 내가 말하는 **복합적 체계**가 되는 건물, 기계, 식물 같은 복합적인 물리적 사물에 대한 "더욱 합리적인 처리"와 엄격히 대조된다. 인간관계에 대한 잠재적인 기본적 주 은유에 관한 이런 결론은 백스터와 퀸의 연구로도 뒷받침된다.

제7장

감정의 통속 이론 대 전문 이론

내가 이 책에서 전개하려고 했던 접근법의 주요 목표는 사람들이 감정에 대해 어떻게 이야기하고 생각하는지를 제시하는 것이다. 이 것은 내가 감정에 대한 통속 이해에 무척 관심이 많다는 이야기다(학 자들마다 통속 이해를 통속 이론/모형, 문화모형, 이상적 인지모형 등 으로 다양하게 부른다. Holland & Quinn 1987 참조). 통속 이해는 개념 적 체계에서 지식 구조로 간주될 수 있다. 통속 이론이나 통속모형 은 많은 경우에 일상 언어에 기초하여 밝힐 수 있는 공유되고 구조화 된 지식을 뜻한다. 여기서 과학적 또는 전문 이론은 단순히 심리학자 와 철학자 같은 전문가들이 한 특정 경험 영역(우리의 경우에 감정)을 설명하기 위해 구성하는 이론일 것이다. 감정에 대한 이름난 몇 가지 전문 이론으로는 다윈(Darwin)의 이론, 제임스(James)의 이론, 샥터와 싱어(Schacter & Singer)의 이론 등이 있다.

사람들은 감정에 대해 무엇을 알고 있을까? 이것은 우리가 밝혀야 할 중요한 물음이다. 수많은 우리 일상생활의 양상이 이런 질문에 어 떻게 답하느냐에 달려 있기 때문만은 아니다. 또 다른 이유는 이것 을 밝히기만 한다면, 통속 이론과 전문 이론의 관계에 존재하는 몇 가지 복합성을 탐구할 수 있기 때문이다.

이런 관계에서 발생하는 논제들 중 가장 중요한 것은 감정에 대한 전문 이론을 창조하는 사람들이 (평범한 사람들로서 그들이 하는 "역할"에서) 그들 문화의 다른 구성원들과 명백히 공유하는 통속 이론에서 벗어나올 수 있는지의 여부, 그리고 그것이 어떻게 가능하느냐다. 감정의 분야에서 도대체 이렇게 하는 것이 가능한가? 또는 이는 우리가 꼭 해야 하는 일인가? 실제로, 감정에 대한 우리의 문화모형이 오랜 경험으로 보증이 되었다. 그래서 단념해서는 안 되기 때문에 이런 문화모형은 아주 만족스럽다는 견해가 있다. 보다 일반적으로, 어떤 학자들은 전문 심리학이 단순히 통속 심리학의 한 가지 버전이라고 주장한다. 이 논제는 이 장의 말미에서 다룰 것이다.

이런 질문들에 대해 최종적이고 결정적인 답을 제공하겠다는 약속은 할 수 없지만, 이런 질문을 다루고자 하는 숙달된 시도를 위해 고려해야 할 필요가 있는 것들을 분리하고 약술해 볼 것이다. 그러나 이 논제를 조사하기에 앞서, 우리는 통속모형이나 문화모형 그 자체의 본질에 대해 분명히 해두어야 할 필요가 있다. 특히, 우리는 (감정과 인간관계 같은) 추상적 개념에 대한 통속모형이나 문화모형이 개념적으로 자구적인지 또는 은유적으로 구성되는지를 알아야 한다.

문화모형에서 은유의 역할

Quinn(1991)은 Lakoff & Kövecses(1987)의 주장과는 반대로 은유가 단지 문화모형을 *반영한다*고 제안한다. 반면, 레이코프와 쾨벡세스는 화의 개념을 사용해 은유가 대체로 미국영어에 대한 자신들의 연구에 기초한 화에 대한 문화모형, 즉 소박한 이해를 *구성한다*고 주장한다. 은유가 단순히 기존의 문화모형을 반영한다는 퀸의 주장은 매우 중요한 다른 두 가지 주장을 암시한다. 하나는 추상적 개념이 자구적으로 이해될 수 있다는 것이고, 다른 하나는 문화의 핵이 자구적으로 이해되는 (구체적 개념과 추상적 개념 모두에 대한) 문화모형으로 구성된다는 것이다.

첫번째 주장은 퀸의 일반화가 화와 결혼 같은 추상적 개념에 대한 탐구에 기초한다는 사실로부터 발생한다. 퀸은 사람들이 결혼 같은 개념을 자구적으로 이해한다고 말한다. 결혼이라는 개념은 인간관계를 암시하는 몇 가지 개념들 중 하나이다. 더욱이 그녀는 원형적 감정 개념인 화도 자구적으로 이해될 수 있다고 생각한다. 사실상, Quinn(1991: 64-65)은 추상적 감정에 대해 다음처럼 더욱 일반적으로 주장한다. "나는 확실히 우리가 추상적 개념을 이해하고 그것에 대한 추론을 이끌어 내는 방식에 은유가 어떤 역할을 한다는 것에 동의한다. 그러나 은유나 은유 설립의 기초가 된다고 말해지는 도식이 실제로 추상적 개념을 구성한다는 주장에는 이의를 제기한다." 이 논문 서론에서 그녀는 "나는 은유가 이해를 구성하기는커녕, 문화적으로 공유되는 기존의 모형과 일치하며, 일상적으로 선택된다고 주장할 것이다"(60)라고 진술한다.

이는 인간의 개념적 체계의 본질에 대한 일반적 주장이다. 나의 논의는 이런 특별한 논제에 초점을 맞출 것이다. 그러나 문화의 핵이 자구적으로 이해되는 문화모형으로 구성된다는 두번째 가정에 대해서는 아무 말도 하지 않을 것이다. 이런 주장에 관해서는 브래드 쇼어의 연구(Shore 1996)를 참조하기 바란다. 그는 퀸과 반대로 문화의 가장 기본적인 개념들까지도 은유적으로 구성될 수 있다고 주장한다. Gibbs(1994)는 퀸의 반론에 대해 또 다른 비판을 하고 있다.

퀸의 견해에서, 미국식 결혼의 개념은 결혼은 공유되고, 상호 이익이며, 지속적일 것으로 생각된다는 기대로 특징지을 수 있다(67). 뿐만 아니라 그녀는 다음과 같이 지적하고 있다.

이런 일군의 특별한 기대는 사랑에 대한 우리의 문화적 개념이 결혼의 기관으로 사상되고, 그 다음이 사랑의 동기적 구조에 의해 결혼 기대를 구조화함으로써 발생한다. 사람들은 사랑하는 사람과 같이 있고 싶어 하기 때문에, 결혼이 공유되길 원하고 그렇게 되기를 기대한다. 사람들은 사랑하는 사람의 요구를 충족시켜 주고, 그들 자신의 요구가 그 사람에 의해 충족되기를 원하기 때문에, 결혼이 상호 충족의 의미에서 두 배우자에게 이익이 되기를 원하고 그렇게 되기를 기대한다. 사람들은 사랑하는 사람을 잃지 않기를 원하고, 그 사람이 계속해서 영원히 사랑해 주기를 원하기 때문에, 결혼이 지속되기를 원하고 그렇게 되기를 기대한다(67).

이런 견해로 보면, 결혼은 사랑의 몇 가지 특성을 수용한다. 이런 특성은 결혼을 한정한다. 물론 다음과 같은 질문이 있다. 사랑의 추상적 개념은 어디서 나오는가? 그것은 자구적으로 발생하는가 아니면 은유적으로 발생하는가? 퀸의 대답은 간단하다. 사랑의 개념은 어떤 기본 경험으로부터 자구적으로 발생하며, 이런 경험은 결혼을 구조화할 것이다. 퀸이 제안하기로 미국식 사랑과 결혼의 개념이 도출되는 특별한 기본 경험에는 아기와 첫 보호자 사이의 초기 유아기 경험이 들어 있다. 다음 인용은 그 적절한 구절이다.

나는 사랑에 대한 우리 이해의 일부이고, 결혼에 구조를 제공해 주는 동기적 형이 정신분석학적으로 이해할 수 있다고 생각한다. 성인의 사랑을 첫 보호자에 대한 유아기 사랑의 "재발견"으로 특징지은 프로이트 이후의 정신분석학자들은 그 둘의 관계에 대해 이론을 수립했다. 나의 주장은 변별적인 미국식 결혼의 개념이 특별한 형태를 취하며 공신력을 갖는다는 것이다. 그것은 결혼에 투사된 사랑의 문화모형 때문이다. 따라서 간접적으로는 미국인들이 공유하고 있고, 성인 사랑에 대한 우리의 개념을 뒷받침하는 유아기 경험 때문이라고 본다(67).

결혼 개념의 출현에 대해 퀸이 그린 그림은 그림 7.1에서 볼 수 있다. 주요 요점은 추상적 개념이 등장하는 데 어떤 은유도 필요하지 않다는 것이다. 결혼의 기대 구조는 사랑의 동기적 구조로부터 도출되는데, 그것은 다시 아기와 첫번째 보호자 사이의 유아기 경험으로부터 도출된다.

퀸의 계속적인 주장은 결혼에는 어떤 부가적인 양상이 있다는 것

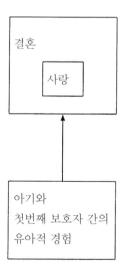

그림 7.1. 결혼이라는 추상적 개념의 출현에 대한 퀸의 견해

이다. 그녀의 말을 빌리면, "결혼의 적합성, 어려움, 노력, 성공이나 실패, 위험에 대한 은유에서 반영되는 결혼 문화모형 중 나머지는 상호 이익에 대한 기대와 지속성에 대한 기대 사이에서 필연적으로 발생하는 모순으로부터 도출된다"(67). 그녀는 한층 더 자발적인 관계에서 사람들의 욕구가 충족되지 않는다면 그 관계에서 자유롭게 벗어난다고 주장한다. 그러나 결혼은 다음과 같은 면에서 특별하다. 즉 결혼은 지속되는 것으로 생각된다. 그녀는 "다양한 상황들이 결혼 충족에 대한 기대와 지속적 결혼에 대한 기대 사이의 통렬한 모순을 일으킨다"고 덧붙인다.

만약 우리가 결혼의 본질을 퀸처럼 자구적인 것으로 간주될 수 있는 기대로 특징짓는다면 퀸의 주요 주장은 존속될 수 있다. 즉 결혼 개념의 핵은 자구적이며, 은유는 결혼 개념을 이해하는 데 구성적인 역할을 하지 않는다. 보다 일반적으로는 결혼 같은 추상적 개념은 그것을 구성하는 은유 없이도 존재할 수 있다.

그러나 나는 이런 분석이 불완전하고 문제가 있다고 생각한다. 문제는 결혼의 기대 구조가 자구적으로 간주될 수 없다는 점이다. 다음에서 일반적으로 추상적 개념은 은유의 중재를 통해서만 기본 경험으로부터 발생할 수 있다고 주장할 것이다.

일단 대안적인 은유 토대적 설명이 어떠한지부터 보자. 우리는 퀸이 결혼의 기대 구조를 결혼 자체의 개념과 동일시하는지의 여부가 그녀의 논의에서 불명확하다고 지적하면서 논의를 시작할 수 있다. 그녀는 어디에도 결혼의 "기대 구조" 외에 다른 식으로 결혼 자체를 기술하거나 정의하지 않는다. 이로써 우리는 사람들이 결혼을 이 구조에 의해서만 개념화한다고 믿는다. 그러나 실제로 그러한가? 사람들은 결혼의 기대 구조를 가지기 전에는 결혼이 무엇인지를 전혀 모르는가? 우리는 알 수 있다고 생각할 테지만, 결혼 개념의 이런 양상이 논문에서는 나타나지 않는다. 퀸은 결혼을 기대 구조로 제시하며, 그녀의 논의에서는 적합성, 어려움, 노력, 성공과 실패, 위험 같은 나머지 모든 결혼의 양상이 이런 구조의 결과로 주어진다. 그렇다면 결혼의 개념이 특별한 기대 구조를 획득하기 전에는 이 개념은 무엇으로 구성되는가?

우선 결혼은 두 사람 사이의 어떤 추상적 결합인 것이다. 이 개념을 예증하고자 한다면 미국 사전에 수록된 결혼에 대한 몇 가지 정의를 고려해 보라.

marriage 1 결혼한 상태. 남편과 아내의 관계. 결혼생활. 혼인. 결혼식 4 밀접하고 친밀한 결합 (*Webster's New World Dictionary*, Third College Edition)

marry 1 a 남편과 아내를 결합시키다. 결혼식에서 결합하다 b (한 남자를) 한 여자에게 그녀의 남편으로 결합시키거나, (한 여자를) 한 남자에게 그의 아내로 결합시키다 vi. 2 밀접하거나 친밀한 관계를 맺다. 결합하다 (*Webster's New World Dictionary*, Third College Edition)

marriage 1 a: 결혼한 상태. b: 남편과 아내의 상호관계. 결혼식 c: 가족을 꾸리고 유지할 목적으로 특별한 종류의 사회적 · 법적 의존성에서 남자와 여자를 결합시키는 기관 (*Webster's Ninth New Collegiate Dictionary*)

marry 1 a: 법이나 관습에 따라 남편과 아내를 결합시키다 2 친밀하고 보통 영구적인 관계로 결합시키다 vi. 2 밀접하고 친밀한 관계를 맺다 (these wines – well) (*Webster's Ninth New Collegiate Dictionary*)

marriage 1. a. 남편과 아내가 되는 상태. 결혼식 b. 남자와 여자가

남편과 아내로서의 합법적인 결합 (*The Heritage Illustrated Dictionary*)

marry 1. a. 결혼식에서 함께 결합되다 (*The Heritage Illustrated Dictionary*)

married 1. 결혼식에서 결합되다 (*Funk & Wagnalls Standard Dictionary*)

사전적 정의가 보여주듯이, 결혼 개념의 주요 성분은 두 사람의 법적 · 사회적 · 감정적 결합이다. 이것은 결혼과 연상되는 기대 구조보다 훨씬 우선하는 결혼 개념의 큰 부분이다. 다시 말해 결혼의 원형적 또는 판에 박힌 개념은 결혼이 두 사람 사이의 다양한 추상적 결합이라는 개념을 포함해야 한다.

퀸이 제안하듯이, 결혼 개념은 사랑에 대한 미국의 문화적 개념을 사상함으로써 구조화된다. 그러나 그녀는 결혼의 기대 구조에서만 이것을 찾아낸다. 하지만 이제 우리는 사랑으로부터 도출되는 부가적인 구조를 결혼에서도 볼 수 있다. 이는 두 사람을 포함하는 결합이라는 개념이다. 내가 *The Language of Love*(1988)와 "A Linguist's Quest for Love"(1991)에서 보여주었듯이, 낭만적 사랑이라는 개념은 대체로 은유 **사랑은 상보적인 두 부분의 결합이다**에 의해 이해되고 구조화된다. 이 은유는 You belong to me and I belong to you(당신은 내 것이고 나는 당신 것이다), Theirs is a perfect fit(그들은 완벽하게 어울린다), We're as one(우리는 하나다), She's my better half(그녀는 나의 절반이다), They broke up(그들은 헤어졌다), They're inseparable(그들은 떨어질 수 없는 관계이다), They match each other perfectly(그들은 완벽하게 어울린다) 같은 표현에서 발견 가능하다. 두 물리적 부분의 기능적 결합이 대체로 결혼이라는 추상적인 목표영역에 대한 근원영역 기능을 할 수 있다. 그러나 보다 일반적으로, 사회적·법적·감정적·정신적·심리적 결합 등과 같은 비물리적 결합에 대한 우리의 이해는 물리적 결합이나 생물적 결합으로부터 도출된다. 이는 인간이 그들의 비물리적 세계를 개념화하고, 그렇게 해서 그것을 형성하는 완벽한 규칙적인 방법이다(다른 곳에서 내가 입증한 것처럼, 동일한 규칙적인 과정이 많은 다른 경우에도 작용한다(Kövecses 1998 참조).

다시 말해 Lakoff & Johnson(1980)이 창시한 은유 견해에서 사용되는 용어로 말하자면, 개념적 은유 **비물리적 결합은 물리적 결합이다**가 그것이다(중요한 것은 낱말 union과 unity의 어원적 뿌리가 "one"을 의미하는 라틴어 unus라는 점이다). 이것은 다양한 사회적·법적·심리적·성적·정치적·감정적 결합에 대한 기초가 되는 은유로서, *to join* forces(*힘을 결합하다*), the *merging* of bodies(조직 합병), the *unification* of Europe(유럽의 통합), to be *at one with* the world(세상 사람들과 같은 *의견이다*), *a union* of minds(마음의 결합), *a deep spiritual union with* God(*신과의 심오한 영적인 결합*) 등과 같은 표현이 사용되는 현상을 설명해 준다. 분명, 이 은유는 두 사람 사이의 비물리적 결합인 결혼에도 적용된다. 위의 사전적 정의에서 나온 몇몇 예에는 to *join* in marriage(결혼으로 합쳐지다), a marriage *union*(결혼 결합), the legal *union* of man and woman(남자와 여자의 합법적 결합), *to be united* in matrimony(결혼식에서 결합되다)가 포함되어 있다. 따라서 은유 **결혼은 두 부분의 물리적이고 생물학적 결합이다**가 가능하다. 자연스럽게도, 우리는 퀸이 제시한 자료에서 이 은유의 예를 볼 수 있다. 그녀는 우리가 **결혼은 두 부분의 물리적이고 생물학적 결합이다** 은유라고 부르는 것을 We knew we were going to stay together(우리는 함께 있을 것임을 알았다)에서처럼 "떨어질 수 없는 두 사물"이라고 부르고, That just kind of cements the bond(그것은 그 저 인연을 굳게 한다)에서처럼 "뗄 수 없는 접착제"라고 부른다(68).

지금 나의 분석이 대체로 사전 데이터에 근거를 두고 있고, 미국 인들이 결합 은유에 따라 결혼을 개념화하지 않을 수 있다고 반대할 수 있다. 그러나 미국인들이 결합 은유에 따라 결혼을 개념화한다는 증거가 있다. 그러나 이런 증거는 단지 간접적인 것이고, 지도 학생 인 테드 삽레이가 라스베이거스 네바다대학에서 1996년 여름에 낭 만적 사랑에 관해 행한 인터뷰에서 나온 것이다. 인터뷰 대상자들은 백인 중산층 배경을 동일하게 가진 7명의 남학생과 7명의 여학생들 이었다. 인터뷰가 낭만적 사랑에 대해 밝힌 것은 결혼을 다룰 때 심 도 있게 다루어져야 한다. 왜냐하면 퀸 자신이 주장하듯이 결혼은 다 방면에서 사랑에 대한 우리의 이해에 의해 구조화되기 때문이다. 이 프로젝트 보고서에서 테드 삽레이는 사랑에 대한 가장 빈번한 은유 가 인터뷰 대상자들에게는 결합 은유임을 발견했다. 이것은 적어도 어떤 미국인들에게는 결혼 개념이 어떤 다른 사람과의 결합을 형성 한다는 생각에 기초한 것이고, 이 개념이 단순히 오래된 사전적 정 의만은 아님을 보여주는 몇 가지 이유를 제공한다.

결혼이 비물리적 결합이라는 생각과 퀸이 기술하는 결혼의 기대 구조 사이에는 어떤 관계가 있는가? 우리는 결혼이 두 사람 사이의 결합이라는 개념이 결혼의 기대 구조의 기초이며 그 토대라고 제안 할 수 있다. 즉 결혼은 공유되며, 이익이 되며, 지속되는 것으로 기 대할 수 있다. 결혼이 이 모든 것으로 기대하는 것은 결혼이 특별한 결합으로 개념화되기 때문이다. 그것은 상보적인 두 부분의 물리적 결합으로서, 이는 은유 **결혼은 상보적인 두 부분의 물리적이고 생물 학적 결합이다**를 생산한다. 결혼에 대한 **결합** 은유의 세부항목은 다음과 같은 사상으로 주어질 수 있다.

1. 두 물리적 부분 → 결혼한 사람
2. 부분의 물리적 결합 → 결혼에서 두 사람의 결합
3. 물리적/생물학적 결합 → 결혼 결합
4. 부분 간의 물리적 일치 → 결혼한 사람 간의 조화
5. 결합에서 부분의 → 결혼한 사람이 그 관계에서
   물리적 기능　　　　　　　맡는 역할
6. 부분의 기능의 상보성 → 결혼한 사람이 맡은
   　　　　　　　　　　　　역할의 상보성
7. 부분들로 구성된 → 결혼 관계
   전체 물리적 사물
8. 전체 사물의 기능 → 결혼 관계의 역할이나 목적

　여기서 서로 어울리고 전체를 이루는 두 부분을 가진 근원영역이 있다. 이런 전체에서 두 부분의 특별한 기능은 서로를 보충하며, 이런 부분은 하나의 기능(또는 여러 기능)을 지닌 더 큰 결합을 구성한다. 이런 구조는 우리가 결혼에 대해 생각하는 방식에 나타난다. 결혼한 두 사람 사이의 관계는 은유적 결합으로만 이해될 수 있다. 결혼에 대한 이러한 개념화 방법은 단지 일반적인 비물리적 결합이 물리적인 결합에 유추하여 구성되는 더 큰 과정의 특이한 경우이다.

　은유적으로 구조화되는 결혼에 대한 이런 이해가 결혼에 대한 정의를 형성하며 그 기대 구조를 제공한다. 결혼은 다음과 같이 정의할 수 있다. "결혼은 서로 양립하는 두 사람의 결합이다. 이 두 사람은 그 관계에서 서로 다르지만 보완적인 역할을 한다. 이들의 결합

은 인생에서 어떤 목적을 수행한다." 이것은 물론 개별적인 경우에 특정한 세부항목으로 채울 수 있는 총칭 층위 정의이다.

기대 구조는 다음과 같은 방식으로 이런 정의로부터 발생한다. 사실 부분 그 자체는 기능적이지 않기 때문에, 사람들은 자신의 삶을 결혼한 다른 사람과 공유하고 싶어 한다. 단지 하나 또는 어떤 부분만 또 다른 부분과 어울리기 때문에, 사람들은 결혼할 때 적합한 파트너를 원한다. (기능하는 전체를 얻기 위해) 한 부분은 그것에 지정된 기능을 수행해야 하기 때문에, 사람들은 결혼 관계에서도 그들에게 지정된 역할을 수행하기를 원한다. 전체는 수행해야 할 지정된 기능을 가지고 있기 때문에, 결혼 관계는 지속적이어야 한다.

이것은 퀸의 기대 구조와 유사하다. 하지만 한 가지 차이라면 우리의 특징묘사에서 그 적합성은 **결합** 은유에서 사상인 데 반해, 그녀의 특징묘사에서는 기대 구조로부터 나오는 결과라는 점이다. 또 다른 차이는 좀 더 실질적이다. 그것은 우리가 결혼에 대한 어떤 은유적 이해의 결과로 결혼의 기대 구조를 제공했다는 것이다. 이런 기대 구조는 은유 **비물리적 결합은 물리적 결합이다**에 기초하는 구조이다. 이런 의미에서 나는 결혼 개념이 은유적으로 구성된다고 주장한다.

요컨대, 퀸이 말하는 기대 구조는 결혼에 대한 어떤 은유적 이해로부터 생겨난다. 따라서 결혼은 자구적으로 간주되는 추상적 개념이 아니다. 물론 결혼의 기대 구조를 생산하는 은유는 어떤 신체적 경험에 기초하고 있다.

사랑의 언어와 과학 이론

사랑은 무엇인가? 우리는 사랑을 "과학적으로" 정의할 수 있는가? 여하튼 사랑이란 것을 정의할 수 있는가? 그렇다면 우리는 사랑을 정의에 대한 시도를 허용하지 않는 신비로운 경험으로 간주해야 하지 않을까?

이런 질문에 대답하기 위해, 나는 사랑 같은 감정 개념이 적은 (단지 하나의) 원형 모형을 중심으로 한 수많은 인지모형에 의해 구성된다고 제안했다. 다양한 인지모형의 개념적 내용, 특히 원형 모형의 개념적 내용은 대개 은유, 환유, 내가 주장하는 "관련 개념"이라는 세 가지 근원으로부터 발생한다. 은유, 환유, 관련 개념은 한 언어의 원어민 화자들이 보통 (화, 공포, 행복, 사랑 등과 같은) 특별한 감정 경험에 대해 말할 때 사용하는 일상 낱말과 표현을 조사하여 식별할 수 있다.

사랑의 은유

제2장과 앞절에서 지적했듯이, 사랑 언어의 언어적 검토를 통해 사랑에 대한 중심 은유가 **상보적인 두 부분의 결합**임을 밝혀냈다. 사랑을 개념화하는 이런 방식의 은유적 함축은 수없이 많다(Kövecses 1988, 1991a 참조). 결과적으로 우리는 사랑에 대한 결합 관련 언어 표현을 발견할 수 있다. 사랑에 관한 문헌을 검토해 보면, 사랑을 이런 방식으로 개념화하는 것은 학술적인 글에서도 풍부함을 알 수 있다(Hatfield 1988, Solomon 1981 참조).

제5장에서 보았듯이, **자연력**과 **물리적 힘** 은유는 아마 사랑에 관

한 가장 일반적인 신념을 발생시키는 것으로서, (외부나 내부) 힘이 우리에게 영향을 미치고 우리는 그 힘에 관해 수동적이라는 것이다. 언어 토대적 모형에 따라 사랑에서 우리의 본질적인 수동성이 중요하다는 것은 몇몇 과학 이론들이 그 자질과는 정반대로 사랑을 정의한다는 사실을 반영하고 있다. 이런 견해들에 의하면, 사랑은 우리에게 영향을 미치는 힘이 아니라, 적어도 부분적으로는 합리적 판단, 즉 인지적 결정인 것이다(Solomon 1981, Fromm 1956, Sternberg 1986 참조). 좀 더 일반적으로, (사랑에 대한 수동성 같은) 현저한 자질을 갖춘 통속 이론이 있다면, 전문가라면 그 자질과 상반되는 과학 이론을 창조하는 경향이 없지 않을 것이다.

다른 힘 은유들도 사랑을 개념화하는 데 일반적으로 사용된다. 이런 은유에는 **마술, 정신병, 황홀**(가령 취함) 등이 있다. *마법에 걸리고(spellbound)*, *미치고(crazy)*, *술에 취할(drunk)* 때, 우리는 통제할 수 없다. 사랑에 대한 함축은, 우리가 사랑에 빠질 때, 상식을 잃고 전혀 "딴 사람"이 된다는 것이다. **황홀** 은유와 **높음** 은유는 사랑이 또한 유쾌한 상태라고 덧붙인다. **높음** 은유는 사랑을 탐닉으로 정의하는 필(Peele)의 이론에 대한 비전문적 (즉 언어 토대적) 이론으로 간주될 수 있다(Peele 1975 참조).

사랑의 환유

사랑은 환유에도 널리 산재한다. 환유 역시 전문 이론과 관련된다 (은유와 반대되는 환유의 개념은 제1장에서 소개했다). 사랑의 생리적 · 표현적 · 행동적 반응을 기술하는 언어 표현은 이런 반응과 전체 사랑에 대한 개념 사이에 "대표" 관계(즉 부분은 전체를 대표할 수 있다)가 있다는 점에서 환유로 간주될 수 있다. 만약 누군가가 이런 표현으로 기술된다면, 우리는 그 사람이 사랑에 빠졌다고 합당하게 추론할 수 있다. 다음과 같은 사랑의 환유가 주어진다면, 사랑에 대한 생리적 · 표현적 · 행동적 반응을 기술하는 언어 표현을 언급함으로써 우리는 언급되는 사람이 사랑에 빠졌다고 추론할 수 있다. 그렇다고 이것이 강력한 추론일 필요는 없다. 요지는 이런 추론이 가능하다는 점이다.

체온 증가는 사랑을 대표한다

I *felt hot all over* when I saw her. (그녀를 보았을 때, 나는 온몸이 뜨거워졌다.)

심장박동 증가는 사랑을 대표한다

He's a *heart-throb*. (그는 내 애인이다.)

얼굴 붉힘은 사랑을 대표한다

She *blushed* when she saw him. (그를 보았을 때, 그녀는 얼굴이 붉어졌다.)

현기증은 사랑을 대표한다

She's in a *daze* over him. (그녀는 그 때문에 멍한 상태이다.)

I *feel dizzy* every time I see her. (나는 그녀를 볼 때마다 현기증이 난다.)

신체적 허약함은 사랑을 대표한다

She makes me *weak in the knees*. (그녀 때문에 나는 무릎에 힘이 빠진다.)

땀에 젖은 손바닥은 사랑을 대표한다

His palms became sweaty when he looked at her. (그가 그녀를 보았을 때, 손바닥에 땀이 났다.)

호흡 곤란은 사랑을 대표한다

You *take my breath away*. (당신은 내 호흡을 멎게 한다.)

정확한 지각의 방해는 사랑을 대표한다

He *saw noting but her*. (그는 그녀 외에 아무것도 보지 못했다.)

생각지 못함은 사랑을 대표한다

He *can't think straight* when around her. (그는 그녀가 주위에 있을 때 객관적으로 생각하지 못한다.)

또 다른 것에 대한 몰두는 사랑을 대표한다

He spent hours *mooning* over her. (그는 그녀를 멍하니 생각하며 몇 시간을 보냈다.)

물리적 가까움은 사랑을 대표한다

They *are always together*. (그들은 늘 함께 있다.)

친밀한 성적 행동은 사랑을 대표한다

She *showered* him *with kisses*. (그는 그에게 키스를 퍼부었다.)

He *caressed* her gently. (그는 그녀를 온화하게 애무했다.)

섹스는 사랑을 대표한다

They *made love*. (그들은 사랑을 나누었다.)

사랑스런 시각적 행동은 사랑을 대표한다

He *can't take his eyes off* of her. (그는 그녀에게서 눈을 뗄 수 없었다.)

She's *starry-eyed*. (그녀는 공상하고 있다.)

즐거운 (시각적) 행동은 사랑을 대표한다

Her *eyes light up* when she sees him. (그녀는 그를 볼 때 눈이 밝아진다.)

He *smiled* at her and the world stood still. (그가 그녀에게 *미소*

짓자, 세상은 가만히 멈춰 섰다.)

이런 환유를 기재할 때, 이 모든 환유가 전적으로 낭만적 사랑만 특징짓는다는 주장은 아니다. 어떤 환유는 다른 감정이나 일반적인 상태에서 나타날 수 있다. 예컨대 her eyes light up(눈이 밝아진다)이라는 표현은 행복을 특징지을 수 있다(사실상, 이 표현은 행복의 경우에 더 흔하고 더 자연스럽다). 요지는 이런 표현과 목록에 있는 다른 표현들이 사랑 상황에서 나타날 수 있다는 것이다. 왜냐하면 이런 표현들은 (행복을 암시하는 방식으로 보이고 행동하는 것 같은) 사랑에 전형적인 다양한 반응을 부호화할 수 있기 때문이다.

연구자들은 종종 사랑에 대한 이론을 생물적·표현적·행동적 반응에 기초를 두었다. 어떤 연구자는 생물학적 자극에 초점을 두기도 한다. 예컨대 Schachter & Singer(1962)를 따라, Walster(1971)는 (매력적인 동료가 있는 것같이) 적절한 상황에서 사람들은 종종 (그런 상황과 아무런 관련이 없을 수 있는) 그들의 강렬한 생리적 자극을 정열적인 사랑으로 해석한다고 주장했다. 그들이 해석하는 생리적 자극의 형태로는 체온, 심장박동 증가, 얼굴 붉힘, 현기증 등과 같은 앞서 제시한 많은 반응들이다.

또 어떤 연구자는 표현적·행동적 반응에 집중한다. 예컨대 Rubin(1970)은 "사랑스러운 시각적 행동"을 강조한다. 물론, 학자들은 종종 섹스 및 섹스와 관련된 행동을 사랑의 결정적 양상으로 간주한다.

마지막으로, Buss(1988)는 사랑스런 시각적 행동, 성관계, 친밀한 성적 행동, 물리적 가까움 같은 많은 반응들을 사랑 행위로 간주한다. 부스의 이론에서 사랑의 핵심 양상은 사랑은 "만져서 알 수 있는 결과를 가진 명시적 표명이나 행동을 포함한다"는 것이다(Buss 1988:

100). 다시 말해 사랑에 대한 그의 견해는 대체로 환유, 즉 이른바 표현적 · 행동적 반응에 기초한다는 것이다(비록 그의 이론이 이것으로만 총망라되는 것은 아니다).

관련 개념

사랑과 관련된 수많은 감정 개념이 있다. 우리가 마음에 두고 있는 개념들은 사랑하는 사람에 대한 우리의 태도를 표현하고 정의한다. 나는 이런 개념을 "관련 개념"이라고 부른다. 이런 개념은 사랑에 대한 이상적 개념에 기초한 자구적인 일반적 지식을 포함한다(Kövecses 1988 참조). 사랑에 대한 가장 중요한 관련 개념으로 좋아함, 성적 욕망, 친밀감, 갈망, 애정, 보살핌, 존경, 우정 등이 있다. 관련 개념에 관한 또 다른 주장은 그것들이 사랑에 대한 중심성의 연속변차선을 따라 놓일 수 있다는 것이다. (좋아함과 애정 같은) 이 가운데 일부는 사랑 개념의 내재적 부분이고, (우정이나 존경 같은) 다른 일부는 단지 사랑과 느슨하게만 연상되며, (보살핌 같은) 또 다른 일부는 그 중간에 위치한다(이런 주장의 언어적 정당화는 Kövecses 1988, 1990, 1991a 참조).

이른바 관련 개념은 사랑에 대한 전문 이론에도 나타난다. 예컨대 관련 개념은 루빈의 사랑 척도(Rubin 1970)의 기초를 형성한다. 그 척도는 (나의 용어로) 세 가지 관련 개념 및 하나의 반응(시선 접촉)과 관련이 있는 항목들로 구성된다. 세 가지 관련 개념은 보살핌, 필요, 신용으로서, 이 중 두 가지(보살핌과 필요, 또는 갈망)는 앞서 밝힌 바 있다.

철학자들 또한 사랑을 내재적 개념으로 정의하고자 했다. 예컨대 Taylor(1979)는 사랑이 (상호) 희생, 애정, 갈망, 관심에 의해 구성되는 것으로 간주한다. 또 다른 철학자 Newton-Smith(1973)는 사랑 개념이 주로 보살핌, 좋아함, 존경, 매혹, 애정, 자기 희생으로 구성된다고 제안한다. 이런 개념 대부분은 언어에 대한 언어 토대적 통속 이해의 일부로 식별되었다.

사랑에 대한 통속 이론과 전문 이론

우리는 이제 사랑에 대한 언어 토대적 통속 이론이나 소박한 이론과 과학적 이론 사이에 어떤 관계가 있는지를 질문할 수 있다. 이것은 매우 넓고 복잡한 논제이다. 그러나 사랑 관련 언어에 대한 연구에 비추어 우리가 할 수 있는 몇 가지 간단한 관찰이 있다.

첫째, 수많은 과학적 이론은 통속모형의 하나 또는 두 가지 양상만을 강화하고 정교화하는 듯하다. 우리는 이것을 생리적 자극(Walster 1971), 행동적 반응(Buss 1988), 태도(Rubin 1970)의 경우에서 살폈다. 이와 관련해 통속 이론이 지나치게 포괄적인 것인지 아니면 이런 (그리고 유사한) 과학적 이론들이 불완전한 것인가의 문제가 발생한다.

둘째, 과학적 이론의 수용과 이 이론과 통속 이론(들)의 중복의 양사이에 긍정적인 상관성이 있어 보인다. 즉 과학적 이론이 통속 이론과 더 중복되면 될수록, 이 이론은 과학 공동체 내에서 더 통속적이고 더 수용적이라는 것이 내가 받은 인상이다. 예컨대 Sternberg (1986), Hatfield(1988), Shaver, Hazan & Bradshaw(1988)가 주장하는 전문 이론은 사랑에 대한 언어 토대적 통속 이론의 하나 또는 두 가지 양상만 강조하는 이론보다 훨씬 자주 언급되고 표준점이나 참조점으로 사용되는 것 같다.

셋째, 대체로 그리고 전적으로 통속 이론에서 빠져 있는 개념들에 의해 사랑을 설명하려는 과학적 이론은 훨씬 과학적인 것 같지만 직관적으로는 그다지 매력적이지 않다. 따라서 Buss(1988)의 (물론 통속 이론에 없는) 진화론적 설명은 과학적 설명으로는 "매우 좋아 보이지만," (통속 개념에 더 "부응하는") Sternberg(1986)만큼 직관적으로 매력적이지는 않다.

이런 관찰들은 자연스럽게 다음과 같은 질문으로 이어진다. 즉 사랑에 대한 과학적 이론은 무엇이며 또는 무엇처럼 보여야 하는가? 과학적 이론은 상정된 통속 이론이나 그 부분에 대해 체계적이지만 전혀 관련 없는 설명을 제공하는 이론이어야 하는가? 과학적 이론은 상정된 통속 이론의 모든 국면을 체계적으로 기술하는 이론인가? 또는 상정된 통속 이론의 단 하나의 (또는 어떤) 양상으로 설명하는 이론인가? 이 모든 가능성들이 전체 통속 이론이나 최소한 그 부분이 정확하다는 것을 가정한다는 것에 주목해야 한다. 그러나 사랑에 대한 과학적 이론이 전체 통속 이론을 부정하는 이론이라고도 할 수 있다. 이런 가능성은 우리를 네번째 관찰로 유도한다.

넷째, 과학적 이론이 일반 사람들이 사랑과 같은 영역에 관해 "단순히 믿고 있는" 것을 거부하기 때문에 과학적이라고 주장할 수도 있다. 우리는 물리적 세계에 대한 우리의 많은 언어 토대적 신념이 틀렸음을 알고 있다. 예컨대 태양이 정말로 *뜨거*(come up)나 *진다*(go down)는 것을 모르는 사람은 없다. 사랑의 언어, 또는 일반적인 감정의 언어가 이런 예처럼 작용하는가? 사랑을 비롯한 다른 감정들에 대한 우리의 언어 토대적 신념 배후에는 더 큰 과학적 설명이 있는가? 만약 있다면, 그것은 통속모형과는 어떤 관계를 가지는가? 우리는 앞서 이런 가능성을 몇 가지 보았다.

인지모형으로서의 감정 개념

사랑과 관련해서 우리가 논의한 특별한 은유, 환유, 관련 개념은 사랑 개념을 완전히 표상하는 것은 아니다. 더욱 일반적으로, 하나하나로 볼 때 은유, 환유, 관련 개념은 보통 감정 개념으로 간주되는 것에 해당하지 않는다(예컨대 은유 **화는 불이다**는 우리가 화로 의미하는 바가 무엇인지에 대한 우리의 생각을 속속들이 규명하는 것은 아니다). 그러나 은유, 환유, 관련 개념이 함께 연합해서는 감정 개념을 생산한다고 주장할 수 있다. 감정 개념의 성분(즉 은유, 환유 등)이 어떤 원형적 시나리오나 인지모형으로 수렴한다는 의미에서, 은유, 환유, 관련 개념이 그것들을 생산한다는 것이다. 이것이 의미하는 바는 은유, 환유, 관련 개념이 매우 많은 양의 개념적 내용과 구조를 이런 모형의 기존 부분에 사상하거나, 대개 이런 부분의 존재를 창조 또는 야기한다는 것이다. 하나의 경험 영역에서 나온 개념적 재료를 또 다른 영역에 사상하는 이런 과정은 원형적 인지모형이라는 감정 개념의 네번째 성분을 제공할 것이다.

감정은 대체로 다양한 은유에 의해 개념화된다(제5장 참조). 다양한 은유의 근원영역에서 감정의 목표영역으로 사상되는 개념적 재료는 대체로 감정 개념에 대한 우리의 상식적 이해를 구성한다. 제5장에서는 많은 사상 과정의 예를 보았다. 이런 사상의 결과로, 우리는 다음과 같은 풍부하고도 복잡한 감정의 이해를 가지게 된다.

자아(S)는 감정적으로 침착하지만, S가 피해자이고 S를 교란시키는 한 외부 사건이 갑자기 발생한다. 이 사건은 S에게 갑작스럽고 강한 충격을 가한다. 감정(E)이 존재하며, S는 이 감정에 대해 수동적이다. E는 S와 구별되는 실체이며, S와 독립적으로 존재한다. S는 흔들리게 되며, 그의 심장박동이 증가하고, 체온이 증가하며, 얼굴색이 변하고, 호흡이 더 강렬해진다. E는 강렬하다. E에 대한 S의 경험은 주로 신체 내의 물리적 감각이다. S는 울거나 시각적 행동 같은 다양한 표현적 행동을 통해 자신의 감정을 보여주며, S는 활기를 띤 상태에 있을 수도 있다. E에 포함된 것은 욕구(D)이다. D는 S가 이 욕구를 충족시켜 줄 수 있는 어떤 행동(A)을 수행하도록 강요한다. S는 A가 위험하고 받아들일 수 없음을 안다. 그것은 자신 그리고/또는 다른 사람에게 신체적 또는 심리적 해를 초래할 수 있다. S는 자신이 E의 D에 의해 요구되는 A를 수행하지 않아야 하는 의무하에 있음을 안다. 그는 A가 발생하지 않도록 어떤 저항력을 가한다. S가 감정의 힘에 저항하는 데는 수많은 노력이 요구된다. 그러나 S는 지금 (즉 감정적인 상태에서) 비합리적이며, 이 힘의 강도는 S가 저항할 수 있는 범위를 초월할 만큼 증가한다. 이 힘은 저항력보다 훨씬 더 크다. 결과적으로, S는 세계를 있는 그대로 지각할 수 없으며, 정상적으로 호흡하지 못하며, 매우 흔들린 행동을 한다. S는 결국 비합리적이다. S는 자신에게 영향을 미치는 힘에 저항하기를 멈춘다. S는 A를 행하지만, A에 대해 책임이 없다. 왜냐하면 그는 단지 그 자신보다 더 큰 힘에 복종할 뿐이다. E의 D가 마침내 진정되고, S는 더 이상 감정적이지 않다. E는 존재하는 것을 멈추고 S는 차분해진다.

말할 필요도 없이, 이는 사람들이 가지고 있는 많은 상식적 감정 모형들 중 하나에 불과하다. 이 모형이 중심적인 모형이고, 이 모형으로부터 모든 종류의 파생이 가능하다는 사실 때문에, 이 모형에 특권적 위상이 부여된다. 이런 "파생"은 그다지 원형적이지 않은 다른 경우들을 표상한다. 그다지 원형적이지 않은 경우에는 "더욱 약한" 감정에서의 통제 논제가 발생조차 하지 않는 상황과 강렬한 감정적 에피소드의 끝에서 자아가 차분해지지 않고 "감정적"인 채로 있는 상황이 있다. 부가적인 비원형적 경우들도 많이 있다.

감정에 대한 이런 기술로부터 발생하는 것은 감정의 원형이 최소한 다음과 같은 양상을 포함한다는 것이다. 즉 감정에는 원인이 있고, 원인이 감정을 생산하며, 감정은 우리가 반응하도록 강요하고, 우리는 감정을 통제하고자 하지만 대부분 그렇게 하지 못하고, 반응이 있다. 이런 특징묘사는 연속으로 배열되는 감정의 5단계 모형을 암시한다. 따라서 위의 사건들이 전개되는 시간적 순서가 있다. 감정의 원인은 감정의 존재를 선행하고, 감정의 존재는 다시 통제 시도를 선행하고, 통제 시도는 다시 통제 상실을 선행하며, 통제 상실은 다시 행동을 선행한다. 이것은 제5장에서 논의한 골격적 도식이다. 나는 이런 단계들이 시간적인 뿐만 아니라 인과적으로도 연결된다고 지적했다.

(1) 감정의 원인 ⇒ (2) 감정 ⇒ (3) 통제 시도 ⇒ (4) 통제 상실 ⇒ (5) 반응

이러한 인과성은 개념적으로 더욱 풍부한 화라는 감정에 대한 원형적 인지모형을 생산하는 **감정은 힘이다**라는 특정 층위 은유의 변이형 때문이다. 따라서 앞서 제시한 감정의 총칭 층위 개념에 대한 기술은 골격적 도식에서 정교화로 간주될 수 있다.

나는 감정 개념이 이런 원형적 인지모형으로 정의되고 표상된다고

본다. 물론 이것이 실제로 영어 사용자들이 감정 개념을 생각하는 방식인가라는 뻔한 질문이 제기된다. 패럿의 사회심리학적 연구는 이것이 용어 emotion과 관련해서 사람들이 마음속에 갖고 있는 바로 그것임을 암시한다(Parrott 1995). 강렬한 개인적 감정의 원형 모형은 또한 위의 감정 모형과 매우 닮았다고 생각된다. Rippere(1994. Siegfried 1994에 있음)의 의기소침에 관한 연구는 의기소침에 관한 원형적 도식이 앞서 약술한 모형과 많은 성분을 공유한다는 것을 보여준다.

감정 개념과 감정의 전문 이론

이제 우리의 그물을 보다 넓게 던져서 다양한 감정의 전문 이론이 원형적 인지모형, 은유, 환유, 관련 개념 같은 감정 개념의 주요 부분들로 특징지어지는 감정의 일상 개념과 관련되는지 여부 또는 어떻게 관련되는지를 살펴볼 것이다.

원형적 인지모형과 전문 이론

감정의 원형적 인지모형과 그에 상응하는 전문 이론 간의 관계를 간략히 검토해 보자(내가 "감정의 인지모형"에 대해 이야기할 때, 감정의 인지 이론을 마음에 두고 있는 것은 아니라는 것에 주목하자. 내가 여기서 사용하는 "인지모형"이라는 용어는 "통속 이론"이나 "통속 이해"와 같은 것이다). 이와 관련해 우리는 Alston(1967: 480)에서 정보의 귀중한 근원을 찾을 수 있다. 알스턴은 다음을 감정의 전형적 자질로 제시한다.

1. 어떤 것을 어떤 식으로 바람직하거나 바람직하지 않은 것으로 인식하는 것.
2. 어떤 느낌.
3. 어떤 두드러진 신체적 감각.
4. 어떤 비자발적인 신체적 과정과 명시적 표출.
5. 어떤 방식으로 행동하고자 하는 경향.
6. 마음이나 몸의 혼란스럽고 산란한 상태.

알스턴은 감정에 대한 학술 문헌 검토를 통해 감정의 전형적인 이런 자질에 도달했다. 그는 "대부분의 사상가들이 동의하기로 이런 저런 식으로 감정과 관련되는 감정 상태의 전형적 자질이 많다"(480)라고 말한다. 현 문맥에서 이런 자질에 대해 가장 주목할 만한 것은 이 각각의 자질이 앞서 약술한 원형적 통속모형에서 그에 대응하는 상관물이 있다는 것이다. (1)은 감정의 원인에 대응하고, (2)는 2단계에서 주어진 감정에 대한 일반적 경험에 대응하고, (3)은 2단계의 신체적 감각에 대응하고, (4)는 2단계의 생물학적·행동적 반응에 대응하고, (5)는 5단계로 주어진 감정과 연상되는 어떤 행동에 대응하고, (6)은 2단계의 감정적 동요나 신체적 흔들림에 대응한다. 따라서 전문 이론이 제공하는 감정의 전형적 자질은 1단계, 2단계, 5단계에 해당하는 통속 이론의 세 단계로 수용될 수 있다. 따라서 영어로부터 회복할 수 있는 통속 이론이 매우 풍부하고 포괄적인 감정 모형으로서, 이 모형은 감정에 대한 전문가들의 특징묘사에 중요한 것으로 생각되는 모든 것은 아닐지라도 대부분의 자질을 담은 것 같다.

전문 이론이 무엇을 고려하지 않는지도 주목할 만하다. 통속 이론에서 그렇게 명확히 존재하는 "통제"의 양상이 감정의 전문 이론에서 대체로 자연스러운 자리를 찾지 못하는 것 같다(다음 절 참조). 여기서는 그 이유에 대해 깊이 고심하지 않을 작정이다.

마지막으로, 전문 이론은 위의 원형적 통속 이론과 거꾸로 정의될 수 있다. 감정에 대한 상식적인 통속모형은 "원인 ⇒ 감정 ⇒ (통제) ⇒ 반응" 같은 기본 도식을 포함한다(이 도식은 보편적일 수도 있다. Heider 1991: 6ff 참조). "원인의 지각 ⇒ 신체적 변화(반응) ⇒ 감정" (제임스-랑게(James-Lange) 이론)같이 이런 감정 흐름의 역을 암시하는 아주 잘 알려진 감정의 전문 이론 하나가 있다. 사랑에 관한 절에서 나는 이미 전문 이론에 변화가 생기면 평범한 수용성이나 과학적 수용성이 어쩌면 어떤 영향을 받을 수 있다고 지적한 바 있다. 그것은 묵인되지 않는다. 흥미롭게도 제임스는 자기 자신의 견해에 대해 이런 잠재적인 부정적 영향을 익히 알고 있었다. 그는 이런 "가설이 너무나도 당연히 어떤 의혹을 만나게 된다"고 말했다(James 1890/ 1950: 450). 그 이유는 감정에 대한 제임스의 관점에 대응하는 통속 이론이 부재하기 때문이다. Radden(1998)이 감정과 관련된 영어 전치사에 관한 자신의 연구에서 말했듯이, 감정에 대한 많은 과학적 이론이 감정에 대한 통속 이론에 (in, with, for 같은 다양한 전치사로 표현되는) 상관물을 가지고 있는 반면, 제임스가 지지하는 이론에는 그런 상관물이 없다. 다음 절과 마지막 절에서는 통속 이론과 전문 이론 사이의 이런 상호작용을 논의할 것이다.

다음 세 절에서는 다양한 감정 이론이 일상 언어에 내재하는 원형적 인지모형의 각기 다른 양상이나 부분에 초점을 둔다는 것을 입증할 것이다(나는 Kövecses(1990: 10장)에서 보고한 짐 애버릴과의 공동 연구에 주로 의존할 것이다. 이 연구는 Averill(1990)에 일부 기초하고 있다).

은유와 전문 이론

"이론 유형"에 관한 다음 설명에서, 나는 이런 이론들을 완벽하게 특징짓고자 하는 것이 아니라, 이 이론과 다른 이론들을 한정하고 구별하는 양상만 보여줄 것이다.

첫째, 감정을 흔들림의 한 형태, 즉 신체적 흔들림, 신체적 교란의 형태로 간주하는 이론들이 있다. 이 무리에 속하는 감정 이론에는 감정에 대한 정신분석학적 이론과 많은 행동주의 이론이 포함된다 (Young 1943 참조). 그에 상응하여, 주요 주제가 "흔들림으로서의 감정"인 (일상 언어에서 암시되는) 개념적 은유들이 있다. 우리는 앞서 **그릇** 은유가 다른 무엇보다도 흔들림의 부재가 감정의 부재에 대응하고, 강렬한 감정이 폭발을 초래할 수 있다는 것을 어떻게 암시하는지를 보았다. **감정은 자연력이다** 은유 또한 감정이 특징적으로 흔들림 상태라는 것을 암시한다(가령 Emotions *swept over* her(감정이 그녀를 휩쓸었다), There was a *groundswell* of emotion(감정의 고조가 있었다), Emotions were *running high*(감정이 거칠어지고 있었다)). 그러나 가장 명확하게 감정을 흔들림으로 제시하는 은유는 **감정적 교란은 물리적 흔들림이다**라는 은유이다. Why are you so *upset*?(왜 그렇게 혼란스러워하나요?), I am all *shook up*(나는 완전히 긴장했다), The speech *stirred* everybody's feelings(그 연설은 모든 사람들의 감정을 자극했다) 같은 이 은유의 언어 예를 고려해 보라. 이 예들은 언어 토대적 상식 모형 중 하나를 보면, 감정이 교란 상태라는 것을 암시하는 것 같다. 다시 말해 이 무리에 속하는 감정 이론이 앞서 제시한 모형에서 초점을 두는 부분으로는 "S는 교란된다"와 "S는 흔들림의 물리적 효과를 경험한다"가 있다.

둘째, 이전의 이론과 달리, 감정에 대한 다른 이론들은 감정의 조직적 특성과 기능적 특성을 한꺼번에 강조한다. 이런 이론의 한 버전에 따르면, 감정은 사람이 반응하도록 강요하는 일종의 힘이나 추진력이다(예컨대 Plutchik 1980 참조). 감정을 추진력으로 기술하는 개념적 은유로는 (I was *moved* by the speech(나는 그 연설에 *감동받았다*)와 She was *swept away*(그녀는 *감동받았다*)에서처럼) **감정적 효과는 물리적 움직임이다**와 (I was *shocked*(나는 *충격을 받았다*), She was *electrified*(그녀는 *깜짝 놀랐다*), I feel *energized*(나는 *에너지가 충만 된 느낌이다*)에서처럼) **감정은 전기력이다**가 있다. 전자는 이동을 유발시키는 (즉 동기화하는) 감정 효과에 초점을 두는 데 반해, 후자는 상황에 반응하는 데 필요한 에너지를 감정이 어떻게 제공하는지에 초점을 두고 있다. 동기화 이론의 두번째 변이형은 더욱 체액 견해를 취한다(Leeper 1970 참조). 여기에서 감정은 특정 방식으로 일정 부류의 환경적 자극에 기꺼이 반응을 보이는 상태로 파악된다. "감정은 동기화라는" 개념은 (His emotions *dominate* his actions(그의 감정은 그의 *행동을 지배한다*), She is *ruled* by her emotions(그녀는 자기 감정의 *지배를 받는다*)에서처럼) **감정은 상급자다**라는 은유로 가장 잘 포착된다. 따라서 통속모형에서 부각되는 것은 "감정은 S가 행동을 수행하도록 강요하는 욕망을 포함한다"라는 명제인 듯하다.

셋째, 일부 감정 이론가들은 감정의 경험을 주관적인 신체적 감각으로 환원한다. "감정은 신체적 감각이다"는 James(1980)와 Schachter(1971) 같은 잘 알려진 감정 이론의 중심 생각이다. 이런 생각은 최소한 흔히 사용되는 두 가지 은유에서도 나타난다(His mother's death *hit* him *hard*(어머니의 죽음은 그에게 *심한 상처를 주었다*), The idea *bowled* me *over*(그 생각은 나를 *당황하게 했다*), I was *staggered* by what I saw(나는 내가 본 것 때문에 *깜짝 놀랐다*), I was *touched*(나는

감동받았다)에서처럼). **감정적 효과는 물리적 접촉이다**를 먼저 고려해 보자. 이 은유는 신체적 감각을 암시한다. 이 은유에서 (감정의 원인에 대응하는) 물리적 사물이나 힘은 (감정의 주체에 대응하는) 신체적 몸과 접촉한다. 두번째 은유는 감각을 몸속에 둔다. **감정은 내적 감각이다** 은유에 대한 예로는 I *felt it in my heart*(나는 그것을 *마음속에서 느꼈다*)와 There was a *feeling in my guts*(무언가 느낌이 왔다)가 있다. 실제로, 감정에 대해 낱말 feeling을 사용하는 것은 더 넓은 은유 **감정은 신체적 감각이다**에 기초한다. 왜냐하면 이 낱말의 중요한 적용은 우리의 감각을 통해 우리에게 영향을 미칠 수 있는 (열, 냄새 등과 같은) 다양한 물리적 충격을 가리키기 위해 이 낱말을 사용하는 것을 포함하기 때문이다. 총괄해서 볼 때, 감정에 대한 이런 견해는 주로 우리 모형에서 "감정은 주로 (몸 내부의) 물리적 감각에 의해 S에 대해 표출된다"로 주어진 명제와 직결된다.

넷째, 또 다른 이론적 전통은 감정이 생물학적 진화의 자취라고 주장한다(특히 Darwin 1872/1965 참조). 이 견해는 감정이 "하등"동물과 인간에게 흔히 있는 본능적 반응으로 간주한다. "감정은 동물이다"라는 개념은 **감정은 (야생/갇힌) 동물이다**라는 은유에서 표현된다. 그 예로 He *unleashed* his emotions(그는 자기 감정을 *표출했다*), He is *violently* emotional(그는 *몹시* 감정적이다), She acted with *unbridled* passion(그녀는 *열정을 억제하지 않고* 행동했다) 등이 있다. 이 은유는 주로 감정대로 행동하는 것이 위험하다는 것을 암시한다. 따라서 이 감정 이론에서 특별히 강조되는 통속모형의 명제는 "S는 A가 위험하거나 받아들이기 어려운 것임을 안다"이다.

마지막으로, 종종 감정의 "인지" 이론으로 불리는 견해들이 있다. 이런 이론의 공통된 맥락은 감정이 비합리적인 판단의 형태로 간주된다는 것이다. "비합리적"은 직관적 판단(Arnold 1960), 세계에 대한 마술적 변형(Sartre 1948), 평가적 판단(Solomon 1976)을 포함해 다양한 형태를 취할 수 있다. 감정이 비합리적 판단이라는 개념과 상응하는 것은 일상의 개념적 체계에 있는 개념적 은유들이다(She *drove* him *berserk*(그녀를 그를 난폭하게 했다), She was *crazed* with emotion(그녀는 감동하여 *미쳤다*)에서처럼). **감정은 정신병이다,** (He was *drunk* with emotion(그는 감동하여 *도취되었다*), They were *high on* emotion(그들은 *기분이 좋았다*), It was a *delirious* feeling(그것은 *기뻐서 어쩔 줄 모르는 느낌이었다*)에서처럼) **감정은 높음이나 황홀이다,** (He was *misled* by his emotions(그는 *자기 감정 때문에 판단을 그르쳤다*), Her emotion *tricked* her(그녀는 *자기 감정 때문에 속임을 당했다*)에서처럼) **감정은 사기꾼이다** 같은 은유가 그것이다. 인지 이론이 부각하는 통속 이론의 명제는 "S는 비합리적이다"와 "S는 불합리하다"라 할 수 있다.

환유와 전문 이론

몇몇 감정 이론은 사람들이 감정 상태에 있을 때 발생하는 생리적 변화를 상당히 강조한다(Schachter 1971, Wenger 1950). 속탈이 감정의 경험을 설명하는 데 불충분하다고 믿는 다른 연구자들은 자주 안면 표정으로부터 나오는 피드백을 강조한다(Ekman & Friesen 1975, Izard 1977). 이 이론의 지지자들은 감정이 주로 생리적 과정과 표현적 반응으로 구성된다고 여긴다.

일상 영어에는 사람들이 이런 생리적 반응과 표출적 반응에 대해 이야기할 때 사용하는 언어 표현이 수없이 많다. 이런 표현은 은유가 아닌 환유다. 이는 우리의 개념적 체계 속에 **감정의 생리적·표현적 반응은 감정을 대표한다**라는 매우 일반적 환유 원리가 존재하기 때문이다(그리고 더욱 일반적으로, **상태의 효과는 상태를 대표한다**가 있다). 감정과 가장 일반적으로 연상되는 생리적·표현적 반응을 기술하는 개념적 환유의 예가 있다(He did it in the *heat* of passion(그는 홧김에 그것을 했다)에서처럼). **체열**, (He entered the room *with his heart in his mouth*(그는 조마조마하면서 방으로 들어갔다)에서처럼) **심장박동 변화**, (She was *heaving* with emotion(그녀는 감격하여 신음 소리를 내고 있었다)에서처럼) **호흡 변화**, (She *colored* with emotion (그녀는 감격하여 얼굴이 붉어졌다)에서처럼) **얼굴 색 변화**, (His emotions were *written all over his face*(그는 얼굴 전체가 감정으로 뒤덮여 있었다)에서처럼) **얼굴 표정**이 그것이다. 이런 반응은 이 모형에서는 생리적·행동적 반응으로 나타난다.

관련 개념과 전문 이론

일차적 또는 기본적 감정과 이차적 또는 비기본적 감정 사이의 구별로 작용하는 감정에 관한 문헌에는 오랫동안 지속되고 있는 전통이 있다. 모든 비기본적 감정이 합성되는 근원이 되는 소수의 기본 감정(그 수는 전형적으로 5개에서 9개에 이른다)이 있다는 것이 그 주장이다(McDougall 1908/1961 참조). 이러한 감정 견해는 (어떤 의미에서 필연적으로 더 기본적이지 않다 할지라도) 다른 감정들이 어떤 감정 개념에 고유하다는 상식적인 생각과 유사하다. 여기서 말하는 "고유한 개념"은 앞서 논의한 관련 개념의 보다 일반적인 범주의 하위 범주이다. 사랑과 관련된 개념들에 관한 간략한 논의에서, 낭만적 사랑의 개념이 애정의 개념을 가정한다고 언급했다. 낭만적 사랑에 대한 통속 이론에 따르면, 애정은 낭만적 사랑에 필요한 조건이나 성분이다. 대부분의 사전에 수록된 낭만적 사랑에 대한 정의는 애정 개념을 이용한다. 게다가 대부분의 사람들은 I am in love with her, but I do not feel any affection for her(나는 그녀와 사랑에 빠졌지만, 그녀에 대해 아무런 애정도 느끼지 않는다) 같은 문장이 기이하고 심지어는 받아들일 수 없다고 느낀다. 누군가를 낭만적으로 사랑하는 것과 동시에 그 사람에 대한 애정을 느끼지 않는다는 모순되는 특징은 애정이 낭만적 사랑의 고유한 개념적 요소임을 암시한다.

위의 감정에 대한 통속모형에서 고유한 (고유하게 관련된) 개념들의 위상에 가장 가까운 것은 욕망의 개념이다. 대부분의 특정 층위 감정 개념과 연상되고, 나아가 감정의 총칭 개념과 연상되는 것은 그런 감정을 가지고 있는 사람이 달성하고 싶어 하는 목표이다. 위의 원형적 인지모형에서 주어진 명제 "감정은 욕망을 포함한다"에서 내가 포착하고 싶은 것은 바로 이 내재적인 목표이다. 내재적인 이 개념이 또한 His emotions were *insatiable*(그의 감정은 *만족을 몰랐다*), His emotions could not be *appeased*(그의 감정은 *채워질 수 없었다*), Nothing was enough to *satisfy* her passion(어떤 것도 그녀의 열정을 *만족시키는* 데 충분하지 않았다)같이 말할 때처럼, 일상 언어로 표현된다는 데 주목해 보라.

요컨대 어떤 감정이 더 기본적인 다른 감정으로 구성되는 것으로 간주하는 감정 이론은 관련 개념의 하위 범주로서의 고유한 개념과 관련된 감정에 대한 통속 이론의 양상에 초점을 두고 있다.

관계의 본질

통속 이론들끼리 충돌하고, 전문 이론들끼리 충돌하고, 통속 이론과 전문 이론이 충돌한다는 것은 일반적으로 알려진 바다(Smith 1995 참조). 그러나 두 이론은 정확히 어떤 관계인가?

마지막 세 절에서는 (은유, 환유, 관련 개념으로 생산되는 것과 같은) 감정의 원형적 인지모형과 전문 이론 사이의 관계를 다루었다. 이 둘 사이의 관계가 다양한 감정 이론들이 통속모형의 하나 또는 그 이상의 특별한 양상이나 부분에 초점을 두는 관계라는 것을 지적한 적이 있다. 이제 남은 과제는 일은 은유, 환유, 관련 개념과 전문 이론 간 관계의 *본질*을 검토하는 것이다. 이것은 앞절에서 사랑과 관련해 논의한 것과 동일한 논제이다. 이제부터는 완벽하고 포괄적인 통속모형에 관여하지 않을 것이다. 대신 전체 묘사와는 독립적으로 은유, 환유, 관련 개념에 초점을 둘 것이다.

지금까지 나는 관계의 본질에 대해 언급하면서 중립적인 용어 *대응하다*(correspond)를 사용했다. 가령 감정을 비합리적인 판단으로 간주하는 이론들이 있으며, 이런 이론들에 대응하는 은유(**정신병, 사기꾼**)가 있다고 말한 것이 그것이다. 여기서 *대응* 관계의 정확한 본질을 상술해야 할 필요가 있다. 나는 누군가가 이 관계의 본질을 여러 가지 방식으로 생각할 수 있다고 믿는다.

첫째, **그릇** 은유 및 이 은유와 감정에 대한 프로이트의 견해 (Kövecses 1990) 간의 관계에 대한 논의에서, 나는 감정에 대한 프로이트의 견해가 상식적인 수압 모형에서 *직접적으로 도출되며*, 수압 모형은 프로이트의 개념을 *생성한다*고 제안했다. 이런 제안은 관계를 과대평가할 수 있다. 둘째, 애버릴과 나(Kövecses 1990: 제10장)는 은유와 전문 이론 사이의 관계를 좀 더 온화한 용어로 표현했다. 우리는 특별한 은유의 존재는 그에 상응하는 과학적 이론에 *직관적 매력을 더해 주거나* 또는 이런 의미에서 그것에 *동기화한다*고 주장했다. 즉 은유는 이론을 일반인과 전문가 모두에게 다소 자연스럽고 수용 가능하게 만든다고 주장했다. 예컨대 만약 일상의 개념적 체계에 은유 **감정적 효과는 물리적 접촉이다**가 있다면, (일반인이나 전문가로서) 우리는 감정을 감각의 한 형태로 제시하는 감정 이론이 얼마나 매력적인지를 알 것이다.

셋째, 관계의 또 다른 가능성은 첫번째 것의 반대다. 그리고 일상의 개념적 체계에 널리 퍼져 있는 은유를 생성하는 것은 전문 이론일 수 있다. 그 예로 사랑에 대한 가장 흔한 은유 중 하나인 **사랑은 상보적인 두 부분의 결합이다**를 들 수 있다(제2장 참조). 이 은유는 플라톤이 제안한 전문 이론으로부터 도출된다. 오늘날 이 은유는 일상 언어와 사고 모두에 널리 퍼져 있으며, 우리는 이를 더 이상 전문 이론으로 간주하지 않는다. 일을 더 복잡하게 만드는 것이긴 하지만, 이 장에서는 사랑에 관한 많은 이론들 중에서 고전적인 이 전문 이론에 대한 어떤 현대적인 전문 버전도 존재함을 알았다. 또 다른 예는 초기 유럽 사고에 있는 "체액 이론(humoral theory)"이다(다음 두 장에서 이 은유를 논의할 것이다). 이것은 오늘날 화에 대한 개념의 일부가 되었다(Geeraerts & Grondelaers 1995 참조).

은유에 관한 관계의 본질에 대해 말했던 것은 환유와 고유한 개념에도 적용된다는 것을 지적해야 한다.

결론

은유가 문화모형을 구성하는지 또는 그것을 단순히 반영하는지에 대한 물음에 답하려는 시도는 추상적 개념이 어떻게 발생하는가라는 질문에 대한 대답을 요구한다. 나는 추상적 개념이 은유의 중재 없이 기본적인 인간 경험으로부터 직접 발생한다고 주장하는 견해에 반대했다. 특히 나는 미국의 결혼에 대한 퀸의 분석이 그 개념의 매우 중요한 많은 부분을 고려하지 않는다고 지적했다. 이것은 은유적으로 이해되는 부분이고, 이런 부분으로부터 결혼의 기대 구조가 도출된다. 우리의 분석에서, 결혼 개념은 부분적으로는 총칭적 은유 **비물리적 결합은 물리적 결합이다**에 기초하고 그것에 의해 구성되고 있다. 이 은유가 주어지면, 우리는 왜 결혼이 지금과 같은 기대 구조를 가지고 있고, 동일한 은유가 외관상 결혼이나 사랑과 무관한 영역에도 많이 적용된다는 사실을 자연스럽게 설명할 수 있다.

더욱이 은유, 환유, 관련 개념과 전문 이론 사이에는 매우 다양한 관계가 존재한다. 물론 몇몇 다른 관계들을 분리할 수도 있다. 아마도 문화와 과학의 역사가들이 이런 관계의 정확한 수와 정확한 유형을 결정하는 작업을 할 것이다. 만약 감정에 대한 우리의 과학적 견해나 상식적 견해의 본질과 역사를 좀 더 완벽하게 이해하고 싶다면, 이것은 매우 중요한 과제이다. 내가 여기서 제시한 접근법의 주요 매력은 이 과정에 결정적인 역할을 하는 구성물, 이른바 원형적 인지모형, 개념적 은유, 개념적 환유, 관련 개념, 그것의 언어적 표상을 정확하고 체계적인 방식으로 밝혀 줄 것이다.

이런 점은 또 다른 논제를 이끌어 낸다. 그것은 감정의 전문 또는 과학적 심리학이 단지 감정의 통속 이해의 보다 구조화된 버전인지의 여부에 관한 논제이다. 이 장에서는 감정의 전문 이론을 언어에 근거를 둔 통속 이론의 확장으로 간주할 수 있음을 확인시켰다. 그 결과, 일반적인 감정의 전문 이론이 단지 통속모형이나 문화모형의 "손질한" 변이형태라는 결론이 도출될 것이다. 두말할 나위도 없이,

이것은 급진적 조치이다. 나는 다음 두 가지 이유 때문에 이것을 받아들이길 꺼린다. 첫째, 이 연구에서 계속 지적하듯이, 감정에 대한 전문적 심리 이론들 모두가 통속모형의 변이형으로 간주되는 것은 아니다. 예컨대 서문에서 언급한 몇몇 과학적 이론은 통속 이론의 확장으로 간주될 수 없다. 둘째, 이전 구절에서 간략히 암시했듯이, 이 특별한 질문을 마음속에 품고, 감정의 전문모형과 통속모형 모두의 정확한 발달과 재활용을 추적하기 위해서는 감정의 역사적 연구가 필요하다. 이 연구는 단지 시작에 불과하다(Geeraerts & Grondelaers 1995, Burnyeat 1997, Padel 1992 참조. 이 가운데 후자의 두 연구는 은유 접근법에 결정적인 장점을 가진다).

제8장
감정 범주화의 보편성

감정은 문화마다 동일하게 개념화되는가, 아니면 다르게 개념화되는가? 문화의 구성원들마다 각자의 감정 경험에 대해 생각하고 그것을 해석하는 방식에 두드러진 차이가 있다는 것을 듣는다고 해도 놀랄 사람은 아무도 없다. 또한, 문화들 간에 어떤 유사성이 있다는 것을 들어도 마찬가지일 것이다. 어쨌든 우리는 특별한 감정 개념이 서로 다른 문화에서 (적어도 개략적으로) 서로 대응하거나 서로의 상관물이라는 것에 대해 이야기하고 있다. 그래서 우리의 처음 질문에 앞서 보다 중요하고 뜻 깊은 질문은 감정의 개념화에서 정확히 무엇이 보편적이고, 무엇이 감정 개념화에 있지 않는가라는 질문인 듯하다. 기본적으로, 적어도 나는 근사적 보편성인 개념적 은유가 있으며, 근사적 보편성은 감정 상태에서 신체적 기능의 보편적 양상으로부터 나온다고 제안한다. 그와 동시에 이 논제에 대한 이런 식의 사고방식이 문화적 변이의 여지를 남긴다고 주장하고 싶다. 다음 장에서는 이 질문의 이런 양상을 다룰 것이다.

우리는 감정의 개념화가 근사적 보편적 양상을 가지는지를 과연 어떻게 보여줄 수 있는가? 그 대답은 간단하다. 이를 위해 우리는 서로 다른 문화권의 사람들이 어떻게 감정에 대해 이야기하는지를 상세히 검토해 봐야 한다. 한 문화에서 (화, 공포, 사랑, 부끄러움 등에 대응하는) 단 하나의 감정 용어의 사용을 검토하는 것으로 끝내서는 안 된다. 은유와 환유를 포함해 감정에 대해 이야기하는 많은 비유적 방법에 대한 이용 가능한 언어적 증거를 점검해야 하는데, 이런 비유적 방법은 모든 문화의 이야기를 특징지을 것이다. 영어가 아닌 다른 문화권의 사람들이 감정에 대해 이야기하는 중에 비유적 언어를 대량으로 사용하지 않는다는 것은 믿을 만한 주장이 아니다. 비유적 감정 언어에 대한 연구가 영어에서 중요하다면, 그것은 다른 언어에서도 중요하다. 우리는 몇몇 자구적 낱말은 물론이고 몇몇 언어에서도 감정과 관련되는 가능한 한 가장 폭넓고 다양한 비유적 언어 표현을 연구해야 한다. 나에게 있어 이것은 문화 간의 감정에 대한 언어학 연구를 위한 유일한 합리적인 근거이다.

영어와 헝가리어의 감정 언어

영어와 헝가리어는 발생학적으로 관련 없는 언어다. 영어는 인도유럽 어족이고, 헝가리어는 피노-우그리아 어족에 속한다. 그리하여 혹자는 영어의 감정에 적용되는 대부분의 비유 언어가 헝가리어의 동일한 감정에는 적용되지 않을 거라고 예상할지 모른다. 그러나 이 두 언어가 유럽에서 비교적 지리적으로 가깝기 때문에 어느 정도 서로 (직접적으로나 간접적으로) 접촉해 왔다. 그렇다면 혹자는 동일한 감정에 대해 비유 언어를 사용할 때, 이 두 언어 사이에도 어느 정도의 유사성을 예상할 수 있을 것이다. 이것은 분명 단순화하기 위한 가설이지만, 그것들은 비유적 감정 언어에서 두 언어 사이의 상대적인 차이성과 유사성을 결정하는 유용한 방법일 수도 있다.

나는 몇몇 지도 학생들과 함께 헝가리의 여성 잡지 두 권(*Nők Lapja*와 *Kiskegyed*)과 그에 상응하는 영어 잡지(*McCall's, Hello, Best*)를 검토한 바 있다. 우리는 감정을 기술하는 데 어느 정도로 헝가리어 잡지와 영어 잡지가 유사하거나 차이가 나는지를 보고 싶었다. 영어 잡지의 비유 언어 사용은 이전 장들(특히 제2장)에서 언급한 것과 일치했다. 우리가 이 책에서 보았던 주요한 개념적 은유와 환유를 이런 잡지에서도 발견할 수 있었다. 더욱 놀라운 것은 학생들과 내가 헝가리어 잡지에서도 역시 동일한 은유적 패턴과 환유적 패턴을 발견했다는 점이다. 헝가리어의 이런 주요한 비유적 패턴의 일부는 다음에 지시할 텐데, 영어로 번역한 (반드시 관용적인 영어로 번역한 것은 아니다) 몇 가지 예로 예증될 것이다.

먼저, 낭만적 사랑과 관련되는 몇 가지 개념적 은유를 고려해 보자.

사랑은 불이다

Idővel majd elválik, hogy mi volt ez, *fellángolás*, vagy olyan érzelem, amire tartós kapcsolatot építhetnek.

With time we will see what this was; a *flare-up*, or a feeling on which a lasting relationship can be built. (우리는 시간이 지나면서 이것이 무엇이었는지를 보게 될 것이다. 그것은 섬광, 즉 지속적인 관계가 쌓일 수 있는 토대가 되는 감정이다.)

De ne *játsszon a tűzzel*, a férfiak nem tudják megbocsátani, ha hitegetik őket.

But do not *play with the fire*, men cannot forgive if they are fed with promises. (하지만 불장난을 하지 마세요. 남자들은 약속에 진저리가 나면 절대 용서하지 않습니다.)

사랑은 마술이다

Találkoztunk. És valami megfoghatatlan *varázslat kerített hatalmába*.

We met. And an inconceivable *magic overpowered* me. (우리는 만났고, 믿을 수 없는 *마술이 나를 무력케 했다*.)

사랑은 물리적 힘(자력)이다

A lány *mágnesként vonz*.

The girl *attracts me as a magnet*. (그 소녀는 나를 자석처럼 끌어당긴다.)

사랑은 적이다

Szerelem vagy birodalom? Antonius életét felőrli a dilemma. Nem a józan ész, a vak szerelem *győz*.

Love or the empire? The dilemma is taking its toll on Antonius's life. Not good sense, but blind love *wins*. (사랑인가 제국인가? 그 딜레마나 안토니우스의 인생으로 희생자를 내고 있다. 좋은 감각이 아닌 맹목적인 사랑이 승리한다.)

사랑은 상호관계에 기초한 경제적 교환이다

Engedje szabadon érzelmeit, merjen őszintén örülni, és legyen hálás annak, aki ez örömöt szerzi. A szeretetért *jár cserébe*.

Let your feelings (go) free, dare to be sincerely joyous, and be grateful to the person who brings that joy. Love *should be returned* with love. (당신 감정을 자유롭게 하고, 대담하게 진정으로 즐기고, 그런 기쁨을 가져다준 사람에게 감사하라. 사랑은 사랑으로 되돌아와야 한다.)

일반적 감정과 관련된 몇 가지 일반적 은유는 다음과 같다.

감정/행복은 포획된 동물이다

Engedje szabadon érzelmeit, merjen őszintén örülni, és legyen hálás annak, aki ez örömöt szerzi. A szeretetért szeretet jár cserébe.

Let your feelings (*go*) *free*, dare to be sincerely joyous, and be grateful to the person who brings that joy. Love should be given in exchange for (returned with) love. (당신 감정을 *자유롭게 하고*, 대담하게 진정으로 즐기고, 그런 기쁨을 가져다준 사람에게 감사하라. 사랑은 사랑으로 교환되어야 한다(되돌아와야 한다).)

감정은 사람/그릇 내의 물질이다

감정적 긴장은 그릇 내의 압력이다

Az édesanyám tényleg türelmes, érzékeny asszony volt, de *bennem* rengeteg az indulat··· *Bennem gyűlik, egyre gyűlik* a feszültség··· nyolcvanszor meggondolom, mielőtt valakit kiosztok, inkább sokáig *tűrök, tűrök,* azután egyszer *kitörök.*

My mother was a truly patient, sensitive woman, but there is much temper *within me*··· Tension *gathers and gathers inside me*··· eighty times I think over before I give somebody a piece of my mind, I rather take it and take it, and then I *burst out* all at once. (우리 어머니는 참으로 인내심이 강하고 민감한 여자였지만, *내 마음속에는 많은 노기가 있다. 긴장이 내 속에서 쌓이고 쌓인다.* 나는 누군가에게 나의 마음의 일부를 주기 전에 80번이나 생각을 하고, 그것을 오히려 계속 쥐고 있다가, *나는 갑자기 폭발한다.*)

마지막으로, 화의 환유와 은유 모두를 포함하는 예가 있다.

얼굴의 붉어짐은 화를 대표한다

화는 그릇 속의 펄펄 끓는 액체다

Arca piros volt az indulattól, dac és düh *fortyogott benne*⋯ halálos méreg.

Her *face was red* from emotion/temper, spite and anger *were seething inside him*⋯ deadly poison. (그의 얼굴이 감정으로 붉어졌다. 앙심과 화가 그의 마음속에 펄펄 끓고 있었다. 그것은 치명적인 독이었다.)

　이상의 모든 은유와 환유는 영어에서도 발견할 수 있다. 영어와 헝가리어처럼 서로 관련 없는 두 언어가 어떻게 감정에 대해 이야기하고 생각하는 비유적 방법을 상당할 정도로 공유할 수 있는가? 접촉만으로 감정 영역을 개념화할 때, 그렇게 높은 정도의 유사성을 생산하는 것이 가능한가? 서로에게 영향을 미치지 않았을 것 같은 언어들을 검토할 때, 그럴 것 같지는 않다. 그럼에도 불구하고 두 문화 사이의 광범위한 접촉을 확립하기 전에, 영어 사용 공동체와 헝가리어 사용 공동체에서의 감정 언어에 대한 상세한 역사적 연구를 통해서만 이 논제에 관한 결론을 이끌어 낼 수 있다. 이런 연구는 아직은 정확하지 않다. 때문에 개념화에서 이렇게 주목할 만한 정도의 유사성이 어떻게 발생할 수 있는지에 대한 가설만 제공해 보자. 나의 가설을 뒷받침해 줄 감정 개념은 화이다.

여러 언어와 문화에서 화의 통속 이해

Lakoff & Kövecses(1987)는 개념적 은유와 환유가 영어에서 화를 개념화하는 데 중요한 역할을 한다는 것을 보여주었다. 더 엄밀히 말해, 은유에 관해서 우리는 화는 **그릇 속의 펄펄 끓는 액체, 불, 위험한 동물, 적, 짐이다**와 같은 많은 개념적 은유를 밝혀내었고, 이 개념이 대체로 이런 개념적 은유에 의해 구성된다고 제안했다. 더욱이 우리는 "열" 은유, 특히 **그릇 속의 펄펄 끓는 액체** 은유가 영어에서 화의 은유적 체계의 중심이라고 지적했다.

최근 화에 관한 연구에서 레이코프와 함께 이용한 언어학적 방법론을 이용해 비인도유럽 어족에 속하는 언어들 가운데 개략적으로 화에 대응하는 개념을 연구하기 위한 몇몇의 연구가 있었다. 특히 King(1989)과 Yu(1995)는 중국에서 화의 개념 nu를 연구했다. Matsuki(1995)는 일본어에서 ikari(분노)를 분석했다. 학생들과 나는 가장 가까운 헝가리어 개념 düh(화)를 연구했다(Bokor 1997). 심지어 Munro(1991)는 월로프족이 화에 대응하는 개념을 기술하기 위해 사용한 언어를 연구했다. 마지막으로, 인류학자들과 철학자들도 종종 서로 다른 문화의 구성원들이 사용한 특별한 개념적 은유를 언급하고 있다. 나는 타히티족(Tahitian)의 화 기술에 대한 Levy(1973)의 연구에 대한 Solomon(1984)이 한 논평도 사용할 것이다.

Lakoff & Kövecses(1987)는 영어에서 화의 소박한 이해나 통속 이해를 원형적 인지모형으로 특징지었으며, 다음과 같은 인지모형을 제시하였다.

1. 불쾌한 사건

   가해자가 자아의 감정을 상하게 한다.

   가해자에게 잘못이 있다.

   불쾌한 사건은 자아를 불쾌하게 한다.

   (이 시점에서 최하점에 해당하는) 모욕의 강도는 보복의 강도를 능가하여 불균형을 창조한다.

   모욕은 화가 존재하도록 한다.

2. 화

   화가 존재한다.

   자아는 생리적 효과(열, 압박, 흔들림)를 경험한다.

   화는 자아에게 힘을 발휘하여 그가 보복 행위를 시도하도록 한다.

3. 화 통제 시도

   자아는 화를 통제하려는 시도로 저항을 한다.

4. 통제 상실

   화의 강도는 한계를 초월한다.

   화는 자아를 통제한다.

   자아는 화난 행위(판단력 소실, 공격적 행동)를 보여준다.

   자아는 손상을 입는다.

   화의 대상, 즉 가해자는 위험하게 된다.

5. 보복

   자아는 가해자에게 보복 행위(화난 행위)를 한다.

   보복의 강도는 모욕의 강도와 균형을 맞춘다.

   화의 강도는 최하점으로 내려간다.

   화는 존재하지 않는다.

여기서의 주요 생각은 화와 연상되는 은유와 환유가 이 모형에 수렴되어 그것을 구성하며, 은유와 환유마다 이 모형의 서로 다른 부분에 사상된다는 것이었다.

헝가리어의 원어민들도 화(düh)에 대한 동일한 문화모형을 가지고 있는 듯하다. Lakoff & Kövecses(1987)가 영어에 대한 문화모형의 타당성을 평가하기 위해 사용한 but-테스트는 영어 사용자와 마찬가지로 헝가리어 사용자에게도 동일한 결과를 가져왔다("화"에 관한 심리언어학 실험에서 but-테스트의 사용은 Gibbs 1990 참조).

King(1989)은 2개의 원형적 인지모형이 중국어에서도 작용하고 있다고 제안한다.

1. 불쾌한 사건
   가해자가 자아의 감정을 상하게 한다.
   불쾌한 사건은 자아를 불쾌하게 한다.
   모욕은 몸에 불균형을 초래한다.
2. 화
   화가 존재한다.
   자아는 생리적 효과(열, 압박, 흔들림)를 경험한다.
3. 화 통제 시도
   자아는 화를 통제하고자 저항을 한다.
4. 화 분출
   자아는 화난 행동을 보여줌으로써 화를 분출한다.
5. 마음의 평정 회복
   분출된 화의 양은 몸속의 부절제와 균형을 맞춘다.
   불균형이 사라지고 마음의 평정이 회복된다.

또 다른 모형은 다음의 4단계와 5단계인데 이는 위의 모형과는 다르다.

4. 전환

   화의 힘은 몸의 다양한 부분으로 돌려진다.

   자아는 신체상의 효과(두통, 위통 등)를 보여준다.

5. 보상 사건

   보상 사건이 자아를 기쁘게 한다(이것은 보통 자아에게 돌려진 연민 행위이다).

   보상의 강도는 모욕의 강도와 균형을 맞춘다.

   화의 신체상의 효과가 사라진다.

   화는 존재하지 않는다.

일본어의 ikari(털 전형적으로 hara(위/창자))를 특징지을 때, Matsuki (1995: 145)는 미국영어에서 발견한 이 모형과 관련해 "이 시나리오는 일본어의 화에도 적용되는데, 비록 3단계가 영어에서보다 더 정교하기는 하다"라고 지적한다. 일본어의 개념에서 ikari의 통제 양상은 훨씬 더 정교하다. 왜냐하면 화가 먼저 hara에서 나타나고, 다음으로 mune(가슴)로 올라간 뒤 마지막으로는 atama(머리)로 가기 때문이다. 마츠키(Matsuki)가 지적하듯이, hara는 그릇(위/창자 지역)이고, 또한 환유적으로는 감정일 수 있다("그릇은 내용물을 대표한다"). mune는 가슴이고 atama는 머리이다. 만약 화가 atama에 이르게 되면, 화난 사람은 화를 통제할 수 없다.

이런 모형들에는 몇 가지 공통점이 있다. 각각의 모형은 몇몇 연속적인 단계들로 구성되는 듯하다. 또한 존재론적 · 인과적 · 표현적 양상을 가진 듯하다. 앞서 제시한 특징묘사에 기초해서, 각각의 감정 개념(anger, düh, ikari, nu)에 대한 다음과 같은 일반적인 구조를 찾을 수 있다. 원형적 인지모형에는 존재론적 위상과 화의 본질, 이를테면 그것이 어떤 종류의 사물/사건인지를 알게 해주는 *존재론적*(*ontological*) 부분이 있다. 네 가지 언어에서의 화는 사람 내부에 있는 힘으로서, 이는 사람에게 힘을 발휘할 수 있다. 존재론적 부분은 또한 각 감정과 연상되는 생리적 과정을 포함한다. 이 모형의 존재론적 부분은 전체 인지모형이나 시나리오의 두번째 단계를 구성한다. 이 모형의 첫번째 단계는 *인과적*(*causal*) 부분이다. 이것은 화를 어떤 상황에 의해 초래되거나 생기는 감정으로 제시한다. 이 모형의 또 다른 부분은 *표현적*(*expressive*) 성분, 즉 화가 서로 다른 문화에서 표출되는 방식에 관련된다. 이런 인지모형은 우리에게 네 가지 문화가 화를 표출되는 무언가로 간주한다고 말한다. 마지막으로, 표현적 성분은 이 모형의 구분되는 두 단계로 표현되는 *통제* 성분에 의해 선행된다. 화 표출을 통제하고자 하는 시도와 통제 상실이 그것이다. 따라서 네 가지 문화에 대한 5단계 모형은 다음과 같다. 즉 원인 → (힘의 형태를 하고 있는) 화의 존재 → 통제 시도 → 통제 상실 → 표출. 여기서 표출과 통제는 서로 밀접하게 관련되어 있기 때문에(표출 통제는 미해결로 남아 있다), 이 둘을 하나의 양상으로 간주하여 이 모형의 표현 부분으로 언급한다면 간단히 원인 → 존재(힘) → 표출로 이어지는 것이 가능하다. 이것은 네 가지 문화 모두가 그들의 통속 이해에서 공유하는 *기본 구조*처럼 보인다.

이런 관찰에 따르면, 매우 다른 4개의 언어와 문화에서 네 가지 감정 개념은 *기본* 구조와 관련해 상당히 유사하다는 결론을 내릴 수 있다(중국어와 일본어가 "매우 다른" 언어와 문화인지 또는 단 한 언어의 변이형인지의 여부, 그리고 어느 정도까지 그러한가는 논란의 여지가 있다). 만약 화와 같은 감정 개념이 단지 훨씬 폭넓은 문화에 의해 결정된다면, 이런 일은 발생하지 않을 것이다. 이런 유사성에 대한 가능한 설명 몇 가지가 있다. 그중 하나는 유사성이 완전히 우연적이라는 것이다. 우리는 어떤 믿을 수 없는 우연의 일치에 의해 네 가지 문화가 화에 대해 우연히 아주 유사한 통속 이해를 가진다고 제안할 수 있다. 이런 상황을 설명하는 또 다른 방법은 일단 통속 이해로서의 기본 구조가 발생했을 때(어디서 발생하느냐는 중요하지 않다), 그것이 다른 문화로 전달되었다고 제안하는 것이다. 마지막 세번째 설명은 기본 구조가 인간 몸의 어떤 보편적 자질에 의해 심오하게 영향을 받는 인간 개념화의 산물이라는 것이다. 나는 이 세번째 선택권을 여기서 전개할 것이다.

왜 유사성인가?

왜 다양한 문화에서 감정 개념이 *기본 구조*를 공유하는가라는 질문에 대한 가장 짧은 답은 문화들 역시 감정 개념을 가르쳐 주고 그것을 구조화하는 중심적인 은유(즉 통속 이해)를 공유한다는 것이다. 이것이 바로 그릇 은유다. 세부 내용은 다음과 같다.

언어적 용법이 암시하듯이, 네 가지 문화는 모두 인간을 그릇으로 개념화하고, 화를 그릇에 담긴 내용물(액체나 가스)로 개념화하는 것처럼 보인다. 이런 개념화는 은유 **몸은 감정을 담는 그릇이다**와 **화는 그릇에 담긴 내용물(액체/가스)이다**에 의해 포착될 수 있다. 우리는 이런 두 하위 은유를 모두 **그릇** 은유라고 부를 것이다. 네 가지 언어에서 나온 몇 가지 예가 있다.

영어

He was filled with anger. (그는 화로 가득 차 있었다.)

Try to get your anger out of your system. (화를 내지 않도록 하세요.)

중국어

man qiang fen nu [full cavity anger]

to have one's body cavities full of anger. (몸의 구멍이 화로 가득 차게 하다.)

일본어

Ikari ga karadajyu ni jyuman shita [anger in my body to be filled was].

My body was filled with anger. (나의 몸은 화로 가득 찼다.)

Ikari o uchi ni himeta [anger inside to lock in].

I contained my anger. (나는 화를 억제하였다.)

헝가리어

Tele van dühvel [full is düh-with].

He is full of anger. (그는 화로 가득 차 있다.)

Nem tudta magában tartani dühét [not could himself-in to keep anger-his].

He could not keep his anger inside. (그는 화를 안에 담아둘 수 없

었다.)

화(그리고 흄(Hume)에 따르면 다른 "폭력적인 열정")를 개념화하는 목적에 대해 그릇 은유의 주요한 매력은 그것이 화의 수많은 양상과 특성을 포착한다는 점이다. 우리는 이 은유를 통해 강도(filled with), 통제(contain), 통제 상실(could not keep inside), 위험성(brim with), 표현(express/show) 등을 개념화할 수 있다. 실제로 화와 연상되는 어떤 다른 개념적 은유도 화의 모든 양상을 이해하도록 해줄 수 없다. 그릇 은유의 이런 자질은 부분적으로 주어진 문명에서 역사적이고 (Geeraerts & Grondelaers 1995) 범문화적으로(Solomon 1984) 이 은유의 독특한 인기에 따른 것일 수 있다. 이 은유는 또한 화에 대한 통속 이론과 과학적 이론 둘 다로서 가장 인기 있는 것 같다(Solomon 1984, Lutz 1988, Kövecses 1990).

방금 보았듯이, 동일한 일반적인 **그릇** 은유가 네 가지 문화에 존재하는데, 그것은 화가 어느 경우든 인간의 몸이라는 폐쇄된 그릇 속에 있는 일종의 내용물(액체나 가스)로 간주됨을 의미한다. 그러나 이 일반적인 은유는 은유적 이해의 특정 층위에서 다소 다른 방식으로 정교화되고 있다.

영어

이 특정 층위에서 영어를 특징짓는 은유는 **화는 그릇 속의 펄펄 끓는 액체다**이다. Lakoff & Kövecses(1987)에서 나온 다음과 같은 예를 고려해 보라.

You make my blood boil. (당신은 나를 격앙시킨다.)

Simmer down! (흥분을 가라앉히세요!)

Let him stew. (그를 화나게 하자.)

이 모든 예들은 (사람 몸에 대응하는) 그릇, 그릇 속의 액체, 액체가 지닌 속성으로서의 열의 요소를 가정한다. 펄펄 끓는 액체, 더 정확히 말해 액체의 열은 화에 대응한다. 그렇다는 것은 (Keep *cool*(냉정하다)에서처럼) 열의 결핍이 화의 결핍을 암시한다는 사실로 볼 수 있다.

영어에서 **펄펄 끓는 액체** 은유는 일련의 은유적 함의를 생성한다. 이것은 우리가 폐쇄된 그릇 속에서 펄펄 끓는 액체의 행동에 대한 지식을 화의 개념에 전달한다는 것을 의미한다. 그 결과 다음과 같은 것을 얻을 수 있다.

화의 강도가 증가할 때, 액체가 상승한다.

His pent-up anger welled up inside him. (그의 울분이 마음속에서 치밀어 올랐다.)

She could feel her gorge rising. (그녀는 분통이 치솟는 걸 느낄 수 있었다.)

We got a rise out of him. (우리는 그를 계획적으로 골나게 하다.)

강렬한 화는 증기를 생산한다.

Billy's just blowing off steam. (빌은 막 울분을 풀었다.)

Smoke was coming out of his ears. (그의 귀에서 연기가 나오고 있었다.)

강렬한 화는 그릇에 압력을 가한다.

He was bursting with anger. (그는 화로 꽉 차 있었다.)

I could barely contain my rage. (나는 분노를 담아둘 수 없었다.)

통제를 강조하는 그 변이형은 다음과 같다.

I suppressed my anger. (나는 화를 억눌렀다.)

화가 너무 강렬하게 될 때, 사람은 폭발한다.

When I told him, he just exploded. (내가 그에게 말했을 때, 그는 막 감정이 폭발했다.)

She blew up at me. (그녀는 나에게 격노했다.)

We won't tolerate any more of your outbursts. (우리는 더 이상 당신의 격발을 참지 않을 것이다.)

사람이 폭발할 때, 사람의 일부가 공중으로 솟구친다.

I blew my stack. (나는 발끈 화내었다.)

She flipped her lid. (그녀는 분노를 폭발시켰다.)

He hit the ceiling. (그는 분통을 터뜨렸다.)

사람이 폭발할 때, 사람 내부의 것이 밖으로 튀어나온다.

His anger finally came out. (그의 화가 마침내 밖으로 나왔다.)

헝가리어

그릇 은유의 헝가리어 버전 또한 그릇 속의 펄펄 끓는 액체를 강조한다. 헝가리어 은유 화는 **그릇 속의 펄펄 끓는 액체다**는 영어와는 불과 몇 가지 점에서만 차이가 난다.

Forrt benne a düh [boiled in-him the anger].

Anger was boiling inside him. (그 사람은 속에서 화가 끓고 있었다.)

Fortyog a dühtól [seethed the anger-with].

He is seething with anger. (그는 화로 펄펄 끓고 있다.)

헝가리어에서 영어와 관련한 유일한 차이는 몸 전체 외에, 머리도 펄펄 끓는 액체를 담을 수 있는 그릇이라는 점이다.

다음 예에서 알 수 있듯이, **그릇 속의 펄펄 끓는 액체** 은유의 함의 대부분도 헝가리어에 적용된다.

화의 강도가 증가할 때, 액체가 상승한다.

Felgyülemlett benne a harag [up-piled in-him the wrath].

Wrath built/piled up in him. (그 사람 마음속에 분노가 쌓였다.)

Feltört benne a harag [up-welled in-him the wrath/anger].

Anger welled up inside him. (그는 화가 치밀어 올랐다.)

강렬한 화는 증기를 생산한다.

Teljesen begőzölt [completely in-steamed-he].

He was all steam. (그는 화가 났다.)

Füstölgött magában [smoked in-himself].

He was fuming alone/by himself. (그는 노발대발하고 있다.)

강렬한 화는 그릇에 압력을 가한다.

Majd szétvetette a harag [almost apart-burst-him the anger].

His anger almost burst him. (그는 화로 거의 폭발했다.)

Majd eldurrant a feje [almost burst the head-his].

His head almost burst. (그의 머리가 거의 폭발했다.)

Majd szétrobbant dühében [almost apart-exploded-he anger-in].

He almost exploded with anger. (그는 화가 나서 거의 폭발했다.)

Alig birta magában tartani dühét [hardly could-he himself-in to hold anger].

He could hardly hold his anger inside. (그는 화를 거의 억제할 수

없었다.)

화가 너무 강렬하게 될 때, 사람은 폭발한다.

Megpukkadt mérgében [burst-he anger-in].

He burst with anger. (그는 화로 폭발했다.)

Szétrobbant dühében [apart-exploded-he anger-in].

He exploded with anger. (그는 화로 폭발했다.)

Nem tűröm kitöréseidet [not toletate-I out-bursts-your].

I do not tolerate your outbursts. (나는 당신의 화를 참지 못한다.)

사람이 폭발할 때, 사람의 일부가 공중으로 솟구친다.

A plafonon van már megint [the ceiling-on is already again].

He is on the ceiling again. (그는 다시 분통을 터뜨린다.)

사람이 폭발할 때, 사람 내부의 것이 밖으로 튀어나온다.

Kitört belőle a düh [out-burst from-inside-him the anger].

Anger burst out of him. (화가 그에게서 터져 나왔다.)

Kifakadt [out-burst-he].

He burst out. (그는 갑자기 화를 내었다.)

중국어

중국어는 화(nu)에 대한 그릇 은유의 또 다른 버전을 제공한다. 중국어 버전은 문화적으로 의미심장한 *기*라는 개념을 이용하고 그것에 기초한다(King 1989, Yu 1995 참조). *기*는 몸속에 흐르는 액체나 가스로 개념화되는 에너지다. 액체나 에너지는 과도함을 증가하거나 생산할 수도 있다. 이것은 우리가 화의 감정을 품을 때의 경우이다. King(1989)은 다음과 같은 예에 기초하여 화에 대한 "과도한 *기*" 은유를 식별해 냈다.

화는 몸속의 과도한 *기*이다

xin zhong de nuqi shizhong wei neng pingxi [heart in POSS anger qi]

the anger qi in one's heart (마음속의 화의 기)

chen zhu qi [deep hold qi]

to hold one's qi down (기를 억제하다)

qi yong ru shan [qi well up like mountain]

one's qi wells up like a mountain (기가 산처럼 치밀어 오르다)

bie yi duzi qi [hold back one stomach qi]

to hold back a stomach full of qi (기로 가득 찬 위를 억제하다)

yuji zai xiong de nuqi zhongyu baofa le [pent up at breast POSS anger qi finally explode LE]

the pent up anger qi in one's breast finally explodes (가슴속의 갇혀 있는 화가 마침내 폭발하다)

bu shi pi qi fa zuo [NEG make spleen qi start make]

to keep in one's spleen qi (비장 기를 억누르다)

첫째, 중국어에서 화 *기*는 가슴, 심장, 위, 비장을 포함해 몸의 다양한 부위에 존재한다는 것을 관찰할 수 있다. 둘째, 화 *기*는 영어, 헝가리어, 일본어에서와는 달리 뜨겁지 않은 액체이다. 그 온도는 상술되지 않는다. 결과적으로, 중국어에는 증기가 생긴다는 생각에 관한 함의는 없다. 셋째, 화 *기*는 액체로서, 이것의 증강은 몸이나 특정한 몸 기관에 압력을 만든다. 이런 압력은 전형적으로 화의 통제 상실에 대응하는 폭발을 촉발시킨다.

또 다른 예인 화는 ***기*의 이동이다**는 폭발 후 어떤 일이 발생하는지를 알도록 해준다. 다음 예를 고려해 보라.

dong nu [move anger]

to move one's anger (화를 이동시키다)

yi zhi ziji de fen nu [restrain self POSS anger]

to restrain one's anger (화를 억누르다)

ta nu qi shao ping le [he anger qi a little level LE]

His anger qi calmed down (화 기가 가라앉았다)

ping xin jing qi [level heart quiet qi]

to have a level heart and quiet qi (심장이 평온해지고 기가 조용해
지다)

과도한 *기*는 이제 사라지고, *기*는 다시 한 번 조화롭게 몸속에서
흐른다.

일본어

Matsuki(1995)는 **화는 그릇 속의 펄펄 끓는 액체다** 은유가 일본어
에도 존재한다는 것을 관찰했다. 영어와 헝가리어 은유 모두와 일본
어 은유를 구별하는 한 가지 특성은 몸 전체 외에 (일본어로 hara로 불
리는) 위/창자 부위가 화에 대응하는 펄펄 끓는 액체를 담는 주요한
그릇으로 간주된다는 것이다. (Matsuki 1995와 나의 두 일본어 정보제
공자인 노리코 이케가미(Noriko Ikegami)와 쿄코 오카베(Kyoko Okabe)로
부터 나온) 다음의 일본어 예와 타카시 쿠수미(Takashi Kusumi)(개인
적 교신 1997년 6월)를 고려해 보라.

harawata ga niekurikaeru

one's intestines are boiled(장이 끓다)

Ikari ga karada no naka de tagiru.

Anger seethes inside the body. (화가 몸 안에서 펄펄 끓다.)

Ikari ga hara no soko wo guragura saseru

Anger boils the bottom of stomach. (화가 위의 바닥을 끓이다.)

어떤 은유적 함의는 영어, 헝가리어, 중국어에 있는 것과도 동일
하다.

화의 강도가 증가할 때, 액체가 상승한다.

  Ikari ga kokoro-no naka-de mashita-itta.

  Anger in my mind was getting bigger. (내 마음속의 화가 더 커지
  고 있었다.)

강렬한 화는 증기를 생산한다.

  Atama kara yuge ga tatsu.

  Steam rises up from the head. (증기가 머리로부터 올라간다.)

  Kanojo-wa yugeotatete okotte-ita [she with steam/steaming up
  was angry].

  She got all steamed up. (그녀는 매우 화를 냈다.)

강렬한 화는 그릇에 압력을 가한다.

  Ikari no kimochi wo oasekirenai.

  Cannot suppress the feeling of anger. (화의 느낌을 억누를 수 없다.)

  Watashi-wa ikari-o osaeta [I anger suppressed].

  I suppressed my anger. (나는 화를 억눌렀다.)

Atama ni chi ga noboru.

Blood rises up to the head. (피가 머리까지 올라온다.)

화가 너무 강렬하게 될 때, 사람은 폭발한다.

Haha wa toutou bakuhatsu shita.

My mother finally exploded. (우리 어머니는 마침내 폭발했다.)

Kannin-bukuro-no o-ga kireta ["patience bag" tip/end was cut/broken/burst].

His patience bag burst. (그의 인내심이 폭발했다.)

Ikari-ga bakuhatsu-shita [anger exploded].

My anger exploded. (나의 화는 폭발했다.)

　일본어의 경우에는 적용되지 않는 함의는 "사람이 폭발할 때, 그 사람의 일부가 공중으로 솟구친다"와 "사람이 폭발할 때, 그 사람 내부의 것이 밖으로 튀어나온다"이다. 이런 연구 결과는 충분하지 못한 언어적 증거 탓일 수 있다. 그러나 명확하게도 나의 모든 출처는 이의 없이 일본어가 첫번째 네 가지 함의를 가지며, 그중 네번째 것은 폭발이 화의 통제 상실에 대응한다는 것을 주지시킨다. 사실, 순서상 뒤에 나오는 다른 함의들은 통제 상실의 개념에 대한 단순한 보충물로 간주될 수 있다.

　일본어에서는 화가 펄펄 끓는 액체로 개념화된다. 펄펄 끓는 액체는 주로 그릇으로 기능하는 위/창자 지역(hara) 내에 있다. 그러나 일본어에는 화가 동시에 펄펄 끓는 액체로 개념화되지 않으면서 hara 안에 있는 것으로 묘사되는 또 다른 은유가 있다(이 은유에 관해서, 나의 분석은 마츠키의 분석과는 다소 다를 뿐만 아니라 그녀의 몇몇 예를 재분석하고, 2명의 일본어 정보제공자가 나에게 제공한 부가적인 언어적 정보에 의존한다). 또한 "hara는 화를 담는 그릇이다" 은유가 있다. "hara는 그릇이다"와 그릇 속의 펄펄 끓는 액체 은유 간의 주요 차이는 펄펄 끓는 액체 은유가 명백히 압력이 가해진 그릇을 암시하는 데 반해, "hara" 은유는 단지 주변적으로만 그릇을 암시한다는 것이다. 이제 그 예를 보자.

hara ga tatsu [stomach to stand up]

get angry (화나다)

hara no mushi ga osamaranai [stomach bug no calm down]

I can't calm down. (나는 진정할 수 없다.)

Kimochi wa wakaru keredo hara ni osamete kudasai

I understand how you feel, but save it inside stomach (나는 당신이 어떤 느낌인지 이해하지만, 그것을 위 안에 저장해 두세요)

Hara ni suekaneru

cannot lay it in stomach (그것을 위 속에 넣어둘 수 없다)

Anmari hara ga tatta node hon wo negetsuketa

I threw a book because stomach rose up so much. (위가 너무 많이 치솟았기 때문에 나는 책을 집어 던졌다.)

Haradatatashisa ni mune wo shimetsukerareru

feel strangled with mune (=chest) because of the rise of stomach (위가 치솟았기 때문에 가슴이 억압된 느낌이다)

Toutou atama ni kita

Finally it (anger, blood) came to atama (head). (마침내 화/피가 머리로 왔다.)

Matsuki(1995)가 지적하듯이, "hara" 은유 중 무엇보다 흥미로운 자질은 이 은유가 정교한 통제 양상을 가진다는 점이다. 화의 강도 증가는 hara rising, 가슴(mune)이 화로 가득 찬다, 궁극적으로 화가 머리(atama)에 도달하다로 암시된다. 화의 강도가 연속적이고 증가하는, 이런 세 가지 정도는 화 통제에 대한 각기 다른 가능성과 연상된다. 화가 머리에 도달하면 화난 사람은 화를 통제하지 못한다(이것은 극도의 화가 사람의 정상적인 정신적 기능을 방해해서 화 통제가 불가능하게 된다는 통속 이론과 관련될 수 있다). 그러나 화가 hara나 mune 속에 있을 때에는 화를 극복하고 (가령 눈물을 흘림으로써) 화를 숨길 수 있다. 일본어의 화에 대한 개념화에 관해, 이 모든 것의 의미는 이런 개념화가 일본인들이 화를 숨기고 통제하고자 하는 것을 강조한다는 것을 보여준다는 것이다(Averill 1982 참조).

다른 언어들

또한 화에 대한 **그릇** 은유가 존재한다는 증거는 다른 문화에서도 찾을 수 있다. 타히티어는 화가 그릇 속의 힘으로 개념화되는 문화를 부가적으로 예증하는 역할을 할 수 있다. 예컨대 Levy(1973)는 타히티어 정보제공자들은 "타히티인은 화난 사람이 마치 병 같다고 말한다. 그가 채워질 때, 넘치기 시작할 것이다"(Solomon 1984: 238에서 인용)라는 것을 인용한다.

세네갈과 잠비아에서 사용되는 아프리카 언어인 월로프어에서는 낱말 bax는 자구적 의미로 "끓다"를 의미한다. 이 낱말은 "정말로 화내다"라는 의미로 은유적으로도 사용된다(Munro 1991). 이 은유가 존재한다는 것은 월로프어에 화에 대한 가능한 개념화로 **그릇** 은유 같은 것이 있음을 암시한다.

"그릇" 은유의 구조

이런 **그릇** 은유에 공통적인 것은 화가 날 때 그릇이 열이 있거나 열이 없는 압력이 가해진 그릇이라는 것에 주목해 보라. 이 은유의 기본 대응관계, 즉 사상은 다음과 같다.

액체가 담긴 그릇은 화난 사람이다.

그릇 속의 액체는 화다.

액체가 그릇에 가하는 압력은 화가 화난 사람에게 가하는 힘이다.

압력의 원인은 화 힘의 원인이다.

액체를 그릇 속에 붙들어 두려는 시도는 화를 통제하려는 시도이다.

액체가 그릇 밖으로 나오는 것은 화의 표출이다.

그릇의 물리적 기능장애는 화난 사람의 사회적 기능장애다.

나는 이런 사상이 화에 대한 통속 이해의 기본 구조를 구성하는 역할을 한다고 믿는다. 이런 사상 없이는(즉 액체나 가스의 힘이 그릇에서 행동하는 방법에 대한 도식적 구조를 화에 부과하는 것), 화가 어떻게 지금의 구조를 습득할 수 있었는지 알기 어렵다. 이 구조는 어떤 상황이 사람 내부에 힘을 분출시키고, 그 다음에는 그 힘이 사람이 억제되도록 하는 방식으로 행동하도록 하는 구조이다. "원인, 힘, 강제적 표출" 구조는 **압력이 가해진 그릇** 은유를 환기하지 않고서는 모호하며, 완전히 자의적일 것이다. 이 은유는 상세한 사상을 통해 이런 개념들에 응집적 구조를 제공한다.

다시 말해 우리는 이제 영어의 화와 (앞서 보았듯이 어쩌면 더 많은) 매우 다른 네 가지 문화의 화가 거의 동일한 **압력이 가해진 그릇** 은유에 의해 개념화된다는 것을 알았다. 만약 앞절에서 제시한 네 가지 문화모형이 완전히 달랐다면, 이것은 불가능할 것이다. 퀸의 견해에서, 은유를 생산하거나 선택하는 것이 문화모형이기 때문에, 근본적으로 서로 다른 문화모형마다 매우 다른 은유가 생산되었다. 그런데 그렇지 않기 때문에, 우리는 너무 강한 퀸의 견해는 문화모형과 그에 상응하는 은유들 사이의 관계에 대한 일반적인 설명이 될 수 없다는 결론을 내릴 수 있다. 그의 견해는 문화-은유 관계에 대한 타당한 일반적 설명이 아니다. 왜냐하면 그것이 화라는 감정 개념에 적용되는 것 같지 않기 때문이다.

이 절을 결론내리면, 우리는 아마도 **압력이 가해진 그릇** 은유가 어떻게 네 가지 개념의 수많은 유사성, 즉 기본 구조를 포함하는 유사성을 설명하는 것으로 간주될 수 있는지를 알 수 있다. 그러나 결국 다음과 같은 새로운 문제가 제기되고 있다. 무엇보다 어떻게 네 가지 문화에서 **압력이 가해진 그릇** 은유가 서로 관련을 맺게 되는가?

어떻게 거의 동일한 은유가 화에 대해 나타나는가?

영어, 헝가리어, 일본어, 중국어, 아마도 월로프어 및 타히티어처럼 서로 다른 언어들과 문화들이 어떻게 **압력이 가해진 그릇** 은유라는 매우 유사한 공통된 은유를 생산했는가? 내가 알고 싶은 대답은 언어적 용법이 암시하듯이, 영어, 헝가리어, 일본어, 중국어 사용자들이 몸에 대해 매우 유사한 생각을 가지고 있고, anger, düh, ikari, nu 상태에 있을 때 모두 동일한 생리적 과정을 겪는 것 같다는 것이다. 그들은 모두 몸과 신체 기관을 그릇으로 간주한다. 그리고 언어적 증거가 암시하듯이, 그들은 어떤 상황(원인)에 대해 동일한 방식으로 생리적으로 반응한다. 그들은 체온, 내부 압력, 목과 얼굴 부위가 붉어짐(압력과 열의 가능한 결합)을 포함해 어떤 생리적 과정을 공유하는 듯하다. 논증하고 있는 이 시점에서 내가 생물학적·생리적 주장을 하고 있는 것이 아님을 기억하는 것이 중요하다(물론 나는 뒤에서 그런 주장을 할 것이다). 여기서의 주장은 언어학적 주장이며, 그 근거는 다음에 나오는 언어 예이다.

체온:

영어:

Don't get hot under the collar. (흥분하지 마세요.)

Billy's a hothead. (빌리는 성미가 급한 사람이다.)

They were having a heated argument. (그들은 열띤 논쟁을 하고 있었다.)

중국어 [Yu(1995)의 예]:

Wo qide lianshang huolalade.

My face was pepperily hot with anger. (나의 얼굴은 화가 나 매우 뜨거웠다.)

일본어 [Noriko Ikegami & Kyoko Okabe에게서 얻은 자료]:

(Watashi-no) atama-ga katto atsuku-natta [my head get hot].

My head got hot. (나의 머리는 뜨거워졌다.)

atama o hiyashita hoo ga ii [head cool should]

You should cool down. (당신은 냉정해야 합니다.)

헝가리어:

forrófejű

hotheaded(성미가 급한)

felhevűlt vita

heated argument(열띤 논쟁)

타히티어 [Solomon(1984)에는 열에 대한 자료가 없다]:

월로프어 [Munro(1991)에서 얻은 자료]:

tang [to be hot]

to be bad-tempered(시무룩하다)

Tangal na sama xol [he heated my heart]

He upset me, made me angry. (그는 나를 화나게 했다.)

내부 압력:

  영어:

Don't get a hernia! (탈장되지 마!)

When I found out, I almost burst a blood vessel. (나는 그것
을 알았을 때 거의 격분했다.)

중국어 [King(1989)에서 얻은 자료]:

qi de naomen chong xue [qi DE brain full blood]

to have so much qi that one's brain is full of blood (기가 너
무 많아서 뇌가 피로 가득 차다)

qi po du pi [break stomach skin]

to break the stomach skin from qi (기로부터 위 피부가 부서지다)

fei dou qi zha le [lungs al explode LE]

one's lungs explode from too much qi (기가 너무 많아 폐가 폭발하다)

일본어 [Noriko Ikegami & Kyoko Okabe에게서 얻은 자료]:

kara no okage de ketsuatsu ga agarippanashi da [he due to blood pressure to keep going up]

My blood pressure keeps going up because of him. (나는 그 때문에 혈압이 계속 올라간다.)

sonna ni ikiri tattcha ketsuatsu ga agaru yo [like that get angry blood pressure to go up]

Don't get so angry; your blood pressure will go up. (너무 화내지 마세요. 그러면 혈압이 올라갑니다.)

헝가리어:

agyvérzést kap [cerebral-hemorrhage gets]

will have a hemorrhage (발끈할 것이다)

felmegy benne a pumpa [up-goes in-him the pump]

pressure rises in him (압력이 올라가다)

felment a vérnyomása [up-went the blood pressure-his]

His blood pressure went up. (혈압이 올라갔다.)

타히티어: [자료 없음]

월로프어: [자료 없음]

얼굴과 목 부위가 붉어짐:
영어:
She was scarlet with rage. (그녀는 화가 나서 주홍색이 되었다.)
He got red with anger. (그는 화가 나서 얼굴이 붉어졌다.)

중국어 [King(1989)에서 얻은 자료]:
ta lian quan hong le yanjing mao huo lai [he face all red LE
eyes emit fire come]
His face turned red and his eyes blazed. (그의 얼굴이 붉어졌
고, 눈은 빛났다.)

일본어 [Noriko Ikegami & Kyoko Okabe에게서 얻은 자료]:
kara wa makka ni natte okotta [he red to be get angry]
He turned red with anger. (그는 화가 나서 얼굴이 붉어졌다.)

헝가리어:
Vörös lett a feje [red became the head-his]
His head turned red. (그의 머리는 붉어졌다.)

타히티어: [자료 없음]

월로프어: [자료 없음]

영어, 헝가리어, 일본어, 월로프어 및 일부 중국어는 체온 개념을 공유하는 것 같다. 이 개념은 아마도 느껴지는 피의 따뜻함의 개념과 함께 영어, 헝가리어, 일본어, 월로프어의 **그릇** 은유에서 열 성분에 대한 인지적 기초처럼 보인다. 중국어에 체온과 연상되는 환유가 많지 않다는 사실은 펄펄 끓는 액체를 수반하지 않는 중국어의 **그릇** 은유 때문인 것 같다. 내부 압력은 영어, 중국어, 일본어, 헝가리어에 나타난다. 타히티어와 월로프어에는 내부 압력에 대한 자료가 없다. 생리적 반응 "얼굴과 목 부위가 붉어짐"은 체온과 내부 압력 모두의 결과로 간주될 수 있다. 이런 반응은 영어, 중국어, 일본어, 헝가리어를 특징짓는다. 타히티어와 월로프어에는 전혀 자료가 없다. 물론 "(숯이) 빨갛게 뜨겁다"를 의미하는 낱말 boy가 또한 "정말로 화내다"를 의미한다(**Munro** 1991).

사람의 피가 우리가 본 많은 언어 예에 있기 때문에, 주로 피(아마 어떤 다른 몸 액체)가 **그릇** 은유의 액체 성분을 설명한다는 가정은 타당하다. 많은 예들은 사람이 화가 날 때 피가 종종 혈압을 높이는 것으로 간주되며, 근육 압력과 함께 피가 **그릇** 은유의 압력 요소에 책임이 있음을 암시한다. 네 가지 언어는 모두 열이 있든 없든 간에 압력이 가해진 그릇의 영상을 가진 것처럼 보인다.

나는 개념화되는 생리학(즉 개념적 환유)이 화난 사람을 **압력이 가해진 그릇**으로 은유적 개념화하는 것에 대한 인지적 동기를 부여한다고 제안한다. 특히 개념적 환유는 이런 특별한 개념화가 사람들에게 자연스럽도록 만든다. 만약 개념화된 생리적 반응이 주어진 한 문화에서 내부 압력 증가를 주요 반응으로 포함한다면, 이 문화에 젖은 사람들은 **압력이 가해진 그릇** 은유가 자연스럽다는 것을 발견할 것이다. 화의 경우에, 자연스러움은 신체화로부터 발생한다(**Lakoff**

1987과 Johnson 1987 참조). 사실상 화가 날 때 체온과 혈압이 올라가면 신체화가 발생한다. 이는 감정 상태 동안의 인간 생리에 관한 연구를 감정의 언어와 개념적 체계에 대한 연구의 인지적 접근법에 결정적인 역할을 한다. 이런 연구의 결과로, 사실상 화가 피부 온도, 혈압, 맥박과 더 강렬한 호흡 증가 같은, 객관적으로 측정 가능한 신체상의 변화를 수반한다는 증거가 있다. 우리는 또한 공포와 슬픔 같은 감정마다 다른 생리적 활동이 수반된다는 것을 보았다(Ekman, Levenson & Friesen 1983, Levenson, Ekman & Friesen 1990, Levenson, Carstensen, Friesen & Ekman 1991 참조). 이런 연구는 미국 피실험자들로만 행해졌다. 그런데 Levenson, Ekman, Heider & Friesen(1992)은 자신의 연구를 범문화적으로 확장하여, 감정 특정적 자율신경계(Autonomic Nervous System; ANS) 활동이 미국과 수마트라 서부의 미낭카바우어(Minangkabau)에도 동일하다는 것을 찾아냈다. 예컨대 미국인과 미낭카바우인 모두 화가 날 때 피부 온도가 올라간다. 이런 연구 결과는 실제 생리학이 보편적일 수 있다고 믿을 수 있는 이유이다. 실제 생리학의 보편성은 개념화된 생리학(즉 개념적 환유)의 (동등함은 아닐지라도) 유사성으로 이어지는 것으로 간주되며, 그것은 다시 화의 은유적 개념화(즉 **그릇** 은유)의 (다시 동등함은 아닐지라도) 유사성으로 이어질 수 있다.

즉 동기화(자연스러움)를 생성하는 것 외에, 신체화는 화를 개념화할 때 또 다른 기능을 갖는다. 신체화는 화가 개념화되는 가능한 방법에 (직접적이든 자연스럽게든) 어떤 제한을 가한다(이는 전문 이론에서 표현되는 개념화를 표현하며, 이 중 많은 개념화는 본질상 "수력적(hydraulic)," 즉 그릇 은유이다. Solomon 1984 참조). 그러나 실제로 신체화가 **압력이 가해진 그릇** 은유를 생산하는 것이 아니라, 신체화가 수많은 다른 가능한 은유적 개념화를 비양립적이거나 부자연스럽게 만든다는 것이 암시된다. 가령 화가 날 때의 몸 및 생리학과 완전히 양립하지 않는 영상인, 부드럽게 내리는 눈으로 화를 개념화한다면 이상할 것이다. 이런 의미에서 화의 특별한 신체화는 화에 대해 이용할 수 있는 은유의 선택에 제약을 가한다.

이런 사태는 화의 신체화가 위의 의미에서 화의 가능한 개념화로 나타날 수 있는 은유의 종류를 제약하는 것처럼 보인다는 것을 주로 암시한다. 이것은 다양한 문화에서 화에 대한 매우 유사한 은유들이 나타나는 이유인 듯하다. 이런 유사성에 근거해 서로 다른 문화의 은유들은 은유의 범주, 이른바 그릇 은유의 범주를 형성하는 것으로 간주된다. 신체화의 제약 효과가 없다면 그다지 놀라울 정도로 일관된 (은유의) 범주가 어떻게 화를 개념화할 때 나타날 수 있었는가를 보여주긴 힘들 것이다. 우리가 검토한 매우 다양한 문화들은 이 연구에서 내가 이용할 수 있는 자료에 근거해 그러한 것처럼 보기보다 (은유적) 개념화에서 더 많은 다양성을 생산했어야 한다.

이 논의에서 주장하지 않은 것이 무엇인지를 이해하는 것이 중요하다. 화와 관련된 생리적 반응이 지각되고 명명되는 곳에서는 화에 대한 **그릇** 은유의 한 버전이 필연적으로 존재할 것이라는 주장은 아직 하지 않았다. 즉 생리적 반응은 이 은유를 자동적으로 생산하지 않는다. 예컨대 우리는 화를 체온의 관점에서 이야기하는 문화에 대해 알고 있다. 치카소어(무스코기안 어족의 언어)에서, 표현 **sa-palli**은 "나는 뜨겁다"를 의미할 수 있고, "나는 화났다"를 의미할 수도 있다 (Munro 1991). 그러나 먼로(Munro)가 관찰하듯이, 치카소어는 화에 대한 **그릇 속의 펄펄 끓는 액체** 은유가 없다. 따라서 체온이 풍부하게 정교화되는 언어에는 그렇지 않은 언어보다 그릇 은유의 **펄펄 끓는**

액체 버전이 훨씬 있을 것 같다고 주장할 수 있다. (중국어뿐만 아니라) 치카소어에는 화와 관련해 언어적으로 생산적인 열에 대한 정교화가 없기 때문에(물론 이 언어에 그에 대한 하나 또는 두 가지 표현이 있다), 화에 대한 **펄펄 끓는 액체** 은유는 없고, 없을 것이다.

더욱이 세계에는 화에 대한 **그릇** 은유가 그것과 매우 다른 통속 개념과 비교해 의미심장한 역할을 하지 않는 문화들도 있다. 예컨대 미크로네시아 환초인 이파루크어에서 화의 통속 개념은 화의 친사회적·도덕적·이데올로기적 양상을 강조한다(Lutz 1988). 이것은 **압력이 가해진 그릇** 은유가 서양 문화에서 강조하는 반사회적·개인주의적·물리적 양상과 대립된다. 즉 이파루크어가 화에 있어서 중국어와 매우 유사한 생리학을 가질 수 있지만, 그렇다고 해서 필연적으로 그들이 song을 그릇 속의 압력으로 개념화하는 것은 아니다(물론 feel의 개념에 대한 낱말이 또한 이파루크어에서 "내부"를 의미하는 **niferash**인 것처럼 보인다. 이는 적어도 그릇 영상이 그 문화에도 작용한다는 것을 암시한다).

이 절을 요약하면, 몸을 그릇으로 보고, 피(와 다른 액체)가 그릇 속에 있고, 내부 압력과 체온의 생리적 반응에 관한 견해는 모두 사람들로 하여금 화를 압력이 가해진 그릇 속의 (뜨거운) 액체나 가스로 개념화하는 것을 매우 자연스럽게 만든다.

결론

화의 개념이 대체로 "원인-힘-표출"이라는 기본 구조를 가진 것으로 이해된다는 것을 암시하는 언어적 증거를 매우 다른 언어와 문화에서 몇몇 보았다. 이 구조는 **압력이 가해진 그릇** 은유로부터 발생한다고 주장했다. 더욱이 화의 개념화에 나타나는 이런 문화 간 유사성이 아마 화가 날 때의 인간의 몸과 기능의 유사성 때문이라고 제안한 바 있다. 이런 유사성은 명백히 화와 관련해 사용되는 환유에서 관찰할 수 있다. (앞서 보았듯이 모두는 아닐지라도) 대부분의 화의 환유, 즉 화를 동반하는 것으로 가정되는 생리적 과정을 암시하는 표현은 이 네 가지 문화에서 공통된다. 일반적으로, 신체화가 동일한 영역에 대해 문화마다 유사한 범주화의 핵심 성분인 것 같다. 차가어의 욕망에 대한 미셸 에마나티안(Michelle Emanatian)의 연구는 이 개념에 대한 또 다른 증거이다. 이 연구에서 그녀는 욕망에 대한 대부분의 영어 은유가 차가어에도 존재한다는 것을 찾아냈다(Emanatian 1995 참조).

나는 화의 문화모형이 기본 구조를 공유한다는 것을 보여주었다. 공통된 이런 기본 구조가 매우 다른 문화들에서 단지 제한된 방식으로 발생하는 것으로 간주될 수 있다고도 제안했다. (1) 이 구조는 단순한 우연의 일치의 결과일 수 있다. (2) 이 구조는 한 문화에서 다른 문화들로 전해질 수 있다. (3) 이 구조는 공통된 인간생물학의 결과로 발생할 수 있다. 나는 첫번째 2개가 그리 매력적이지 않은 선택이라고 믿는다. 물론, 이 둘이 가능한 설명으로 완전히 배제되는 것은 아니다(타카시 쿠수미는 개인적인 정보 교환 중에 기를 포함해 많은 개념들이 여러 세기를 거쳐 중국에서 일본으로 전해졌다는 것을 나에게 알려 주었다). 세번째 선택은 내가 가장 좋아하는 설명이다. 나는 체계적인 연결이 어떻게 환유와 은유를 통해 화가 날 때의 (아마 보편적인) 실제 인간생리학에서부터 그에 상응하는 문화모형으로 우리를 이끄는지를 보여주려고 했다. 그러나 다음 장에서는 "은유-문화모형" 관계의 또 다른 부분이 도식적인 기본 구조에 남겨진 세부사항을 채우는 폭넓은 문화적 문맥임을 주장할 것이다.

　따라서 이 장에서 도달한 이 관계에 대한 견해는 다섯 가지 요소를 포함하고 있다. (아마 보편적인) 실제 인간생리학, 개념화된 생리학(환유), (도식적인 기본 도식을 가진) 은유·문화모형, (다음 장에서 논의할) 폭넓은 문화적 문맥이 그것이다. 나는 화의 문화모형이 은유, 환유, (아마 보편적인) 실제 생리학, 문화적 문맥의 결합제품이라고 제안했다. 또한 나는 화의 문화모형의 발생에 대한 이런 설명이 문화모형이 환유와 은유 *뒤에* 나왔다고 말하는 것은 아니라고 생각한다. 대신에 우리는 완전히는 아니지만 다소 도로시 홀런드(Dorothy Holland)(개인적 교신)의 제안에 응하면서, 환유, **그릇** 은유, 문화모형, 폭넓은 문화적 문맥이 모두 동시에 실제 인간생리학에 기초하여 진화했다고 말할 수 있다(홀런드는 잠재적으로 보편적인 생리학이 문화모형의 발생에 결정적인 역할을 할 수 있다는 개념을 받아들이지 않는 것처럼 보인다). 이런 합동 진화 중에, 개념화되는 생리학과 발현적 은유는 문화모형의 기본적인 도식적 구조에 기여하는 데 반해, 동시에 발생하는 문화적 문맥이 이 도식의 세부사항을 채우고 있다.

제9장

감정 개념화의 문화적 변이

이번 장의 주된 관심사는 인지언어학 관점으로부터 감정 개념화의 문화적 변이를 연구하기 위한 응집적인 체제를 제공하는 데 있다. 문화적 변이는 크게 두 가지 논제를 포함한다. (1) 감정의 개념화가 어떻게 문화마다 다른가? (2) 감정의 개념화가 어떻게 문화 내적으로, 즉 단일 문화에서도 다른가? 물론 인류학·심리학·사회학, 감정의 사회적 역사에서 이런 논제들에 대한 수많은 연구가 있었다(개관을 위해서는 Besnier 1990과 Russell 1991 참조). 그러나 인지언어학적 접근법이 감정 개념이 어떻게 문화마다 다르며 한 문화 내에서도 그러한지를 이해하는 데 상당한 기여를 할 수 있다는 것을 주장하고 증명하는 것이 나의 주된 목적이다. 먼저 문화 간의 변이로 논의를 시작해 보자.

문화 간 변이

앞장에서는 감정 개념의 개념화에서 나타나는 보편적 양상에 대해 논의했다. 한 가지 양상은 인간의 몸과 생리학의 보편적 본질이다(가령 에크만과 동료들이 연구한 화날 때의 실제 생리학). 또 다른 양상은 잠재적으로 보편적인 *환유적 개념화*와 강렬한 감정 상태에서 몸의 생리적 기능의 언어화이다(가령 화가 날 때의 혈압과 체온 같은 생리적 기능에 대한 환유). 세번째 양상은 잠재적으로 보편적인 *은유적 개념화*와 환유적 개념화에 기초한 강렬한 감정의 언어화이다(가령 화에 대한 **압력이 가해진 그릇** 은유). 네번째 양상은 대체로 개념적 은유에 근거한 강렬한 감정의 잠재적으로 보편적인 *도식적 개념*이다(가령 화 문화모형의 영상도식 구조). 나는 "잠재적으로 보편적인"이라는 표현을 사용하였다. 왜냐하면 "실제 생리학"을 제외하고는 모든 문화가 동일한 방식으로 감정을 언어화하고 개념화하거나 하지는 않기 때문이다. 보편적인 실제 생리학이 주어지면, 서로 다른 문화의 구성원들이 보편적인 생리학(또는 아마 심지어 보편적 생리학의 개념화)과 *모순되는* 방식으로 감정을 개념화할 수 없다는 것이 나의 생각이다. 그렇지만 구성원들은 보편적 생리학이 부과하는 *제약 내에서*는 다른 많은 방식으로 감정을 개념화할 수 있다. 이 장에서 보게 되듯이, 이런 제약은 매우 다른 언어를 사용하는 사람들마다 종종 전혀 다른 방식으로 강렬한 감정을 개념화할 수 있는 여지를 남긴다.

줄루인이 화에 대해 이야기하고 개념화하는 방식에 대한 Taylor & Mbense(1998)의 연구는 앞서 제시한 보편성의 견해에 대해서도 또 다른 증거를 제시한다. 영어 사용자들처럼(Lakoff & Kövecses 1987 참조), 줄루어 화자들은 내부 압력, 불, 위험한 동물 등의 개념적 은유를 사용한다. 또한 그들은 화가 체온 상승, 흔들림, 정상적 지각과 기능의 방해를 생산하는 것으로 개념화한다. 흥미롭게도, 그들은 심지어 동일한 환유 "피부가 흐려짐/붉어짐"도 가지고 있다. 뿐만 아니라 동일한 기본적인 화 시나리오를 가지고 있다. 그러나 중국어, 일본어 등을 연구하는 학자들처럼, Taylor & Mbense는 언어와 개념화의 몇 가지 중요한 차이에 주목하고 있다.

문화적 변이는 예상되는 것이다. 그러나 정말로 흥미로운 질문은 다음과 같은 것이다. 정확히 어떤 방식으로 문화마다 다른가? 감정의 범주화에 대한 나의 모형이 어떻게 문화 특정성을 다루는가? 다시 말해, 내가 약술하려 했던 모형을 간주하면, 정확히 어디서 문화적 차이를 발견할 것으로 기대할 수 있는가?

나는 다음과 같은 분야들이 문화 간의 변이에 대한 모든 잠재적 근원이라고 제안한다.

1. 감정에 대한 원형적 문화모형의 내용
2. 폭넓은 문화적 문맥의 일반적 내용과 특정한 핵심 개념
3. 개념적 은유와 개념적 환유의 범위
4. 개념적 은유와 환유의 특별한 정교화
5. 환유에 대비한 은유 강조나 그 역

이 모든 분야는 서로서로 영향을 미칠 수 있다. 이는 앞서 제시한 잠재적 보편성의 가설과 감정 통속모형의 문화적 내포 개념으로 짐작된다.

문화 간의 변이가 어떻게 작용하는가를 보기 위해, 먼저 앞장에서 소개한 몇 가지 개념을 되짚어 보자. 나는 원형적 문화모형의 내용에서의 가능한 차이와 함께 감정 개념에서의 문화 간의 변이를 연구할 것이다.

원형적 문화모형의 내용 변이

영어 · 중국어 · 일본어 · 헝가리어의 화 개념이 모두 기본적인 영상

도식 구조를 공유한다고 말한다고 해서, 훨씬 상세하고 특정한 층위에서 화의 통속 이해에 아무 차이가 없다고 말하는 것은 아니다 (Averill 1982 참조). 명확히 차이가 있다. 우리는 제8장에서 개념화의 몇 가지 주목되는 문화적 차이를 보았다.

일본어의 ikari/hara에 대한 논의에서, (아마 훨씬 전통적인) 일본어 모형이 서구 모형보다 화난 사람에게 화를 통제할 수 있는 기회를 더 많이 준다고 보았다. 이는 행동을 지배하는 전통적인 일본식 가치관과 일치하는 것처럼 보이며, 종종 일본 문화의 주요한 변별적 특징으로 간주된다(Averill 1982에서 인용한 Reischauer 1964와 Doi 1973 참조).

원형의 문화적 차이의 또 다른 예는 이 모형의 표현적 부분에서 찾을 수 있다. King(1989)은 중국식 화(nu)의 개념에 따라 화난 사람이 통제를 소실하는 것이 아니라, 화를 표출하지 않고, 대신에 화를 다양한 신체부위로 돌릴 것이라고 제안한다. 이것은 명확히 한정할 수 있는 일련의 중국 문화의 상황에서 화가 취하는 원형적인 진로 중 하나이며, 화가 원형적으로 다른 사람에 대한 보복의 형태로 표출되는 서구식 개념과는 완전히 대립된다. 심지어 킹(King)이 말한 화를 표출하는 중국의 다른 공통된 형태도 다른 사람이 아닌 과도한 기의 방출로 향한다. 즉 화(nu)와 연상되는 주요한 욕망은 수많은 양의 감정을 가진 결과로 다른 사람에게 해를 끼치기보다는, 화를 다른 신체부위로 돌려서 몸의 평정을 찾음으로써 그 화를 제거하는 것이다.

이러한 견해에서 개념적 은유와 환유는 원형적 문화모형의 내용에 적극적으로 기여한다. 따라서 어떤 개념적 은유나 개념적 환유가 강조되거나 정교화되는지는 각 감정 개념(즉 문화모형)의 내용에 있어서 중요하다. 예컨대 적어도 Taylor & Mbense(1998)의 예로 보건대,

영어 화자들과는 달리, 줄루어 화자들은 2개의 은유를 상세히 설명한다. **화(욕망)는 굶주림이다**와 **화는 자연력이다**가 그것이다. 만약 당신이 **욕망은 굶주림이다**를 모든 것을 무차별하게 게걸스럽게 먹어대는 왕성한 식욕으로 정교화하고, **자연력**을 모든 것을 파괴하는 힘으로 정교화한다면, 이것은 아마 화의 문화모형에 영향을 미칠 것이다. 실제로 Taylor & Mbense(1998)가 단적인 증거이다. 화를 특정한 대상(영어에서는 감정을 상하게 한 사람)에게 발산하는 대신, 줄루인은 방향이 명확하지 않게 반응하고 모든 사람들에게 무차별적으로 공격적으로 행동하는 것처럼 보인다. 이것은 영어도 이런 반응을 전혀 가질 수 없고, 줄루어도 방향이 있는 반응을 가질 수 없다라고 말하는 것이 아니다. 오히려 이 두 언어는 원형적 문화모형을 어떻게 고려하는가에 따라 서로 다를 뿐이다.

폭넓은 문화적 문맥

제8장에서 논의했듯이, 이제 우리는 몸과 생리적 기능의 유사성에도 불구하고, 네 가지 문화에서 화의 개념화에 많은 차이가 있다는 논제에 대해 논의할 수 있다. 만약 우리가 육체적으로 상당히 유사하고, 우리의 육체적 구성이 제안된 것만큼 개념화에 중요하다면, 영어·헝가리어·일본어·중국어를 비롯한 다른 언어들의 화자들은 왜 화를 정확히 동일한 방식으로 지각하지 않는가? 그 대답은 간단할 수 있다. 나는 한편으로는 각각의 문화마다 주어진 문화에서 설명을 지배하고 그 구성원들이 (감정적) 경험을 해석하는 자체의 변별적인 개념을 발달시켰고, 다른 한편으로는 생리학 개념화의 미묘한 차이가 통속 이해의 차이로 이어질 수도 있다고 제안할 것이다.

(헝가리어를 포함해) 구미 전통에서 *4체액(four humors)*의 고전-중

세 개념으로부터 화에 대한 구미 개념화(그리고 일반적인 감정의 개념화)가 도출되었다(Geeraerts & Grondelaers 1995). 그러나 체액 견해를 문화적 설명의 형태로 사용하는 것은 화와 감정의 영역을 넘어선다. 그것은 감정 현상에 대한 설명 외에 생리학과 의학의 다양한 논제들을 설명하는 데에도 사용되었다(Geeraerts & Grondelaers 1995).

Matsuki(1995)가 말하듯이, 일본어에는 hara의 개념을 중심으로 형성되는 문화적으로 변별적인 개념들이 존재한다. 진리, 진정한 의도, (honne로 불리는) 진정한 자아가 hara의 내용을 구성한다. 용어 honne는 tatemae, 즉 사회적 얼굴과 대조된다. 일본인이 화를 통제할 때, 그는 자신의 사적이고 진정한 가장 깊숙한 자아를 숨기고, 용인된 행동 기준에 의해 요구되는 사회적 얼굴, 즉 체면을 보여주고 있다.

King(1989)과 Yu(1995)는 중국식 화(nu)의 개념이 기의 개념, 즉 몸 속에 흐르는 에너지와 밀접한 관계가 있다고 말한다. 기는 다시 중국 문화와 문명의 심리적 (즉 감정적) 담화뿐만 아니라 철학적·의학적 담화에도 깊이 새겨져 있다. 기의 개념과 작용은 사람의 몸이 항상성 유기체라는 신념에 입각해서 진술된다. 전통적인 중국 의학은 이 신념에 기초한다. 그리고 몸이 항상성 유기체라는 개념은 우주가 음과 양이라는 두 가지 상보적 힘으로 작용한다는, 훨씬 일반적인 철학적 견해에서 도출된 듯하다. 이 두 힘은 우주의 조화를 유지하기 위해 균형을 맞추어야 한다. 이와 유사하게, 기가 몸에서 솟아오를 때 화가 나는데, 그것이 가라앉을 때라야 다시 균형을 찾고 조화와 감정적 평온함이 생긴다.

따라서 네 가지 감정 개념인 영어의 anger, 헝가리어의 düh, 일본어의 ikari, 중국어의 nu는 부분적으로 4체액, hara, 기라는 문화 특정적 개념에 의해 설명된다. 방금 보았듯이, 문화 특정적 개념의 변별성을 설명하는 것은 감정 개념을 설명하기 위해 환기되는 문화 특정적 개념이 문화적 개념과 명제의 매우 다른 체계에 깊이 새겨져 있다는 사실이다(이는 Lutz 1987가 지적한 것이다). 폭넓은 문화적 문맥은 연구 중인 네 가지 감정들 간의 현격한 차이를 설명하는 듯하다.

　Ning Yu(1995)는 심장, 간, 비장, 담즙 같은 다양한 내부 기관을 이용하는 화와 행복 관련 표현이 중국어에 풍부하다고 지적했다. 위(Yu)에 따르면, 이것은 중국 의학이 감정의 개념화와 언어화에 영향을 미쳤기 때문이다.

　문화의 특별한 "내용"이 미치는 영향은 매우 사소한 예에서도 찾아볼 수 있다. 어느 줄루어 표현은 영어로 to grind rotten mealies(썩은 옥수수를 갈다)로 번역되고 있다. 이 표현은 화의 무딤을 가리킨다(Taylor & Mbense 1998). 줄루인의 주요 음식(옥수수, 즉 옥수수 알)과 불필요한 활동(즉 썩은 옥수수 알을 가는 것)에 에너지를 소비해서는 안 된다는 생각에서 그 의미가 도출된다. 옥수수가 줄루인(또는 반투족)에게 제한되는 경우, 그것은 화에 대한 그들만의 언어를 독특하게 특징짓는다.

　폭넓은 문화적 문맥 또한 감정 개념이 평가되는 방식에 영향을 미친다. 미국 문화에서 화는 다양한 역사적 이유 때문에 매우 부정적인 평가를 받고 있다(Stearns 1994 참조). 물론 많은 문화도 이를 공유한다. 그러나 줄루어 화자들에게, 화는 매우 긍정적인 면을 가질 수도 있다. 짐짓 화가 강렬한 활동을 연상시키기 때문이다. 줄루 문화에서, 능동적인 사람은 활발하지 않고 무기력한 사람보다 훨씬 높이 평가된다. 이로써 화난 사람이 오히려 더 긍정적인 평가를 받는다. 영어 사용 국가들에서는 그렇지 않거나 아주 작은 정도로만 그러하다(Taylor & Mbense 1998).

개념적 은유의 범위

감정의 개념화를 위해 언어와 문화가 이용할 수 있는 개념적 은유의 범위에서도 차이가 있을 수 있다.

Matsuki(1995)는 영어에서 Lakoff & Kövecses(1987)가 분석한 화에 대한 모든 은유를 일본어에서도 발견할 수 있다고 한다. 그와 동시에, 그녀는 일본어의 hara(글자 그대로 "배")의 개념을 중심으로 분류되는 수많은 화 관련 표현이 있다고 지적한다. 이는 문화적으로 의미심장하고 특이한 개념이기 때문에, 개념적 은유 **화는 배다**는 일본어에 국한된 것이다.

이 장 시작 부분에서 언급했듯이, 줄루어는 영어와 많은 개념적 은유를 공유한다. 그렇다고 줄루어에 영어에 있는 것 외의 개념적 은유가 있을 수 없다는 말은 아니다. 적절한 예는 심장을 포함하는 **화는 심장 속에 있다**라는 줄루어 은유이다(Taylor & Mbense 1998). 심장 은유가 영어에 적용될 때, 그것은 주로 사랑, 애정 등과 연상된다. 줄루어에서 심장 은유는 화, 인내-초조, 관용-불관용에 적용된다. 심장 은유는 줄루어의 화가 내부 압력으로 이어지는 것으로 개념화된다. 왜냐하면 너무 많은 "감정 내용물"을 용량이 제한된 그릇에 억지로 채워 넣었기 때문이다. 이런 그릇을 채우는 사물은 일상 사건에서 계속 사람들에게서 발생하는 다른 감정들이다.

중국어는 영어와 **위, 빛, 그릇 속의 액체** 같은 모든 기본적인 행복의 은유를 공유한다. 영어에는 없고 중국어에만 있는 은유는 **행복은 심장 속의 꽃이다**이다(Yu 1995). 닝 위(Ning Yu)에 따르면, 이 은유의 적용은 "더욱 내성적인 중국인의 성향"(75)을 반영한다. 그는 이 개념적 은유가 중국어에는 전혀 존재하지 않는 (미국)영어의 은유 **행복은 지면에서 발이 떠 있는 것이다**와 대조된다고 본다. 헝가리어는

지면에서 떠 있음 은유에 관해서 영어와 중국어 사이에 있는 듯하다. 즉 헝가리어에는 이 은유의 실례로 간주될 수 있지만, 잘 한정된 완전한 은유 **행복은 지면에서 발이 떠 있는 것이다**를 암시하지 않는 표현이 있다.

개념적 은유의 정교화

두 언어가 동일한 개념적 은유를 공유할 수 있지만, 그 은유를 다르게 구체화하는 경우도 있다. 예컨대 영어에 **화는 그릇 속의 펄펄 끓는 액체다**가 있다. 영어에서 이 은유의 한 가지 은유적 정교화는 펄펄 끓는 액체가 그릇 속에서 증기를 생산한다는 것이다(He's just *blowing off steam*(그는 울분을 풀고 있다) 참조). 그런데 이 특별한 정교화가 줄루어에는 없다(Taylor & Mbense 1998).

헝가리어는 영어와 개념적 은유 **몸은 감정을 담는 그릇이다**와 **화는 불이다**를 공유한다. 몸과 몸속에 있는 불은 보통 헝가리어에서 관으로 정교화된다. 이때 화는 그릇 속에서 타고 있는 물질이다(Bokor 1997). 이 개념적 정교화는 헝가리어에만 유일한 것 같다.

또한 헝가리어는 화에 대해 이야기할 때 일반적인 몸 그릇을 위해 (내부 뇌와 함께) 좀 더 특별한 머리의 그릇을 사용하는 경향이 있다. 많은 헝가리어 표현은 화가 어떻게 머리와 뇌에 영향을 미칠 수 있는지를 언급한다. 영어의 표현은 (표현 to lose one's head(허둥대다)를 제외하고는) 동일한 정도까지 머리(혹은 뇌)를 강조하는 것 같지는 않다.

영어와 줄루어 둘 다 화에 대해 불이 근원영역이지만, 줄루어는 영어와는 다른 식으로 그 은유를 정교화한다(Taylor & Mbense 1998). 줄루어에서는 물을 끼얹음으로써 화를 끔(*extinguish*) 수 있다. 가능한 이 은유적 함의는 관습화된 언어 표현의 형태로 영어의 불 은유로는 얻어지지 않는다. 그러나 당신이 파티에서 wet blanket(흥을 깨는 사람)일 수 있을 때처럼, 은유적 함의가 영어에서 열정에 완벽하게 적용될 수 있음에 주목하자.

화에서 **욕망은 굶주림이다** 은유는 영어(제5장 참조)와 줄루어 모두에 작용된다. 그러나 후자는 그것을 독특한 방식으로 정교화한다. 줄루어에서는 화난 사람의 식욕이 너무 왕성해서, 그는 다 되지도 않은 음식을 먹거나, 먹을 수 있는 음식과 먹을 수 없는 음식을 구분도 못한다(Taylor & Mbense 1998).

영어와 줄루어 모두에서 화는 **자연력**으로 이해될 수 있다(영어는 제2장 참조). 그러나 줄루어 화자들은 영어 사용자들보다 그 은유를 훨씬 더 폭넓게 이용한다. 줄루어에서는 화난 사람에 대해 "하늘이 뇌운(雷雲)으로 어두워졌다" "하늘(=번개)이 바로 우리에게 신호를 보냈다" "그가 왜 질풍을 내뿜었는가?"라고 말한다. 이런 정교화는 관습적인 형태로는 영어에 존재하지 않지만, 공통된 개념적 은유가 주어지면 영어 사용자들도 그것을 다소 이해할 수는 있을 것이다.

환유의 범위

개념적 은유는 물론이고 개념적 환유도 문화 간 변이 생산에 참여할 수 있다. 한 언어와 문화에는 다른 언어와 문화에 관습적 언어 형태로 존재하지 않는 환유가 있을 수 있다. 여기에서 정의한 개념적 환유는 감정과 연상되는 생리적·표현적 반응이다. 영어에서 화에 대해 관습적으로 언어화된 주요한 개념적 환유는 체온, 내부 압력, 흔들림, 정확한 지각 방해를 포함한다(제8장 참조). 이런 것들이 분명 줄루어에 존재하지만, 특히 Taylor & Mbense(1998)가 말했듯이, 줄루어는 메스꺼움, 호흡장애, 병, 발한(發汗), 울음(눈물), 말못함을 사용한다. 영어에서도 이들 대부분을 발견할 수 있지만, 화와는 연상되지 않는다.

환유의 정교화

생리현상의 개념화에도 변이의 근원이 있다. 언어에서 지각되고 인식되는 생리적 반응은 다양한 것처럼 보인다고 지적했다. 심지어 동일한 개념적 환유도 그것의 정교화 및 환유에 주어진 중요성이 문화마다 다르다. 중국 문화는 화날 때 체온보다는 내부 압력 증가를 더욱 많이 강조한다. King(1989)과 Yu(1995)의 자료에 따르면, 중국어에는 열이 아니라 압력과 관련된 환유가 풍부하다. 열의 개념적 환유가 인식은 되지만, 강조되거나 정교화되지는 않는다. 이것은 특별한 그릇 은유를 초래하는 것처럼 보인다. 이는 압력의 성분을 강조하여 열이 배제되는 은유이다.

많은 문화에서 눈이 보통 "영혼의 창"으로 간주되는 데 반해, 감정을 개념화할 때 눈을 사용하는 방식은 언어마다 다르다. 예컨대 영어는 주로 행복에 대한 환유적 표지로 눈 "빛(light)"의 강도를 활용한다. 동사 gleam(번쩍이다), glint(반짝이다), shine(빛나다), sparkle(번쩍이다)은 모두 행복한 사람을 기술하는 데 사용될 수 있다(Kövecses 1991b). 그러나 중국어는 행복에 대해 이야기할 때 주로 눈썹을 정교화한다. 중국어에서의 눈썹은 "내부 감정을 가장 명확히 표시하는 것이다"(Yu 1995: 79).

환유 대 은유

문화적이고 언어적인 변이는 언어가 감정을 개념화할 때 은유를 강조하는지 혹은 환유를 강조하는지의 여부로부터 발생할 수 있다. 예컨대 Taylor & Mbense(1998)는 영어는 화의 개념을 이해하는 데 주로 은유를 사용하는 데 반해, 줄루어는 환유를 주로 사용한다고 지적한다. 게다가 King(1989)과 Ning Yu(1995)가 암시하듯이, 환유적 과정은 영어에서보다는 중국어에서 감정을 이해하는 데 더 큰 역할을 한다.

문화 내 변이

이 절에서는 한 문화 내에서 발생하는 감정 개념화의 변이를 다룰 것이다. 이는 문화 간 변이를 다루는 것보다 훨씬 더 어려운 작업이다. 왜냐하면 실질적으로 인지언어학 관점에서 감정의 이런 양상을 다루는 연구가 없었기 때문이다.

우리는 뒤에서 언어학 외부에서 이루어졌지만 여기서 제안한 방법론에 따라 해석될 수 있을 정도로 충분히 상세하고 충분한 언어적 정보를 담고 있는 감정에 관한 연구에 의존할 것이다. 우리는 언어학 외부로부터 이루어진 연구를 통해 감정의 개념화가 한 문화나 사회 내에서도 동일하지 않고 동질적이지 않다는 것을 안다. 개인마다 다르고, 사회적 요인에 따라 그리고 시간이 지남에 따라 변이가 생겨난다. 여기서 우리는 다음과 같은 질문을 던질 수 있다. 어떻게 문화 간의 차이를 일반화하는 데 사용된 것과 동일한 개념적 장치로 이런 문화 내 변이를 포착할 수 있는가?

대안적 문화모형

인지언어학 연구는 언어적 범주 대부분이 본질상 다의적임을 보여준다. 한 범주에서 어떤 구성원은 두드러진다. 어떤 구성원은 다른 구성원보다 그 범주를 더 잘 대표한다는 것이다. 해당 범주의 다른 구성원들은 중심적인 대표 구성원의 일탈로 간주된다. 언어적 범주의 자연스러운 다의성은 더 많은 문화모형들로 간주될 수 있다. 그중 어떤 모형은 어떤 식으로 그 모형들로부터 일탈되는 모든 다른 모형들에 대한 "인지적 참조점" 역할을 하는 중심에 있다. 참조점은 원형인 데 반해, 그로부터 일탈되는 다른 모형들은 비원형적 경우이다.

언어적 범주를 이렇게 특징짓는 것은 화, 공포, 사랑 등과 같은 감정 범주에도 그대로 적용된다. 한 종류의 화, 공포, 사랑만 있는 것이 아니라 글자 그대로 수십 개의 종류가 있다(Kövecses 1986, 1988, 1990 참조). 감정 범주에 대한 연구가 암시하는 바는 화자가 주어진 시점에 감정 경험을 해석하고 그것에 대해 이야기하는 데 이용할 수 있는 감정과 관련해 매우 많은 대안적 문화모형이 있다는 것이다. 여기에는 문화 내 변이와 관련된 흥미로운 논제 두 가지가 있다. (1) 감정의 원형은 한 문화 내에서 시간과 함께 변할 수 있으며, (2) 서로 경쟁하거나 상보적인 감정의 원형들 몇 개가 동시에 존재할 수 있다. 각각의 예를 미국 문화에서 검토해 보자.

시간과 함께 변하는 원형

화. Lakoff & Kövecses(1987)는 미국인들이 화에 대해 생각할 때 화의 원인, 화의 존재, 통제 시도, 통제 상실, 보복으로 구성된 5단계 원형적 문화모형으로 작용한다고 제안했다(이 모형의 심리언어학적 확증은 Gibbs 1990 참조). 우리가 제안한 화에 대한 대안적인 비원형적 모형들 중 하나는 channel your anger into something constructive (화를 건설적인 어떤 것으로 발산하다)와 같은 표현이다. 화가 행동을 위한 에너지를 제공하고, 화난 사람이 보복하는 대신 긍정적인 목표를 달성하도록 해준다는 의미에서 건설적으로 사용된다는 점에서, 이것은 화를 유용한 무언가로 제시한다. 아마도 오늘날 비원형적 화의 형태는 어쩌면 빅토리아 시대의 이상적인 화의 형태였을 수 있다 (Stearns 1994). 스턴스는 "발산된 화라는 이상의 고수는 적어도 두 가지 배경에서 나타났다"고 한다. 그중 하나는 남성 정치가들이 사용했고, 다른 하나는 개혁가들과 사업가들이 사용한 것이다(84). 빅토리아 감정학의 주요 목표는 "적절하게 사회화된 성인들이 그것을 적절하게 목표로 정하는 경험을 가지고서 화를 억누를 수 있도록, 화를 통제하는 법을 가르치는 것이다"(31). 오늘날처럼 화를 통제해야 하지만, "발산된 화"라는 통제에 대한 주요한 원형적 대안이 있었다. 다시 말해, 빅토리아 시대에 화의 원형들 가운데 하나였던 것이 분명 미국에서는 더욱 최근에 비원형적 원형이 되었다.

우정. 우정은 문화적 원형에 변화가 생긴 다른 예다. Stearns(1994)가 말하듯이, 빅토리아 시대에는 두 남성들 사이의 우정이 아마도 오늘날 우리가 간주하는 낭만적 사랑으로 특징지어진다. 그는 다음과 같이 말한다(Stearns 1994: 81-82).

여성들처럼, 그들은 서로에게 신체적 접촉에 관해 언급했으며, 상호 친밀감의 삶을 꿈꾸었다. 헤어져야 할 시간이 왔을 때, 즉 보통 한 친구가 결혼하게 되었을 때, 우정의 정서성은 다시 겉으로 드러났다. "우리의 심장은 말로 표현할 수 없는 진정한 우정으로 가득 찼다. 우리는 서로의 머리를 상대방의 가슴에 파묻고 울었다. 우는 것은 남자답지 못할 수도 있지만, 나는 신경 쓰지 않았고, 영혼이 감동을 받았다."

우정을 이렇게 이야기하는 방식은 제6장에서 인터뷰를 분석할 때 나온 언어와 구별된다. 그러나 사랑이 많은 사람들에게 우정 개념의 부분이 아니라는 것을 의미하는 것은 아니다. 사실, 미국인들은 종종 우정과 관련해 사랑에 대해 이야기하지만, 강렬한 열정적인 사랑은 위의 인용에는 없다(Kövecses 1993b 참조). 분명 이 예는 미국 문화에서 초기에 원형이었던 것이 덜 원형적이고, 새로운 원형으로 대치되었음을 말해 준다.

동시적인 다중 모형

사랑. 감정 범주가 수많은 모형들로 구성되어 있다고 한다면, 또 다른 의미로는 문화 내 변이를 기대할 수 있다. 어떤 시점에서 어떤 감정에 관한 모형이나 견해들이 서로 경쟁할 수 있다. 즉 사람들은 사랑이 "진정으로" 무엇인가에 대해 논쟁할 것이다. 특히 이것과 관련된 것은 한 문화에 동시적으로 작용하는 몇 가지 원형적 모형이 있을 수 있다는 개념이다. 나는 *The Language of Love*에서 사랑 감정에 대해 적어도 두 가지 원형이 있다고 했다. 하나는 이상적 사랑이고, 다른 하나는 전형적 사랑이다. 이 둘 사이의 주요 차이 가운데 하나는 사랑의 강도에 있다. 이상적 사랑은 상당히 정열적이고 강렬한데 반해, "전형적 사랑"은 그다지 정열적이고 강렬하지 않다. 이상적 모형을 선호하는 사람들과 전형적 모형을 선호하는 사람들이 있을 수 있다. 누가, 그리고 얼마나 많은 사람들이 어떤 것을 선호하며, 왜 그러한가는 아직 풀리지 않은 경험적 질문이다.

그러나 비록 동일한 수의 사람들이 믿고, 그것에 입각해서 사는 것은 아닐지라도, 미국 문화를 연구하는 학자들은 두 가지 유형의 사랑이 존재한다고 제안한다. 피터 스턴스(Peter Stearns)는 다음과 같이 기술한다(1994: 242).

사랑에 빠진 쌍들은 1950년대보다 그다지 뻔질나게 고등학교 복도를 쏘다니지 않았다. 많은 관찰자들은 동일한 감정적 느슨함을 성인들 사이에서도 발견했다. 알란 블룸(Alan Bloom)이 표현하듯이, 표현 "in love"를 낱말 "relationship"으로 바꾸는 것도 잠정적일 수밖에 없었다.

우정. 우정의 개념도 동일한 상황을 반영한다. 두 가지 주요한 대안이 있지만, 이 경우에 오늘날 미국 문화에서는 우정에 대한 경쟁적 견해라기보다는 상보적 견해이다. 제6장에서 우리는 적어도 어떤 미국인들에게 우정이 그들의 "실제 자아"를 서로에게 의사소통하며 문제에 봉착할 때 서로를 도와주는 두 사람을 포함하는 개념임을 보았다. 종종 "friendliness(친절)"라 불리는 우정에 대한 또 다른 원형적 모형은 이 모형과 동시에 존재한다(Moffatt 1989). Modffatt(D'Andrade 1995: 132, 각주 24)는 다음과 같이 설명한다.

따라서 미국의 친절은 동시대의 미국 문화 자체가 단정하는 실제 내적 자아와 더 문제가 되는 사회적 동질성 간의 대립에 다리를 놓거나 그것을 중재한다. 그것은 작고 판에 박힌 일상적인 의식이며, 심지어 가장 적대적이며 반개인주의적 상황 아래서도 자아에 대한 단언이나 자아의 가치에 대한 단언을 포함한다. 그것은 미국인들이 그들이 정말로 무엇과 같은지를 기억하고 이를 정기적으로 "표현하는" 방법이다. 심지어 어쩔 수 없이 사회적 가면을 쓰고 기능할 때도 그러하다. 그들은 올바른 조건과 자유로운 선택이 주어지면, 어느 누구와도 함께 평등주의적 우정을 받아들이는 믿을 만한 개인주의적 사람들이다.

우리는 여기서 우정에 대한 두 가지 원형적 모형을 볼 수 있는데, "진정한 우정(true friendship)"과 "친절(friendliness)"이 바로 그것이다. 우정에 대해 미국인들과 인터뷰할 때, 왜 그들은 후자 유형의 우정에 대해서는 이야기하지 않는 것인가? 둘 중 우정에 대해 질문받을 때 대부분의 사람들이 생각하는 것은 "진정한 우정"이다. 그것은 "가장 좋은 보기," 즉 이상적 원형처럼 보일 수 있는 반면, "친절"은 사람들이 매일같이 사용하고 사회적으로 흔하며 매우 가시적인 종류의 우정이다(그 중심성은 전형성으로부터 나온 것이다). 핵심은 미국인들이 우정에 대해서는 하나가 아닌 주요하고 상보적인 두 가지 개념을 가진다는 것이고, 그들은 주어진 사회적 상황에서 자신들의 목적과 가장 잘 어울리는 것을 사용한다는 것이다.

다시 말해 다중 원형들에 관해 사랑에 적용되는 것은 다른 감정들과 우정에도 적용된다.

환유 대 은유

감정의 언어는 주어진 감정에 대한 은유적 이해나 환유적 이해를 강조할 수 있으며, 문화마다 서로 다른 이해 방법을 선호할 수 있다. 동일한 것이 단 하나의 문화에만 적용될 수도 있다. 하나에서 다른 것으로 전이될 수 있는데, 아마 그 전이는 전형적으로 환유적 이해에서 은유적 이해로의 진행이다. 미국에서 이런 과정에 대해 Stearns(1994: 66-67)가 주장하는 바를 전부 들어보는 것은 의미 있는 일이다.

19세기 전에는 의학적 신념과 통속적 신념이라는 모든 지배적인 신념에서 화, 기쁨, 슬픔은 신체적 기능에 연결되었다. 예컨대 심장은 흔들리고 떨리고 팽창하고 차가워질 수 있다. 감정은 신체적이기 때문에 명확한 신체적 특성을 가진다. 사람들은 (월경을 멈추게 할 수도 있다고 생각되는) 분노에 사로잡히고, 뜨거운 피는 화의 본질이고, 두려울 때 식은땀이 날 수 있다. 다시 말해 감정은 물리적 내용을 가진다. 그러나 19세기 동안에는 역사가들은 점차 액체와 감정 모두 고동칠 수 있다는 몸에 대한 체액적 해석이 기계적 해석에 양보했다는 것을 인식한다. 그리고 몸―기계에서 감정은 파악하기가 더 어렵고, 징후도 전달하기가 더 어려웠다. 물론 물리적 징후가 여전히 환기될 수는 있지만 은유적으로만 환기될 뿐이다.

빅토리아 시대의 미국인들은 화의 신체적 기초를 별로 강조하지 않는 (물론 화는 신체적 기초에 의해 동기화된다) 화에 대한 **압력이 가해진 그릇** 은유를 사용했지만, 이 은유는 빅토리아 시대 사람들이 생산적인 목적을 위해 돌릴 수 있는 그릇 속의 어떤 것으로 화를 개념화시켰다. 이것은 **압력솥** 은유라는 오늘날 흔히 사용되는 은유는 아니었다. 화에 대한 훨씬 최근의 **그릇** 은유가 나타나기까지는 일반적인 사회적 · 문화적 배경에 어떤 변화가 생겨나야 했다.

개념적 환유

감정의 개념적 환유가 적어도 진정한 보편적인 생리 현상을 반영한다는 것이 사실이라면, 그 환유들이 (시간이 지나거나 동일한 시간에) 문화마다 또는 한 문화 내에서 매우 많이 다르지 않아야 한다. 사실, 문화 간의 변이에 관해 앞장에서 이에 대한 몇 가지 증거를 보았다. 스턴스의 연구가 보여주듯이, 환유는 주어진 문화 내에서 시간이 지나도 거의 동일하게 남아 있다. 빅토리아 시대의 화에 대한 기술을 분석하면서 그는 이렇게 적고 있다. "또 다른 화난 아내는 거의 스스로 죽는다. 그녀는 분노로 얼굴이 붉어지고, 정맥이란 정맥은 모두 부풀고 튀어나오고, 모든 신경은 떨리고, 거품이 입술을 덮고, 코와 입으로 피를 분출하며 갑자기 쓰러진다"(Stearns 1994: 24). 이런 묘사가 다소 과장된 것이긴 하지만, 오늘날 만연해 있는 화의 생리적 효과에 대한 통속 이론의 양상들을 쉽게 식별하게 만든다. 여기에 **얼굴 붉어짐, 내부 압력, 신체적 흔들림, 비정상적 행동**이 바로 그런 양상이다. 우리가 예상하듯이, 대개 19세기의 화와 연상되는 생리적 반응과 오늘날의 통속모형을 특징짓는 반응이 일치하는 것은 우연이었음이 틀림없다. 더욱이 감정에 대한 실험적 연구에서, 에크만, 레벤슨 및 동료들은 미국 남성들과 여성들, 젊은 사람들과 늙은 사람들이 강렬한 감정 상태에 있을 때 동일한 반응을 보인다는 것을 일관되게 찾아냈다(Ekman et al. 1983, Levenson et al. 1990).

대안적인 개념적 은유

우정. 주어진 감정에 대한 개념적 은유는 시간이 지나면서 한 문화 내에서도 변할 수 있다. 예컨대 대안적 문화모형에 관한 절에서 언급했듯이, 오늘날 낭만적 사랑으로 식별되는 것이 빅토리아 여왕 시대에는 남자들의 우정이라는 개념의 일부였다. 이것은 Peter Stearns (1994: 81-82)가 연구한 동시대의 편지와 저널에서 명백히 밝혀졌다. "편지와 저널에서 그들은 스스로를 '열렬한 연인(fervent lovers)'으로 기술하고, '깊고 불타는 애정(deep and burning affection)'에 대해 글을 썼다." 우리가 (제2,5장에서) 보았듯이, 불 은유는 낭만적 사랑과 같은 열정을 특징짓는 데 반해, 오늘날 애정은 더 일반적으로 **불**(의 열)보다는 **따뜻함**으로 생각된다. 사실, 사람들이 우정과 관련해서 사랑에 대해 이야기할 때 실시한 인터뷰 자료에서 우정은 항상 따뜻함으로 개념화되는 사랑(애정)의 더 억제되고 덜 강렬한 형태였다. 이것은 빅토리아 시대의 사람들에게 (사랑을 통한) 남자들 간의 우정과 관습적으로 연상되었던 은유가 강도가 낮음을 암시하는 은유적 근원영역으로 중단되고 그것에 의해 대치되었다는 증거이다.

　사랑. 대안적인 개념적 은유들은 또한 한 문화에서 주어진 감정에 대해 동시에 이용 가능할 수 있다. 이것은 **사랑은 결합이다**와 **사랑은 경제적 교환이다** 같은 오늘날 매우 널리 퍼져 있는 사랑에 대한 두 가지 은유의 경우이다. 중요하게도, 이 두 은유는 앞절에서 언급한 사랑에 대한 두 가지 문화모형, 즉 "이상적 사랑"과 "전형적 사랑"을 구성하는 중심적 역할을 한다. 사랑에 대한 이상적 버전은 주로 **결합** 은유로 특징지어지는 데 반해, 전형적 버전은 주로 **경제적 교환**으로 특징지어진다(Kövecses 1988). 이상적 버전은 사랑에 대한 좀 더 전통적인 생각을 반영하고, 전형적 버전은 훨씬 최근의 생각을 반영한다. Stearns(1994: 173)는 이와 관련하여 빅토리아 시대 이후에는 "단지 암시적이긴 하지만 성적 강조는, 사랑 관계의 고차원적 결합이라기보다는 한 개인이 관계로부터 받아야 하는 보상을 부각하는 경향이 있다"라고 지적한다. 분명, "고차원적 결합"과 "개인이 관계로부터 얻어야 하는 보상"은 각각 **결합** 은유와 **교환** 은유에 대응한다. 1970년대 미국식 사랑에 대한 연구에서, 앤 스위들러(Ann Swidler)는 다음과 같은 비슷한 결론을 얻어냈다(Bellah, Sullivan, Swidler & Tipton 1985: 119에 있는 1980).

　성공적으로 교환할 때 각자는 향상되어 이전보다 더 완벽하고, 더 자립적이고, 더 자기를 인식하게 된다. 둘이 함께 있을 때라야 완벽하다

는 것을 의미하는 *부부라는 전체의 한 부분*이 되기보다, 각자는 더 강하게 된다. 각자는 자신에게 없던 기술을 *획득하고* 그에 따라 강화되고 *더욱 "전체"*이다. 우리에게 부족한 부분을 완전히 채우기 위해 사랑 관계에 들어간다면, 어떤 의미에서 *교환*이 성공적이게 될 때, 다른 사람이 *제공해 주는* 능력 없이도 잘 지내는 법을 배우게 된다.

위 단락에서 두 은유처럼, 사랑은 두 가지 가능한 방식으로 볼 수 있다. 한 가지 방식은 두 부분이 있으며, 그 둘이 결합해야만 전체가 된다는 것이다. 이것은 사랑의 전통적 개념의 본질이다(Fuller 1843 참조). 보다 최근의 은유는 2개의 전체를 취한다. 각각의 전체는 이전만큼이나 완벽하지 않지만, 교환 과정에서 모두 더욱 강하고 완벽한 전체가 된다. 스위들러의 말을 빌리면, "새로 생겨난 사랑에 대한 문화적 견해는 교환을 강조한다. 관계에서 귀중한 것은 '한 사람이 그런 관계로부터 얻는 것'이다"(119). 확실히 **교환** 은유는 미국 문화에서 널리 통용되는 은유가 되었다. 하지만 **결합** 은유가 완전히 망각되었다는 것은 아니다. 반대로, (제7장에서 간략히 논의했듯이) 미국에서는 지금도 많은 사람들이 **결합** 은유를 사용한다.

폭넓은 문화적 문맥

그러나 왜 미국 문화에서 화, 우정, 사랑을 개념화할 때 제반 변화들이 생겨나는가? 이에 대한 설명은 폭넓은 문화적 문맥에 대한 비언어학적 연구에서 나온다.

화. Stearns(1994: 32)는 빅토리아 시대의 감정학을 보면, 당시 화는 집에서는 허용되는 감정이 아니지만, 직장이나 정치 세계에서는 실제로 남자들에게는 장려했다고 기술되고 있다. 여성들은 "화를 내지 않아야 하는" 것으로 생각되는 데 반해, 남성들은 집에서는 조용하던 남성들도 다른 남성들과 경쟁을 위해서나 어떤 도덕적 목적을 위해서는 화를 잘 이용해야 하는 것으로 기대되었다. 그런데 왜 이런 "발산된 화"가 "화를 내지 않는" 사람이라는 이상이나, 어떤 상황에서든 화를 억눌러야 한다는 이상에 굴복했는가? 왜 화는 완전히 부정적인 감정이 되었는가? 스턴스가 주장하듯이, 다음을 포함해 구체적인 이유가 여럿 있었다.

화와 공격에 대한 새로운 걱정은 부분적으로는 미성년 범죄를 포함해 고도화된 범죄, 나치주의에 의한 무제한의 공격의 결과와 그에 따른 새로운 세계 전쟁에 대한 인식으로부터 속출했다. 이런 맥락에서는 발산된 화를 안전하거나, 심지어 유용한 감정적 동기로 간주하기 어려웠다(195).

결과적으로, 1920년대경에 시작된 화에 대한 공격은 세계 대공황 시기와 제2차 세계대전 동안에도 지속되었지만, 1960년대에는 주류 문화에서도 그 감정은 전 세계적으로 거부되었다. 널리 퍼지게 된 새로운 은유적 영상은 "폭발하기를 기다리고 있는 압력솥"의 영상이었다. 이는 화를 합리적 자아와는 아무런 관련이 없는 것으로 묘사하고, 화난 사람은 합리적 판단을 할 수 없고, 그에 따른 화난 행동을 매우 위험하다고 묘사하는 전적으로 기계적 은유였다. (18세기에 시작된) 자아와 몸으로부터 감정을 구별하는 과정, 즉 화의 "기계화"가 이제야 완성되었다.

우정. 우정으로 시선을 돌려, 빅토리아 여왕 시대에 우정이 거의 사랑과 같다는 견해 외에, 왜 미국 문화에서 friendliness(친절)라고 부르는 매우 다르고 강렬하지 않은 우정의 형태가 발생했는지 질문할 수 있다. 뿐만 아니라 그 원인은 다양하기 때문에 여기서는 모든 원인을 검토하기 어렵다(Stearns 1994 참조). 그러나 그중 한 가지는 "사적 영역" 외부로부터, 즉 사업과 대기업의 세계에서 "새로운 감정학"에 대한 수요가 있었다는 것이다(Hochschild 1983 참조). Stearns(1994: 292-293)는 다음과 같이 거듭 설명한다.

미국 언어는 유쾌하지만 강렬하지 않은 감정의 통합을 끊임없이 반영한다. "좋음(niceness)"은 격식을 차리지 않고 접촉하는 판매원이나 허물없이 접촉하는 다른 사람들을 위한 하나의 슬로건이 되었다. "Have a nice day(좋은 하루 되세요)"는 많은 외국인들에게, 심지어 이웃의 캐나다 사람들에게까지 매우 성의 없는 말이라는 인상을 준다. 그렇지만 이와 동시에 그들은 미국인들이 "친절한(nice)" 것처럼 보인다고 생각했다. 이는 화를 보이는 것을 더 기꺼이 받아들일 수 있는 다른 문화에서 성장한 사람들의 입장에서 감정 폭발에 대한 이상한 불편함을 수반하는 속성이다. 미국 문화에서 "nice(친절한)"에는 어떤 의미가 있다. 이는 타인에게서 우호적 예측 가능성을 기대하면서, 감정적으로 깊이 휘말리지 않고 일을 유쾌하게 처리하고자 하는 진정성을 함축한다.

더욱이 새로운 감정학은 "다른 사람들의 강렬함에 대한 아량을 상당히 줄였다"(244). 많은 미국인들에게 우정은 자신들의 문제를 서로 기탄없이 이야기할 수 있는 계기지만, "강렬한 감정은 미숙함의 신호이고, 그것 때문에 사람들은 그를 멀리하게 될 수도 있다"(245).

사랑. 마지막으로, 왜 사랑의 개념은 변하는가? 그런데 이런 일이 발생하기 전에도, 왜 낭만적 사랑이 빅토리아 여왕 시대에 그토록 강렬했는가? Stearns(1994: 66)에 따르면, "비대한 모성애는 스스로를 어머니의 연결에서 자유롭게 하고자 할 때 감정적으로 강렬한 교육의 산물을 돕고자 하는 강한 성인의 열정에 대한 욕구를 증가시켰다." 더욱이 "강렬하고 영화적인 열정에서, 부부는 한때 종교가 가졌던 것과 동일한, 그들이 희미하게 지각하고 제공한 영혼에 대한 위안을 찾고자 한다. 더 많은 부부들은 진정한 사랑은 종교적 경험이라고 결론 내렸다"(69). 가족 유대가 갈수록 더욱 느슨해지고, 심지어 종교의 중요성은 더욱더 약해짐에 따라, 낭만적 사랑의 강렬함도 감소되었다. 낭만적 사랑은 "두 영혼을 하나로 영적으로 합병하는 것으로"(172)는 생각되지 않았다. 합리성이 모든 사회 계층에서 강조되었는데, 이는 아마 사업과 대기업의 합리적 조직의 영향이 미친 결과이다. 1936년경, 결혼 예배 의식서는 "남녀 간의 합리적이고 협력적 조정의 개념을 강조했다. 마구 치솟는 이상과 신성은 거의 없었다. 감정적 강렬함이 아닌 교우 관계가 목표였다"(175-176). 그리고 1960년대 이후, 그런 관계는 "분별 있는 배우자들이 아무런 자기희생도 있어서는 안 된다는 것을 확실히 하는 교환 조정"(180)으로 간주되었다.

궁극적으로 "20세기 문화는 경영을 전면적으로 요구했다. 어떤 감정도 사람의 사고 과정을 통제해서는 안 된다"(Stearns 1994: 184). "평온함(cool)"을 유지한다는 매우 소중한 감정적 태도와 함께, 컴퓨터의 합리적 문화가 제자리를 잡았다.

결론

요컨대 원형적 문화모형, 비원형적 문화모형, 개념적 은유 및 환유, 문화적 문맥이라는 개념적 도구들은 모두 감정 개념의 문화적 변이 연구에 유용하게 사용될 수 있다. 이것들은 상당히 명확하고 정확하게 어디서든, 문화적 변이가 문화 간에 그리고 하나의 문화 내에서 어떻게 발생하는지 알게 해준다. 더욱이 문화적 문맥과 그것이 개념화에 미치는 영향을 고려하면, 우리는 왜 문화모형과 개념적 은유에서 변화가 일어날 수밖에 없는지를 알 수 있다.

제10장

감정 언어: 새로운 통합

　나는 감정에 관한 다양한 논제를 다루는 이번 연구에서 몇몇 상세한 분석이 아마도 감정 언어뿐만 아니라 어떤 일반화도 가능하게 한다고 믿는다. 사실, 그런 일반화들 가운데 하나는 대부분 감정 언어와 감정에 대한 사고가 감정에 대한 우리 이해의 독점적인 특성이 아니라, 마음에 관한 통속 이론의 몇몇 양상들의 "공통된 특성"이라는 것이다. 앞서 이루어진 연구에서 자연스럽게 발생하는 또 다른 일반화는 감정의 개념화에 대한 견해에 관해서 우리가 "보편주의자" 대 "상대주의자" 또는 "본질주의자" 대 "사회적 구성주의자"라는 상호 배타적인 진영 속에 영원히 감금되지 않아야 한다는 것이다. 마지막으로, 감정 언어에 대한 일반적인 그림도 등장하는데, 희망컨대 그것은 감정 의미의 중요한 양상을 해명해 주는 그림일 것이다.

　이런 일반화는 마지막 장의 주제이다. 우리는 감정 개념에 대한 구성주의적 견해와 인지언어학적 견해 간의 새로운 통합으로 논의를 출발할 것이다.

사회적 구성주의와의 새로운 통합

1922년에 출판된 *Andaman Islanders*에서 래드클리프 브라운 (Radcliffe-Brown)은 sentiment(감정)를 "어떤 사물 주위에 집중되는 감정적 성향의 조직적 체계"로 정의했다(234). 그는 "사회가 존재하려면 사회 구성원의 마음속에 어떤 감정 체계가 실재하느냐에 의존하는데, 그런 체계는 사회의 요구에 따라 개인의 행위를 규정하는 수단이다"라고 주장했다(233-234). 그의 견해에 따르면, 이런 감정적 경향은 사회 체계에 널리 퍼져 있었다. 의식의 주요 기능은 한 세대에서 다음 세대로 사회적 감정을 전달했던 집단적 표현 역할을 하는 것이었다. 의미심장하게도, 그는 "인간 사회에서, 해당 감정은 선천적인 것이 아니라 사회가 개인에게 미치는 영향에 의해 그 개인의 마음속에서 발전한다"고 주장했다(234).

이런 견해는 우리가 감정과 감정 언어에 관한 현대 이론들을 검토할 때 유용한 역사적 참조점을 제공한다. 예컨대 우리는 래드클리프 브라운에서 현재 인기를 누리는 감정 언어에 대한 현대의 사회적 구성주의적 접근법과 공통된 의미 있는 요점을 발견할 수 있다. Lutz (1988)는 몇 가지 선천적이거나 보편적인 기본 감정이 있다는 견해를 신봉함으로써 인간 감정을 "본질화하는" 것이 잘못되었다고 주장한다. 그렇지만 이 책에서 제시된 증거만으로는 몇 가지 기본 감정의 보편성을 부인하는 입장은 고수하기 어렵다.

그와 동시에, 사회적 구성주의 접근법과 보편주의 접근법을 감정과 감정 언어에 대한 통합적 견해로 융합하는 종합체는 가능해 보인다. 이런 통합적 접근법을 신체적 구성주의(body-based constructionism)

(BBC)와 원형적 문화모형이라고 부르는 것은 적절하다. 이 접근법은 "신체화된 문화적 원형"을 밝히는 것을 목표로 한다. 물론, 나는 단지 이것을 가설로 제안할 뿐이다. 즉 이를 증명하려면 많은 추가 연구가 필요할 것이다. 우리가 여기서 검토한 몇 가지 감정 개념 외의 감정에 초점을 두면서, 많은 부가적인 언어들이 이 책에 기술된 방법론으로 분석되어야 할 것이다. 이런 견지에서 검토된 언어들에는 우선 사회적 구성주의 논제에 대한 증거를 제공해 준 언어들이 포함된다는 것이 중요하다.

본질적으로, 종합체는 감정 언어과 감정 개념의 어떤 양상들이 보편적이고 신체의 생리적 기능과 명백하게 관련이 있다는 것을 인정한다. 감정 언어의 보편적 양상들은 일단 분석되면, 감정 언어와 감정 개념의 매우 중요한 나머지 차이점들은 문화적으로 한정되는 다양한 규칙이나 시나리오에 따라 작용하는 문화적 지식 및 화용적 담화 기능의 차이점을 참조로 설명할 수 있다(Palmer 1996 참조). 이런 접근법은 또한 문화적 관심사가 경험의 내재적 경향성과 모순되고, 그것을 억제·왜곡할 수 있는 긴장을 인식하게 한다. 따라서 우리는 생득주의자들을 사회적 구성주의자들과 경쟁하고 있듯이 반대되는 진영에 영원히 배치할 필요는 없다. 이 두 접근법은 상보적이어야 한다(Stearns 1994도 이를 제한한다).

사실 방법론적 차이는 생각하는 것만큼 그렇게 크지 않다. 이전 장들에서 충분히 증명한 신체적 구성주의 접근법과는 달리, 사회적 구성주의 접근법은 전형적으로 화, 공포, 슬픔 등과 같은 소수의 감정 개념에 효과가 있으며, 이런 감정 개념들이 사회적·이데올로기적·화용적 목적을 위해 주어진 문화 내에서 어떻게 사용되는가를 알고자 한다. 물론 꼭 이럴 필요는 없다. 사회적 구성주의의 이론이나 근본적인 원칙에는 사회적 구성주의가 이 연구에서 제공한 언어 자료의 풍부함을 보지 못하게 하는 근거는 전혀 없다. 사실상, 사회적 구성주의의 기본 생각은 사회적 구성주의에서 연구하는 학자들이 인지언어학자들만큼이나 언어적 자료의 풍부함에 많은 주의를 기울일 것을 요구한다. 사회적 구성주의 운동의 창시자들 가운데 한 사람인 롬 하레(Rom Harré)는 이렇게 말한다. "'화란 무엇인가?' 라는 질문을 하는 대신, '낱말 anger(화)와 그 주위에 다발을 이루는 다른 표현들이 어떻게 에피소드의 이런저런 문화적 환경과 유형에 실제로 사용되는가?' 를 질문하면서 시작하는 것이 더 좋을 것이다"(Harré 1986: 5). 다시 말해 하레는 낱말 anger가 사용되는 방법뿐만 아니라 "그 주위에 다발을 이루는 다른 표현들"에도 관심을 갖자는 것이다. 이는 사회적 구성주의의 기본 생각들 가운데 하나가 실제 문화에서 행해지는 "언어 게임"의 전체 범위를 보는 것이기 때문이다. 그러나 이 요구조건은 사회적 구성주의를 따르는 실제 사례 연구로는 거의 충족시킬 수 없다.

동일한 것이 연구자들이 사회적 구성주의에서 은유와 일반적인 비유 언어에 있는 것으로 생각하는 역할에도 적용된다. 비유 언어는 단순히 부수 현상, 즉 무시해도 괜찮은 것으로 간주된다. 그러나 사실은 그렇지 않다. 거듭 말하거니와 하레는 감정을 개념화하면 비유 언어에 대한 연구가 필요하고, 비유 언어가 잠재적으로 중요하다는 것을 알고 있었다.

우리는 누군가가 puffed up or swollen with pride라고 말한다. 이런 은유는 아마 과장되거나 지나친 과시에서 보여지는 어리석음의 요소로 거슬러 올라갈 수 있다. 이런 문제는 추후 연구해 볼 가치가 있다.

surging, springing 등과 같은 특징적 은유의 다발로부터 이익을 얻는 희망에 대해서도 동일하다고 할 수 있다(Harré 1986: 9).

이 연구는 정확히 어떻게 은유와 비유 언어가 일반적인 감정 개념에 "이롭다"는 것을 증명하는 것이다. 그런 점에서 "최고의 구성주의자," 즉 가장 완벽하게 사회적 구성주의 프로그램을 인식하는 연구자가 인지언어학자라고 할 수 있다. 분명, 사회적 구성주의자가 인지언어학자보다 감정 개념의 사회적 양상에 훨씬 더 많은 주의를 기울였다는 것은 또 다른 문제이다.

다소 차이는 있겠지만, 신체적 구성주의 접근법과 사회적 구성주의 접근법 사이의 차이는 단지 강조의 문제일 수 있다. 제8,9장에서 한편으로는 감정 개념의 일반적인 영상도식적 양상과 잠재적으로 보편적인 양상 사이를, 다른 한편으로는 영상도식적 양상과 더 특정한 문화적 양상 사이를 구별한 바 있다. 일반적인 도식은 다양한 방식으로 특정한 문화적 재료로 채워진다. 혹자는 두 가지 측면 모두를 강조할 수 있다. 그러나 우리는 문화적 양상보다 일반적인 영상도식적 양상을 더 강조할 생각은 없다. 가령 1986년과 1988년에 낭만적 사랑에 대한 나의 서술에는 I view myself and the other as forming a unity(나는 나 자신과 그 사람이 하나의 결합을 이루는 것으로 간주한다), I experience the relationship as a state of perfect harmony(나는 이 관계가 완벽한 조화의 상태로 경험한다), I see love as something that guarantees the stability of the relationship(나는 사랑이 관계의 안정성을 보장하는 어떤 것으로 간주한다), Love is mutual(사랑은 상호적이다)과 같은 명시적인 사회적 "주장"이 포함되어 있다. 더욱이 이와 유사하게, 화에 대한 레이코프와 나의 서술에 통제, 책임감, 가해자, 희생자 등에 대한 명시적인 사회적 주장이 포함되었다(Lakoff & Kövecses 1987). 사회적 구성주의 접근법이 신체적 "요소(stuff)"가 우리의 문화모형에 존재한다는 것을 부정하지 않는 데 반해, 사회적·이데올로기적·화용적 기능은 훨씬 더 강조한다(Harré 1986 참조).

그러나 정확히 이 신체적 "요소"에 관해 사회적 구성주의 접근법과 신체적 구성주의 접근법은 서로 다르다. 사회적 구성주의의 지지자들에게 감정 개념의 신체적·생리적 양상은 더 중요한 사회적·이데올로기적 기능과 함께 발생하거나 단순히 증대시킨다. 그들은 감정이 신체적 과정 및 생리적 과정과 연상되는 것으로 간주된다는 의미에서 "신체화"와 "신체적 감정 개념"에 대해 이야기는 하지만, 이런 신체화에 주요한 역할이 있다고는 믿지 않는다. 그러나 신체적 구성주의 접근법의 경우에 신체화는 결정적인 역할을 한다. 제8장에서 제안했듯이, 신체화는 발생할 수 있는 감정 개념의 종류에 어떤 제약을 가하는 것이다. 루츠의 song(화)에 대한 시나리오는 이 주장과 상반되는 이파루크어 화의 개념화와 유사하다. 그래서 이 연구에서 근본적으로 다른 몇몇 문화에서 화를 연구하는 데 사용했던 것과 동일한 방법론으로 이파루크어를 재검토하는 것은 매우 중요하다.

그중 어느 접근법이 완전히 옳다거나 그르다고 낙인 찍을 필요는 없다. 그러나 완벽하기 위해서는 문법을 저술할 때 목표로 하는 것처럼, 감정적 복합체가 안정된 사회문화적/심리생물적 실체로 존재하는 경우, 그 복합체를 언어적이고 사회적으로 아주 상세히 기술할 필요가 있다. 그런 합병은 확실히 두 접근법에 이익이 될 수 있다.

이제 다음과 같은 흥미로운 질문을 할 수 있다. 신체적 구성주의 접근법이 화보다 그다지 명백하지 않게 몸에 근거한 감정을 설명하는 데 얼마나 효과적일 수 있는가? 그리고 역으로, 사회적 구성주의 접근법이 다양한 문화에서 개념화되는 화와 같은 감정 개념에 대해 모든 이야기를 해줄 수 있는가? 만약 이 책의 마지막 두 장에서 논의된 결과들이 논리적으로 옳다면, 후자의 질문에 대한 답변은 부정적이다. 즉 그것은 관련 없는 몇몇 언어들에서 발견되는 개념화의 놀라운 유사성을 설명할 수 없다.

첫번째 질문에 답하기란 훨씬 어렵다. 우리에게는 근본적으로 다른 언어들에서 희망 및 자부심과 같은, 덜 명백한 신체적 감정 개념에 대해서는 상세한 언어적 증거가 없다. 이런 증거가 "있을" 때까지는 신체적 구성주의 접근법이 다른 언어들의 그런 개념들로 확장될 수 있는지의 여부를 말하는 것은 사실 불가능하다. 자부심과 존경이라는 영어 감정에 대한 나의 연구는 이런 감정들에 대한 이해가 자부심에 대한 chest out(가슴을 펴다)과 존경에 대한 more powerful is up: less powerful is down(더욱 강력한 것은 위이다: 그다지 강력하지 않은 것은 아래이다)과 같은 특정한 신체적 행동에 의해 동기화된다는 것을 암시한다(Kövecses 1990). 이런 행동을 고려한다는 것은 물론 신체적 구성주의 접근법에서 내가 "신체적 구문"에 대해 이야기할 때에도 단순히 몸의 생리적 과정만이 아니라 더 넓은 의미에서의 신체적 행동을 포함한다는 것을 의미한다.

감정 의미의 일반적 그림

이 절에서는 이 연구에 나타난 주요 생각들을 일일이 검토할 것이다.

감정 경험의 내용

감정 개념은 전형적으로 사회적·인지적·물리적 양상과 같은 경험의 모든 양상에 해당하는 내용을 환기시킨다. 이런 복합적인 내용은 다소 안정된 형상으로 조직된다. 이런 내용의 풍부함 때문에 다양한 언어와 문화에서 유사한 자료들을 축적하기란 어렵다. 왜냐하면 연구자들마다 서로 다른 종류의 자료를 대표적인 것으로 선택하는 경향이 있기 때문이다. Kövecses(1988)에서 기술한 이상적 사랑에 대한 시나리오에는 사회적 행동, 인지, 생리에 해당된 지식이 포함된다. 이파루크어에서 song에 대한 설명(Lutz 1988)은 전적으로 1-3, 5단계의 사회적 사건에 관여한다. 4단계만 "두려움"이라는 감정을 언급한다. 이것은 song에 대한 이파루크어의 개념화에 인지적 정보와 생리적 정보를 포함시킬 수 있음을 암시한다.

시나리오 구조

감정 개념의 내용은 시나리오로 가장 잘 기술할 수 있다. 시나리오는 국면의 추상성과 복잡성의 차원에 따라 매우 다양하다. *The Language of Love*(Kövecses 1988)에서 이상적 사랑의 시나리오는 비교적 추상적이다. 그것은 사랑에 빠지고 사랑을 하는 전체 과정을 포함하지만, 단지 3개의 단계나 국면만 있다. 이파루크어에서 song에 대한 설명은 추상성의 중간층위에 놓여 있으며, 5단계를 가진 비교적 단기적인 과정을 다룬다.

문화 특정성

감정 언어의 사회적 행동 내용은 문화적으로 특정한 사회적 시나리오로 가장 잘 기술될 수 있다. 통속 지식에서 이런 시나리오는 아마 추상성의 몇 가지 층위에 동시에 표상된다. 적절한 기술적 층위를 선택하는 설명은 의도한 청중이나 독자층에 의존할 수 있다.

보편적인 심리생리적 기초

감정 상태는 환원 불가능하며 아마 보편적인 심리생리적 기초를 가지며, 이런 기초는 감정 개념화에서 볼 수 있는 많은 유사성을 설명한다. 그 예로 화를 들어 보면, 영어 비유 언어와 줄루어 비유 언어 둘 다 화를 그릇 속의 압력, 열, 담즙 등으로 특징짓는다는 것을 알 수 있다(Taylor & Mbense 1998). 중국어는 영어와 모든 기본적인 행복의 은유를 공유한다. 즉 행복은 위에 있고, 빛이며, 그릇 속의 액체라는 것이다(Yu 1995).

문화적으로 결정되는 것으로의 감정 상태

감정 상태는 부분적으로 문화적으로도 결정된다. 왜냐하면 서로 다른 문화에서 유사한 감정을 환기시키는 사건들은 정확히 동일한 방식으로 감정 상태를 야기할 것 같지 않기 때문이다. 아마 줄루 사람들만이 화의 발증을 "마음속의 억누름(squashing in the heart)"으로 경험한다(Taylor & Mbense 1998). 일본 사람들만 극단적인 화를 "째깍"하고 머리(atama)로 오는 것으로 경험한다(Matsuki 1995). 중국인들만 화를 가해자에게 돌리기보다 신체부위로 개념적으로 분배한다(King 1989). 헝가리인들만 화난 몸을 타고 있는 물질이 들어 있는 관으로 개념화한다.

원형

감정 개념은 원형, 심지어는 다중 원형으로 나타나며, 그에 대한 변이형이 있고, 감정 언어의 다의성에 대한 근거를 제공해 준다 (Kövecses 1991a, 1991b 참조). 감정 개념은 단일적인 것이 아니라 각 감정에 대한 다양한 문화모형으로 나온다.

언어 초점

감정 용어의 어휘가 주로 은유적인지 또는 환유적인지, 다소 정교하고 한 영역이나 또 다른 영역, 즉 생리적 경험, 인지, 혹은 사회적 행동의 영역에 초점을 두고 있는지의 여부에 따라 언어마다 다르다. 따라서 타히티 섬 사람들은 명백히 슬픔에 대한 일반적인 용어가 없고, 슬픔에는 외적 사회적 원인을 가지는 개념이 없다. 타히티 섬에서의 슬픔은 "하위인지(hypocognize)"된다(Levy 1984).

비유 언어

은유와 환유를 포함해 비유 언어는 감정 개념의 개념화에 상당히 기여한다. 어떤 은유는 화가 그릇 속의 압력으로 개념화된다는 생각과 같은 (잠재적으로) 보편적인 개념을 반영한다. 환유 또한 화가 내부 압력이며, 근육 통제 상실, 붉어짐, 체온 상승, 합리성 소실이라는 생각과 같은 감정의 보편적 양상을 나타낼 수 있다. 다른 은유와 환유는 한 문화에 특정적일 수 있다. 그 이유는 부분적으로는 모든 문화가 화의 특별한 물리적 경험만 공유하지 않기 때문이다. 예컨대 줄루인들은 화가 나면 축축해질 수 있지만, 미국인들은 그렇지 않다 (Taylor & Mbense 1998).

감정 언어와 의미

따라서 감정 언어는 감정의 명칭 그 이상의 것으로 되어 있다. 많은 감정 경험들은 동일하게 많은 언어 표현으로 그런 경험들을 기술하게끔 한다. 감정 의미에 대한 연구 또한 감정을 명명하는 낱말의 의미에 대한 설명 그 이상이다(이는 Wierzbicka 1995가 생각한 것과 같다).

감정 의미의 보편성

감정 의미는 힘의 기본적인 영상도식과 문화적 내용이라는 상호 보완적인 두 부분으로 구성된다. 문화적 내용은 문화 특정적인 데 반해, 이를 구조화하는 힘도식은 (잠재적) 보편소이다. 문화적 내용은 비에츠비카가 상정한 보편적인 의미적 본원소의 도식적 형상보다 훨씬 더 풍부하고 구체적이다.

통속 이론 대 전문 이론

감정의 통속 이론과 전문 이론 사이에는 체계적인 대응관계가 있다. 이런 대응관계의 정확한 본성은 아직은 명확하지 않고, 문화 역사가들과 과학 역사가들의 추가 연구를 필요로 한다. 지금의 접근법이 이 논제에 대한 기여는 그것이 감정의 통속 이론을 폭로할 수 있고, 연구를 위해 명시적이고 상세한 통속모형을 역사가들에게 제공할 수도 있다는 점이다.

몇 가지 논제로의 복귀

앞서 언급한 몸, 문화, 언어의 종합체는 이 연구 도입 부분에서 제기한 몇몇 주요 논제를 환기시킨다. 첫째, 그 종합체는 의식적 느낌이 인간 감정에 역할을 한다는 것에 관해 LeDoux(1996)가 한 제안이 왜 수용될 수 없는가를 가르쳐 준다. 리둑스에 따르면, 의식적 느낌은 "당의(糖衣)를 감정적 케이크에 첨가시킨 장식이다." 대신, 우리가 이 책에서 보았던 것은 언어로 부호화되는 의식적 느낌이 인간 감정에 대한 경험의 중요한 양상인 인간적으로 적절한 매우 다양한 요인에 의해 구성된다는 점이다. 이런 요인에는 사회적 · 인지적 · 신체적 요인들이 포함된다. 이런 요인들 없이는 진정으로 인간적인 감정을 상상할 수 없다. 그리고 우리는 또한 많은 학자들의 연구가 보여준 것처럼 (이 책에서 다루지 않은) 다양한 담화-화용적 요인들을 첨가할 수 있다(Rosaldo 1980, Abu-Lughod 1986, Lutz 1988, Lutz & Abu-Lughod 1990, Irvine 1995, Palmer & Brown 1998). 사회적 · 인지적 · 화용적 · 신체적 요인들은 모두 어떤 생물적 압력하에서 작용하고, 이런 압력을 다루기 위한 특별한 뇌나 인지적 체계를 가지고 있으며, 언어나 어떤 화용적 조건하에서 의사소통하고, 특별한 몸을 가진 인간들에게 인간 사회에서 감정 경험의 핵심 구성성분을 제공해준다. 인간 경험에 대한 포괄적 관점에서 이런 요인들 중 하나를 끄집어 내는 것은 사실 불가능하다. 그 요인들은 우리 인간이 감정으로 경험하는 것이 무엇인지를 정의하고 구성한다.

우리는 제한되지만 매우 중요한 의미에서 리둑스의 말에 동의할 수 있다. 몸, 특히 우리의 생리 기능이 감정에서 행하는 작용은 감정이나 우리가 가질 수 있는 감정 경험(감정에 대한 의식적 느낌)에 대해 이야기하는 데 우리가 사용하는 언어를 제약한다. 제8장에서 있었던 화 연구에 근거해서, 나는 인간의 몸이 모든 인간이 공유하는 감정에서 행하는 작용이 발생학적으로 관련 없는 여러 문화들 사이에서 화의 개념화와 경험에 영향을 미친다고 주장한 바 있다. 이렇듯 특정적이고 제한된 의미에서, 사실 몸은 감정에 중요한 역할을 하고 있다.

감정의 통속모형이나 문화모형과 과학적 이론 사이에는 어떤 관계가 있는가? 감정적 느낌에 대한 개념화와 경험은 문화모형으로 구조화된다. 문화모형이나 통속모형은 총칭 층위의 구조임과 동시에 특정 층위의 구조이기도 하다. 적어도 기본 감정의 경우에 있어서, 총칭 층위의 도식은 "원인-힘-반응"을 포함한다. 지금까지의 증거에 비추어 볼 때, 이 도식은 보편적이다. 그러나 인간의 감정 경험의 풍부함은 특정 층위의 문화모형에 의해 주어진 것이다. 방금 보았듯이, 이것들은 문화적으로 결정되는 매우 다양한 경험을 요약하며 문화에 따라 다르다. 제7장에서의 주장은 감정에 대한 많은 전문 이론이나 과학 이론이 통속모형이나 문화모형, 또는 특별한 은유, 환유 및 관련 개념들과 같은 그 모형의 부분이 확장된 것으로 간주된다는 것이었다. 이런 생각과 여기서 생겨난 논제는 통속 심리학과 과학적 심리학 간의 관계에 관한 마음의 철학에서 있었던 논란에 비추어 부가적인 중요성을 갖는다. 모든 과학적 심리학이 단순히 통속 심리학의 조직적이고 구조화된 형태인지에 관한 논란은 이 논제의 핵심이다. Churchlands(Patricia S. Churchland 1986 참조)와 어떤 신경과학자들은 (감정과 같이) 통속 심리학과 과학적 심리학 둘 다에서 흥미로운 현상의 기초가 되는 모든 물질적 과정을 뇌에서 찾아냄으로써, 이런 현상의 "정말로 중요한" 양상을 설명하는 것이 가능할 것이라고 주장한다. 이런 주장에 따르면, 이것이 가능하다면, 그들은 통속 심리학뿐만 아니라 과학적 심리학이 잘못된 것임을 입증할 것이다. 나아가 통속 심리학과 함께 과학적 심리학은 소멸될 수도 있다.

이러한 신경적 · 신체적 환원주의가 어떻게 이 책의 정신과 일치하는가? 한편으로, 여기서 행하고 있는 연구가 제거주의자들의 견해를 지지할 것처럼 보일지 모른다. 만약 몸이 감정의 통속모형을 형성함에 있어 중요한 역할을 담당한다면, 그리고 감정의 전문 이론이 통속 모형의 단순한 확장이라면, 궁극적으로 나의 연구 결과는 이런 환원주의적 견해를 지지할 수밖에 없다. 가장 중요한 "것"은 물리적 뇌와 몸에서 발생한다. 이것은 어느 정도는 참이다. 그러나 결정적인 질문은 인간 감정의 개념화와 경험을 형성할 때 몸이 정확히 얼마나 많은 역할을 하는가이다. 나는 몸이 중요하지만 그 역할이 제한될 것이라고 생각한다. 더욱이 많은 감정 경험은 사회적 · 인지적 · 신체적 · 담화-화용적 요인들로부터 도출되는 의식적 느낌에 의해 구성된다. 따라서 이런 의미에서 나는 이와 같은 환원주의적 경향에 동의하지 않는다.

왜 은유가 중요한가

영어에서 가장 두드러진 감정 언어의 자질은 그것의 은유적 본질과 환유적 본질이다. 환유는 감정에 특유하지만, 감정 개념화(즉 개념적 내용)에는 상대적으로 거의 기여하지 않는다. 그러나 이 연구의 놀라운 결과는 감정에만 "해당되는" 은유적 언어가 존재하지 않는다는 것이다. 대부분의 감정 언어는 감정에만 특유한 것은 아니다(우리는 이에 대한 두 가지 가능한 예외를 논의했다. 사람의 "내부"를 언급하는 은유적 언어, 즉 그릇 은유 및 감정의 특정한 원인과 결과에 관련된 어떤 은유의 양상이 그것이다. 제3장 참조). 감정 언어의 이런 자질 때문에 감정과 감정 경험을 이해함에 있어서 은유가 그다지 중요하지 않은 것이 아니다. 사실, 내가 이 책의 결과에 근거하여 다음에서 보여주고자 하는 것처럼, 그것은 은유의 역할을 한층 더 흥미롭게 할 것이다. 다양하고 파악하기 힘든 감정 경험의 다양성을 포착하기 위해, 감정 언어는 대체로 영어에서는 (그리고 다른 언어들에서도) 은유적이다. 따라서 방법론적으로, 감정 언어는 이런 경험들의 정체를 파악하는 데 중요하다. 하지만 감정 언어는 감정 경험을 반영하는 것은 물론 감정을 창조하기까지 한다. 간단히 말해, 우리는 느끼는 바를 말하고, 말하는 바를 느낀다. 이런 경험은 오직 인간에게만 특이하다. 그래서 인간에게만 비유적으로 작용할 수 있는 의식과 언어가 있는 것이다.

힘역학 체계(제5장), 사건 구조 은유(제4장), 더 큰 개념적 체계(제3장)라는 세 가지 큰 체계는 이런 은유적 언어를 공유한다. 우리는 이 세 가지가 위계적으로 관련되어 있어서 힘역학 체계가 사건 구조 은유의 부분이고, 사건 구조 은유가 전체 개념적 체계의 부분이라고 생각할 수 있다.

힘역학 체계

힘은 감정에 대한 "주" 은유이다. 특징적으로 감정에 적용되는 특정 층위의 은유는 모두 이 은유의 실례이다. 힘역학에서 물리적 힘들이 상호작용하는 방식에 대한 우리의 소박한 이해에 따라 두 힘이 상호작용한다. 이것은 체계적인 방식으로 감정에 대한 우리의 개념에 사상된다. 이런 의미에서 우리는 "감정의 힘"에 대해 이야기할 수 있다.

이런 연구 결과는 LeDoux(1996)의 한 가지 제안에서 보면 무척 흥미롭다. 리둑스는 감정이 개별적인 체계들로부터 나온다고 주장한다. 뇌와 몸의 각기 다른 부분과 양상이 각각의 그런 체계에 참여한다. 공포, 화, 즐거움, 슬픔 등에 대한 변별적 체계가 있다. 이들 사이에는 어떤 관계나 중복이 있을 수 있지만, 기본적으로는 개별적인 체계로 기능한다. 그런데 이 책의 한 가지 연구 결과는 매우 다른 그림을 제안하고 있다. 우리는 감정에 대한 포괄적인 주 은유를 발견했다. 그 주 은유에서 감정은 힘으로 개념화되어 **감정은 힘이다**라는 총칭적 은유를 생산한다. 다시 말해 "의식적 느낌"의 영역에 구별되는 감정들을 응집적인 전체로 조직하는 일원적 체계가 존재한다. 나는 이것이 감정 개념화의 주목할 만한 자질임을 안다. 왜냐하면 그것은 리둑스가 자신의 실험에 근거해 제안한 것과 현저히 대조되기 때문이다. 분명히 말해 나는 "사과와 오렌지," 즉 의식적 느낌의 특성(일원적 조직)과 뇌 체계의 특성(구별성)을 비교할 수도 없고 비교하고 싶지도 않다. 그럼에도 불구하고 결과의 불일치는 설명을 필요로 한다. 나는 두 주장이 다 옳다고 가정하면서, 뇌 상태와 신체적 반응으로서의 감정이 변별적이고 개별적인 체계를 형성한다고 보는 반면, 다양한 감정에서의 의식적 느낌(의 개념화)이 단 하나의 일원적이고 포괄적인 체계를 형성한다고도 본다. 여기엔 이상한 것이 발견된다. 비록 이런 불일치를 조정할 수는 없지만, 최소한 문제를 제기하는 것이 적절하다고 믿는다.

사건 구조 은유

힘은 **사건 구조** 은유의 부분이나 양상이다. 힘은 사건을 초래하고, 이런 (환유적) 관계의 결과로, 사건 구조에는 **원인은 힘이다**라는 은유가 존재한다. 감정은 다양한 방식으로 사건과 관련된다. 감정과 사건 구조의 중복은 감정들이 하위범주화될 수 있는 몇몇 방법을 설명한다.

일반적인 개념적 체계

그러나 **사건 구조** 은유와 **힘** 은유는 감정보다 훨씬 더 넓은 적용의 범위를 가진다. 그것은 우리의 전체 개념적 체계 전반에 널리 퍼져 있다. 나는 제3장에서 "존재" "통제" "수동성" "어려움" "해" "강도" "욕망" 등과 같은 매우 일반적인 경험의 차원이나 양상을 개념화할 필요가 있을 때마다, 대부분의 감정 은유들이 이용되는 것을 보여주었다(제3장에서 몇 가지 예외를 지적했지만, 전체적으로는 그런 예외가 그다지 중요하지 않다).

이런 의미에서 감정에 대한 대부분의 언어 및 감정의 개념화는 감정의 독점적인 자질이 아니다.

감정 및 감정이 다른 영역들과 어떻게 다른가

그렇다면 감정의 영역이 우리의 개념적 체계의 다른 추상적 영역들과는 어떻게 다른가? 앞서 논의한 영역인 인간관계를 검토하면서 논의를 시작해 보자. 그런 다음 감정의 언어를 도덕성과 합리적 사고의 언어와 대조해 보겠다.

인간관계와 감정. 인간관계는 가장 밀접한 감정의 개념적 "이웃들" 가운데 하나로서, 이것은 인간관계가 일반적으로 감정들을 통합하거나, 절반은 감정이고 (사랑과 같은) 절반은 관계라는 사실에 의해 가능하다. 인간관계의 "순수한" 능력에서 사랑, 결혼, 우정과 같은 관계의 개념화는 이른바 **복합적 체계** 은유와 **상호작용적 관계** 은유에 의해 특징지어진다는 점에서 감정의 개념화와 구별된다. 전자는 사람들이 추상적 체계를 은유적으로 복합적인 물리적 사물로 보도록 하는 데 반해, 후자는 의사소통을 포함해 상호작용 관계를 경제적 교환으로 간주하게 한다. 그래서 관계는 "세워지고(build)" "유지되고 (maintain)" "강화되고(strengthen)," 관계가 "기능하고(function)" "고장 나고(break down)" "수리를 필요로 하는(need repair)" 이유다(복합적 체계 은유). 게다가 관계를 맺고 있는 사람들은 "공평한 교환(give and take)"에 관여되어 있고, 관계에 "투자하고(invest)," 관계로부터 "이익을 얻을 수 있다(benefit)"(상호작용적 관계 은유). 이와 대조적으로, 감정에 대한 힘 은유는 감정을 이해하는 정반대되는 방법을 제공한다. 감정 상태에 있는 사람들은 감정에 의해 폭발하고(explode), *미치게 되고(go crazy)*, 괴롭힘을 당하고(be burdened), *쓰러지고(be swept off their feet)*, *지배된다(be ruled)*.

도덕성과 감정. 그러나 개념화에서 물리적 힘을 가진 감정 외에 다른 추상적 영역도 있을 수 있다. 그 가운데 하나가 도덕성이다. 만약 유혹을 *견뎌낼(resist temptations)* 수 있고, 도덕적 *저항력(moral strength)*을 가지고 있으며, 악마에 *저항할(stand up to)* 수 있다면, 우리는 도덕적이다. 이 모든 경우는 서로 다른 두 가지 물리적 힘을 가정한다. 사람들이 어떤 것에 잘 견딜 수 있는(withstand) 힘과 사람들이 *일어서서(stand)* 저항할(resist) 수 있는 힘이 바로 그것이다. 그런데 이것은 우리에게 하나의 문제를 던진다. 즉 어떻게 **감정은 힘이다**가 **도덕성은 물리적 힘에 저항하는 것이다**와 구별되는가? 그 대답을 위해서는 영어에서 도덕성의 은유적 개념화의 몇 가지 세부 내용을 검토해야 한다.

도덕성은 물리적 힘에 저항하는 것이다 은유는 레이코프가 《도덕적 정치학 *Moral Politics*》이라는 최근 저서에서 분석한 바 있다. Lakoff (1996: 72)는 미국에서의 도덕성에 대한 지배적인 은유가 복합적 은유임을 지적한다.

선은 똑바로 선 것이다
악은 낮은 것이다
악을 행하는 것은 추락하는 것이다
악은 힘이다
도덕성은 저항력이다

(Lakoff 1996와 Johnson 1993은 도덕성에 대한 다른 은유를 제공하고 분석한다.) 이런 은유 복합체에서 물리적 힘은 물건이 높은 곳에서 낮은 곳으로 떨어지도록 할 수 있다. 즉 악마는 사람들이 비도덕적인 행동을 하도록 만들 수 있는데, 그 결과로 사람들은 도덕적인("높은") 위치에서 비도덕적인("낮은") 위치로 이동한다. 물론 가장 좋은 보기로는 성서에서 말하는 *타락(fall)*이다. 하지만 사람들이 충분한 도덕적 저항력(*strength*)을 가지고 있다면, 그들은 악마의 힘에 *저항할 (resist)* 수 있다.

이제 우리는 어떻게 **감정은 힘이다** 은유가 **도덕성은 힘에 대한 저**

표 10.1. 감정과 힘

은유적 사상	주힘의 힘 성향	반힘의 힘 성향	결과적 행동
근원영역	물리적 사물 손상을 견딤	물리적 힘 사물에 손상을 초래함	손상이 있음
목표영역	자아 감정에 대한 자아 통제력을 유지함	감정 자아가 감정을 통제 하지 못하게 만듦	자아는 감정을 통제하지 못함

근원영역: 2개의 물리적 힘
목표영역: 감정

표 10.2. 도덕성과 힘

은유적 사상	주힘의 힘 성향	반힘의 힘 성향	결과적 행동
근원영역	물리적 사물 손상을 견딤	물리적 힘 사물에 손상을 초래함	손상 없음
목표영역	자아 악마에 대한 통제를 유지함(즉 도덕성을 유지함)	악마 자아가 악마 통제하 지 못하게 만듦(즉 그 를 비도덕적이게 만듦)	자아는 악마를 통제함(즉 도덕성을 유지함)

근원영역: 2개의 물리적 힘
목표영역: 감정

항력이다 은유와 다른지 좀 더 명확히 알 수 있다. 힘역학이 감정에 적용되는 방식에 대한 논의에서, 강렬한 감정이 자아와 감정(주힘과 반힘)이라는 두 가지 힘의 상호작용을 포함하는 상황으로 이해되는 것을 보았다. 전형적인 상황은 감정(반힘)이 자아(주힘)를 극복하고 자아는 감정을 통제하지 못하는 것이다. 이것은 표 10.1에서 제시되며, 표 10.2에서 볼 수 있는 도덕성의 개념화와는 대조된다. 따라서 감정에서 자아는 전형적으로 강한 감정을 통제하지 못하는 데 반해, 도덕적 자아는 악마를 통제할 수 있다. 다시 말해 감정적인 사람은 "약한" 데 반해, 도덕적인 사람은 "강하다"는 것이다.

　이런 은유적 개념에서, 도덕성은 악마의 "힘"을 통제하려는 자아의 "저항력"이다. 따라서 "도덕적 저항력"의 개념이다. 상호작용하는 물리적 힘이라는 내재적 은유 없이는 감정을 이해할 수 없는 것처럼 도덕성도 다르지 않다. 그러나 힘 은유는 2개의 추상적 영역에 달리 적용된다. 어떻게 감정의 개념화가 도덕성의 개념화와 유사하면서도 동시에 다른가를 정확히 보기 위해 이런 차이의 세부 내용이 필요하다.

합리적 사고와 감정. 합리적 사고에 대한 이해는 감정에 대한 이해와 어떻게 다른가? 우리는 합리적 사고가 감정이 이해되는 방식과 정반대일 것이라 예상한다. 사실상 Jäkel(1995)이 보여주듯이, 마음과 합리적 사고의 작용은 직접적인 물리적 조작이라는 개념을 통해 개념화된다. 이런 주 은유에서, 마음은 다양한 "활동"이 발생하는 작업장이다. 즉 우리는 어떤 문제를 *조사하고*(*work*), 생각들을 기억 속에 *저장하고*(*store*), *모든 측면에서*(*from all sides*) 문제를 *검토하고* (*look at*), 해결책을 *만들어 내고*(*hammer out*), 잠시 동안 *뒤로 미룬다* (*put things on the back burner*). 이것은 크고 복잡한 은유적 체계로서 문제 해결, 기억, 주의 등과 같은 다양한 양상들을 우리가 이해하도록 돕는다. 제이클(Jäkel)에 따르면, 마음의 이런 모든 양상들을 알려주고 통합하는 것은 **정신적 활동은 조작이다**라는 내재적 주 은유이다. 이런 직접적인 물리적 사물의 조작은 마음의 "작업장"에서 발생한다. 은유는 다음과 같은 주요 사상에 기반한다.

노동자　　　→ 합리적 자아
물리적 사물 → 사고의 사물
물리적 조작 → 정신적 활동
도구　　　　→ 지성
작업장　　　→ 마음

여기서 다른 실체(사고의 사물)를 바꾸려 하는 한 실체는 합리적 자아에 대응하는 노동자인 반면, 감정과 도덕성에서 합리적 자아는 또 다른 강력한 실체가 바꾸고자 하는 "대상"이다. 우리는 힘역학의 용어로 이런 사상을 다시 진술할 수 있다. 만약 우리가 강한 실체에

표 10.3. 정신적 활동은 조작이다

은유적 사상	주힘의 힘 성향	반힘의 힘 성향	결과적 행동
근원영역	물리적 사물 노동자에 의한 변화를 저항함	노동자 물리적 사물을 바꿈	물리적 사물은 변화를 겪음
목표영역	사고의 사물 자아에 의한 변화에 저항함	합리적 자아 사고의 사물을 바꿈	사고의 사물은 사고의 사물은 변화를 겪음

근원영역: (물리적 사물의) 조작
목표영역: 감정

대해 반힘이라는 용어를 계속 사용한다면, 표 10.3의 표상을 얻을
수 있다. 반힘은 또 다른 (약한) 실체를 바꾸려는 성향을 가지는데,
약한 실체는 이런 변화에 (적어도 처음에는) 저항한다. 다시 말해 사
고에서 자아는 (어떤 실체를 바꾸려는 힘 성향을 가진) 반힘이지 (변하
지 않고자 하는 힘 성향을 가진) 주힘이 아니다. 이는 다른 두 영역에
서 볼 수 있는 경우이다. 노동자가 작업장에 있는 것처럼, 사고의 경
우에 통제되는 실체는 합리적 자아다.

몇 가지 함축

세 가지 영역에 대한 분석이 정확하다면, 여기엔 몇 가지 중요한 실
용적인 이론적 함축이 있다. 실용적인 측면에서, 이런 분석은 왜 자
가치유서(self-help books)뿐만 아니라 활동 중인 많은 심리학자들과
카운슬러들이 통제의 개념에 몰두하는지를 이해시킨다. 치료 업무
의 대부분은 통제의 논제에 헌신한다. 통제의 개념은 이런 분야에서

중요하다. 왜냐하면 치료법은 종종 감정과 도덕성에 대한 질문을 포함하기 때문이다. 특히 카운슬러들은 종종 사람들이 감정적으로 그다지 억제되지 않도록, 즉 감정의 "힘에 굴복하도록" 장려한다. 게다가 많은 경우에 심리학자들과 카운슬러들은 반대 충고를 한다. 그들은 사람들이 자신의 삶에 더 엄격한 통제를 발휘하도록 장려한다. 이것은 표준적인 경우들이다. 그러나 사람들이 필요 이상으로 더 많은 통제를 발휘하는 경우도 생길 수 있다. 자신을 무엇보다 도덕적인 것으로 여기는 사람들은 자신의 감정을 매우 엄격히 통제한다. 그들은 감정을 유혹의 힘으로 간주하는 방식으로 감정 영역과 도덕성 영역을 연결한다. 따라서 감정을 저항해야 하는 위험한 힘, 심지어 악의적인 힘으로 본다. 이런 사람들은 종종 *초조해하고(uptight)*, *일시적인 기분을 통제한다(control freaks)*고 말해진다(이런 관찰은 보니 하우(Bonnie Howe)의 덕택이다). 이 경우에 근거해서, 감정이 더러 존재하고 있는 영역에서, 동일한 은유적 주제 및 동일하거나 유사한 논제를 발견하는 것이 불가능하지 않다.

이론적인 측면에서, 이런 분석은 인지적 은유 이론에 중요한 영향을 미친다. 어떤 학자(Lakoff & Johnson 1980)들은 (**그릇, 여행, 건물, 그릇 속의 펄펄 끓는 액체, 불, 짐, 정신병, 상급자** 등과 같은) 근원영역이 단지 특별한 목표영역 주위에 다발로 모이고, 목표영역의 서로 다른 양상에 사상된다고 제안했다. 이런 생각은 **논쟁**(Lakoff & Johnson 1980), **화**(Lakoff & Kövecses 1987), **행복**(Kövecses 1991b)을 포함한 많은 목표영역에 대해 증명되었다. 이제 우리는 이런 견해가 은유 이해에 관한 이야기의 일부에 불과하다는 것을 알 수 있다. 또 다른 부분은 일반적인 상위 개념과 관련된 목표영역을 특징짓는 은유적 근원영역이 크고 복잡한 체계를 형성한다는 것이다. 감정의 경우, 우리는 이 체계를 **힘** 체계라고 불렀다. 또한 **감정은 힘이다**라는 은유로 제시했다. 이 은유에서 감정은 화, 공포, 슬픔, 기쁨과 같은 많은 기본층위의 감정 범주보다 상위의 개념이다. 이제 이와 같은 기본층위의 감정 범주들을 특징짓는 대부분의 근원영역은 **힘 체계**의 부분을 형성한다. 다시 말해 개별적인 개념적 은유들은 상위층위에서 어떤 체계로 응집된다. 이 연구 결과가 동일한 종류의 상위-하위 구조를 가진 다른 영역들에도 적용되는지는 두고 볼 일이다.

또 다른 이론적 함축은 개념적 체계의 일반적인 은유적 구조와 관련된다. 감정, 도덕성, 사고의 영역은 전통 철학과 심리학에서 마음의 주요 능력이다. 이런 마음의 분할은 또한 마음에 대한 우리의 대중 이론이다. 세 가지 영역들의 중심에 있는 것은 특별한 종류의 자아로서, 이는 통제를 소실하거나 유지하는 논제에 직면한 자아다. 감정에서 자아는 통제를 소실하는 것으로 판명 나고, 도덕성에서는 통제를 유지하는 것으로 판명 나는 데 반해, 합리적 사고에서 자아는 적어도 정상적이고 일상의 마음의 "작용"에서 "그 자체의 주인," 즉 통제되는 반힘이다(이는 사물을 기억하고, 결정하고, 해결하는 데 어려움이 있을 수 없다는 것을, 즉 강력한 "저항"에 직면할 수 없다는 것을 말하는 것은 아니다). 이런 담화는 상호작용하는 두 가지 물리적 힘의 개념에 전적으로 의존한다. 이것은 인간 마음의 본질적이고 추상적인 세 가지 양상에 대해 이야기하는 은유적 방법이다. 세 가지 양상들은 **물리적 힘**이라는 은유적 근원영역에 의해 관련된다. 이 양상들은 힘 체계라는 큰 은유적 체계로 응집된다. 이 체계의 다양한 응용은 인간 마음에 대해 많은 것을 이해하도록 해준다. 이런 점에서 볼 때, 감정은 전체 인간 마음을 매우 일반적인 층위에서 구조화하는 개념화로 응집력 있게 통합시킨다. 내가 이 책에서 감정의 개념을 위해 상세하게 그리고 이번 장에서 단편적이나마 다른 것들을 보여주고자 했듯이, 이런 개념화는 은유적일 수밖에 없다. 게다가 그것은 평범하지 않은 방식으로 은유적이다. 또한 그것은 연결되고 응집적인 큰 체계를 창조하는데, 그 체계 속에서 마음의 통속 이론의 다양한 영역들, 말하자면 갖가지 능력들이 매끄럽게 조화를 이룬다.

참고 문헌

Abu-Lughod, Lila. (1986). *Veiled sentiments: Honor and poetry in a Bedouin society.* Berkeley and Los Angeles: University of California Press.

Alston, W. P. (1967). Emotion and feeling. In P. Edwards (Ed.), *The Encyclopedia of philosophy* (Vol. 2.). New York: Macmillan and the Free Press.

Arnold, M. B. (1960). *Emotion and personality.* (2 vols.). New York: Columbia University Press.

Averill, J. R. (1974). An analysis of psychophysiological symbolism and its influence on theories of emotion. *Journal of the Theory of Social Behavior, 4,* 147-190.

Averill, J. R. (1982). *Anger and aggression: An essay on emotion.* NY: Springer-Verlag.

Averill, J. R. (1990). Inner feelings, works of the flesh, the beast within, diseases of the mind, driving force, and putting on a show: Six metaphors of emotion and their theoretical extensions. In D. Leary (Ed.), *Metaphors in the history of psychology,* (pp.104-132). Cambridge: Cambridge University Press.

Averill, J. R., & Kövecses, Z. (1990). The concept of emotion: Further metaphors. In Z. Kövecses, *Emotion concepts* (pp.160-181). New York: Springer-Verlag.

Barcelona, Antonio. (1986). On the concept of depression in American English: A cognitive approach. *Revista Canaria de Estudios Ingleses, 12,* 7-33.

Baxter, L. A. (1992). Root metaphors in accounts of developing romantic relationships. *Journal of Social and Personal Relationships, 9,* 253-275.

Bellah, R. N., Sullivan, W. M., Swidler, A., & Tipton, Steven M. (1985). *Habits of the heart: Individualism and commitment in American life.* Berkeley and Los Angeles: University of California Press.

Berlin, Brent, & Kay, Paul. (1969). *Basic color terms: Their universality and evolution*. Berkeley: University of California Press.

Besnier, Nico. (1990). Language and affect. *Annual Review of Anthropology*, *19*, 419−451.

Bokor, Zsuzsanna. (1997). Body−based constructionism in the conceptualiza−tion of anger. Paper 17 in the *C.L.E.A.R.* series (*Cognitive Linguistics: Explorations, Applications, Research*). Working papers of the Department of English, Hamburg University, and Department of American Studies, Eötövs Loránd University, Budapest.

Burnyeat, M. F. (1997). Anger and revenge. Paper presented at the conference *La Rabbia e il furore*, December, Città di Castello.

Buss, D. M. (1988). Love acts. In R. J. Sternberg & M. L. Barnes (Eds.), *The psychology of love*. New Haven, CT: Yale University Press.

Churchland, Patricia Smith. (1986). *Neurophilosophy: Toward a unified science of the mind/brain*. Cambridge, MA: The MIT Press.

Csábi, Szilvia. (1998). The conceptualization of lust in English. Paper presented at the meeting of the *Viennese Semiotic Society*. March 26−29.

D'Andrade, Ray G. (1995). *The development of cognitive anthropology*. New York: Cambridge University Press.

Darwin, Charles. (1872/1965). *The expression of the emotions in man and animals*. Chicago: The University Press of Chicago.

Davitz, J. (1969). *The language of emotion*. New York: Academic Press.

De Rivera, Joseph. (1977). *A structural theory of the emotions*. New York: International Universities Press.

Duck, Steve. (1986). *Human relationships: An introduction to social psychology*. Beverly Hills, CA: Sage Publications.

Duck, Steve. (1994). *Meaningful relationships*. Newbury Park, CA: Sage Publications.

Ekman, Paul, & Friesen, W. V. (1975). *Unmasking the face*. Englewood Cliffs, NJ: Prentice Hall.

Ekman, P., Levenson, R. W., & Friesen, W. V. (1983). Autonomic nervous system activity distinguishes among emotions. *Science*, *221*, 1208−1210.

Emanatian, Michele. (1995). Metaphor and the expression of emotion: The value of cross-cultural perspectives. *Metaphor and Symbolic Activity*, *10*(3), 163-182.

Fauconnier, Gilles. (1997). *Mappings in language and thought*. Cambridge: Cambridge University Press.

Fehr, B., & Russell, J. A. (1984). Concept of emotion viewed from a prototype perspective. *Journal of Experimental Psychology: General*, *113*, 464-486.

Fónagy, Iván. (1981). Emotions, voice, and music. *Research aspects on singing, autoperception, computer synthesis, emotion, health, voice source*. Publications issued by the Royal Swedish Academy of Music, No. 33, 51-79.

Frijda, Nico H. (1986). *The emotions*. Cambridge: Cambridge University Press.

Frijda, Nico H., Markam, Suprapti, Sato, Kaori, & Wiers, Reinout. (1995). Emotions and emotion words. In J. A. Russel et al. (Eds.), *Everyday conceptions of emotion* (pp.121-143). Dordrecht: Kluwer.

Fromm, Eric. (1956). *The art of loving*. New York: Harper and Row.

Fuller, Margaret. (1843). The great lawsuit. MAN versus MEN, WOMAN versus WOMEN, *Dial*, *4* (July), 1-47.

Geeraerts, Dirk, & Grondelaers, Stefan. (1995). Looking back at anger: Cultural traditions and metaphorical patterns. In J. Taylor and R. MacLaury (Eds.), *Language and the cognitive construal of the world* (pp.153-179). Berlin: Mouton de Gruyter.

Gibbs, Raymond W. (1990). Psycholinguistic studies on the conceptual basis of idiomaticity. *Cognitive Linguistics*, *1-4*, 417-451.

Gibbs, Raymond W. (1994). *The poetics of mind: Figurative thought, language, and understanding*. New York: Cambridge University Press.

Guericke, Daphne. (1991). *Die Alltagstheorie der Ehe: Eine empirische Untersuchung zur konzeptuellen Metaphorik im amerikanischen Englisch*. Unpublished master's thesis, Hamburg University.

Harré, Rom. (1986). An outline of the social constructionist viewpoint. In R. Harré (Ed.), *The social construction of emotion* (pp.2-14). Oxford: Oxford University Press.

Hatfield, E. (1988). Passionate and companionate love. In R. J. Sternberg and

M. L. Barnes (Eds.), *The psychology of love*. New Haven, CT: Yale University Press.

Heider, Karl. (1991). *Landscapes of emotion: Mapping three cultures of emotion in Indonesia*. Cambridge: Cambridge University Press.

Hochschild, Arlie R. (1983). *The managed heart: Commercialization of human feeling*. Berkeley and Los Angeles: University of California Press.

Holland, D. (1982). All is metaphor: Conventional metaphors in human thought and language. *Reviews in Anthropology*, 9(3), 287–297.

Holland, D., & Kipnis, Andrew. (1995). "The not–so–egotistic aspects of American self." in J. A. Russell et al. (Eds.), *Everyday conceptions of emotion* (pp. 181–202). Dordrecht: Kluwer.

Holland, D., & Quinn, N. (1987). *Cultural models in language and thought*. Cambridge: Cambridge University Press.

Irvine, J. (1995). A sociolinguistic approach to emotion concepts in a Senegalese community. In J. A. Russell et al. (Eds.), *Everyday conceptions of emotion* (pp. 251–265). Dordrecht: Kluwer.

Izard, C. E. (1977). *Human emotions*. New York: Plenum Press.

Jäkel, Olaf. (1995). The metaphorical concept of mind: "Mental activity is manipulation." in J. Taylor and R. MacLaury (Eds.), *Language and the Cognitive construal of the world* (pp. 197–229). Berlin: Mouton de Gruyter.

James, William. (1890/1950). *The principles of psychology* (2 vols.). New York: Henry Holt.

Johnson, Mark. (1987). *The body in the mind: The bodily basis of meaning, imagination, and reason*. Chicago: The University of Chicago Press.

Johnson, Mark. (1992). Philosophical implications of cognitive semantics. *Cognitive Linguistics*, 3–4, 345–366.

Johnson, Mark. (1993). *Moral Imagination*. Chicago: The University of Chicago Press.

Kendrick–Murdock, Debra L. (1994). The emotion concepts: Shock and surprise. Unpublished manuscript, Department of Anthropology, University of Nevada, Las Vegas.

King, B. (1989). *The conceptual structure of emotional experience in Chinese.* Unpublished doctoral dissertation, The Ohio State University.

Kövecses, Zoltán. (1986). *Metaphors of anger, pride and love: A lexical approach to the structure of concepts.* Amsterdam: John Benjamins.

Kövecses, Zoltán. (1988). *The language of love: The semantics of passion in conversational English.* Lewisberg, PA: Bucknell University Press.

Kövecses, Zoltán. (1990). *Emotion concepts.* New York: Springer-Verlag.

Kövecses, Zoltán. (1991a). A linguist's quest for love. *Journal of Social and Personal Relationships, 8,* 77-97.

Kövecses, Zoltán. (1991b). Happiness: A definitional effort. *Metaphor and Symbolic Activity, 6,* 29-46.

Kövecses, Zoltán. (1993a). Minimal and full definitions of meaning. In R. A. Geiger and B. Rudzka-Ostyn (Eds.), *Conceptualizations and mental processing in language* (pp.247-266). Berlin: Mouton de Gruyter.

Kövecses, Zoltán. (1993b). Friendship. In Z. Kövecses (Ed.), *Voices of friendship: Linguistic essays in honor of László T. Andras* (pp.131-176). Budapest: Eötvös Loránd University Press.

Kövecses, Zoltán. (1994a). Ordinary language, common sense, and expert theories in the domain of emotion. In J. Siegfried (Ed.), *The status of common sense in psychology.* Norwood, NJ: Ablex.

Kövecses, Zoltán. (1994b). Tocqueville's passionate "beast": A linguistic analysis of the concept of American democracy. *Metaphor and Symbolic Activity, 9*(2), 113-133.

Kövecses, Zoltán. (1995a). Metaphor and the folk understanding of anger. In J. A. Russell et al. (Eds.), *Everyday conceptions of emotion* (pp.49-71). Dordrecht: Kluwer.

Kövecses, Zoltán. (1995b). Anger: Its language, conceptualization, and physiology in the light of cross-cultural evidence. In J. Taylor and R. E. MacLaury (Eds.), *Language and the cognitive construal of the world* (pp.181-196). Berlin: Mouton de Gruyter.

Kövecses, Zoltán. (1995c). American friendship and the scope of metaphor.

Cognitive Linguistics, 6(4), 315−346.

Kövecses, Zoltán. (1998). *A student's guide to metaphor.* Unpublished manuscript.

Kövecses, Zoltán. (n.d.). The scope of metaphor. In A. Barcelona (Ed.), *Metaphor and metonymy at the crossroads.* Berlin: Mouton de Gruyter.

Kövecses, Zoltán & Radden, Günter. (1988). Metonymy: Developing a cognitive linguistic view. *Cognitive Linguistics,* 9−7, 37−77.

Lakoff, George. (1987). *Women, fire, and dangerous things: What categories reveal about the mind.* Chicago: The University of Chicago Press.

Lakoff, George. (1990). The invariance hypothesis: Is abstract reason based on image schemas? *Cognitive Linguistics,* 1−1, 39−74.

Lakoff, George. (1993). The contemporary theory of metaphor. In A. Ortony (Ed.), *Metaphor and thought* (2nd ed., pp.202−251). Cambridge: Cambridge University Press.

Lakoff, George. (1996). *Moral politics.* Chicago: The University of Chicago Press.

Lakoff, George, Espernson, Jane, & Goldberg, Adele. (1989). *Master metaphor list.* Berkeley: University of California at Berkeley, Cognitive Linguistics Group.

Lakoff, George, & Johnson, Mark. (1980). *Metaphors we live by.* Chicago: The University of Chicago Press.

Lakoff, George, & Kövecses, Zoltán. (1987). The cognitive model of anger inherent in American English. In D. Holland and N. Quinn (Eds.), *Cultural models in language and thought* (pp.195−221). New York: Cambridge University Press.

Lakoff, Geroge, & Turner, Mark. (1989). *More than cool reason: A field guide to poetic metaphor.* Chicago: The University of Chicago Press.

Langacker, Ronald. (1987). *Foundations of cognitive grammar: Theoretical prerequisites* (Vol. 1). Stanford: Stanford University Press.

Langacker, Ronald. (1991). *Foundations of cognitive grammar: Practical applications* (Vol. 2). Stanford: Stanford University Press.

LeDoux, Joseph. (1996). *The emotional brain.* New York: Simon and Schuster.

Leeper, R. W. (1970). The motivational and perceptual properties of emotions as indicating their fundamental character and role. In M. B. Arnold (Ed.). *Feelings and emotions: The Loyola symposium.* New York: Academic Press.

Levenson, R. W., Carstensen, L. L., Friesen, W. V., & Ekman, P. (1991). Emotion, physiology, and expression in old age. *Psychology and Aging, 6,* 28–35.

Levenson, R. W., Ekman, P., & Friesen, W. V. (1990). Voluntary facial action generates emotion−specific autonomic nervous system activity. *Psychophysiology, 27,* 363–384.

Levenson, R. W., Ekman, P., Heider, K., & Friesen, W. V. (1992). Emotion and autonomic nervous system activity in the Minangkabau of West Sumatra, *Journal of Personality and Social Psychology, 62,* 972–988.

Leventhal, Howard, & Scherer, Klaus. (1987). The relationship of emotion to cognition: A functional approach to a semantic controversy. *Cognition and Emotion, 1*(1) 3–28.

Levy, R. I. (1973). *Tahitians: Mind and experience in Society Islands.* Chicago: The University of Chicago Press.

Levy, R. I. (1984). Emotion, knowing, and culture. In R. A. Shweder and R. A. LeVine (Eds.), *Culture theory: Essays on mind, self, and emotion* (pp.214–237). Cambridge: Cambridge University Press.

Lutz, Catherine A. (1987). Goals, events, and understanding in Ifaluk emotion theory. In D. Holland and N. Quinn (Eds.), *Cultural models in language and thought* (pp.290–312). Cambridge: Cambridge University Press.

Lutz, Catherine A. (1988). *Unnatural emotions: Everyday sentiments on a Micronesian atoll and their challenge to Western theory.* Chicago: The University of Chicago Press.

Lutz, Catherine A., & Abu−Lughod, Lila. (1990). *Language and the politics of emotion.* Cambridge: Cambridge University Press.

Lyons, J. (1977). *Semantics* (2 vols.). Cambridge: Cambridge University Press.

McDougall, William. (1908/1961). *An introduction to social psychology.* London: Methuen.

Matsuki, K. (1995). Metaphors of anger in Japanese. In J. Taylor and R. E. MacLaury (Eds.), *Language and the cognitive construal of the world* (pp.137-151). Berlin: Mouton de Gruyter.

Moffatt, Michael. (1989). *Coming of age in New Jersey: College and American culture.* New Brunswick, NJ: Rutgers University press.

Munro, Pamela. (1991). ANGER IS HEAT: Some data for a crosslingusitic survey. Unpublished manuscript, Department of Linguistics, University of California at Los Angeles.

Newton-Smith, W. (1973). A conceptual investigation of love. In A. Montefiori (Ed.), *Philosophy and personal relations.* Montreal: McGill-Queen's University Press.

Oatley, Keith, & Johnson-Laird, Philip N. (1987). Towards a cognitive theory of emotions. *Cognition and Emotion, 1*(1) 29-50.

Ortony, Andrew, Clore, Gerald L., & Collins, Alan. (1988). *The cognitive structure of emotions.* Cambridge: Cambridge University Press.

Osgood, C. F. (1964). Semantic differential technique in the comparative study of cultures. *American Anthropologist, 66,* 171-200.

Padel, Ruth. (1992). *In and out of the mind: Greek images of the tragic self.* Princeton: Princeton University Press.

Palmer, Gary B. (1996). *Toward a theory of cultural linguistics.* Austin: University of Texas Press.

Palmer, Gary B., & Brown, Rick. (1998). The ideology of honour, respect, and emotion in Tagalog. In A. Athanasiadou and E. Tabakowska (Eds.), *Speaking of emotions: Conceptualisation and expression* (pp.331-355). Berlin: Mouton de Gruyter.

Pape, Christina. (1995). *Die konzeptuelle Metaphorisierung von Emotionen: Untersuchet am Beispiel von shame and embarrassment im Amerikanischen Englisch.* Unpublished master's thesis, University of Hamburg.

Parrott, W. G. (1995). The heart and the head: Everyday conceptions of being emotional. In J. A. Russell et al. (Eds.), *Everyday conceptions of emotion* (pp.73-84). Dordrecht: Kluwer.

Peele, Stanton. (1975). *Love and addiction.* New York: Taplinger.

Plutchik, R. (1980). *Emotion: A psychoevolutionary synthesis.* New York: Harper and Row.

Quinn, Naomi. (1987). Convergent evidence for a cultural model of American marriage. In D. Holland and N. Quinn (Eds.), *Cultural models on language and thought* (pp.173−192). New York: Cambridge University Press.

Quinn, Naomi. (1991). The cultural basis of metaphor. In J. W. Fernandez (Ed.), *Beyond metaphor: The theory of tropes in anthropology* (pp.56−93). Stanford: Stanford University Press.

Radcliffe−Brown, A. R. (1922). *The Andaman islanders.* New York: The Free Press.

Radden, Günter. (1998). The conceptualisation of emotional casuality by means of prepositional phrases. In A. Athanasiadou and E. Tabakowska (Eds.), *Speaking of emotions: Conceptualisation and expression* (pp.273−294). Berlin: Mouton de Gruyter.

Radden, Günter, & Kövecses, Zoltán. (in press). Towards a theory of metonymy. In G. Radden and U−K. Panther (Eds.), *Metonymy in cognition and language.* Amsterdam: Benjamins.

Reddy, M. (1979). The conduit metaphor − a case of frame conflict in our language about language. In A. Ortony (Ed.), *Metaphor and thought* (1st ed., pp.228−324). New York: Cambridge University Press.

Rimé, B., Philippot, P., & Cisalomo, D. (1990). Social schemata of peripheral changes in emotion. *Journal of Personality and Social Psychology, 59,* 38−49.

Rippere, Vicky. (1994). An empirical anthropological method for investigating common sense. In Jurg Siegfried (Ed.), *The status of common sense in psychology* (pp.279−304). Norwood, NJ: Ablex.

Rosaldo, Michelle. (1980). *Knowledge and passion: Ilongot notions of self and social life.* Cambridge: Cambridge University Press.

Rosaldo, Michelle. (1984). Toward an anthropology of self and feeling. In Richard A. Shweder and Robert A. LeVine (Eds.), *Culture Theory* (pp.137−157). Cambridge: Cambridge University Press.

Rosch, E. (1975). The nature of mental codes for color categories. *Journal of Experimental Psychology: Human Perception and Performance, 1,* 303–322.

Rosch, Eleanor. (1978). Principles of categorizaion. In E. Rosch and B. B. Lloyd (Eds.), *Cognition and categorization* (pp.27–48). Hillsdale, NJ: Lawrence Erlbaum.

Rubin, Zick. (1970). Measurement of romantic love. *Journal of Personality and Social Psychology, 16,* 265–273.

Russell, J. A. (1991). Culture and the categorization of emotions. *Psychological Bulletin, 110*(3), 426–450.

Russell, James A., Fernández–Dols, José–Miguel, Manstead, Antony S. R., & Wellenkamp, J. C. (Eds.). (1995). *Everyday conceptions of emotion.* Dordrecht: Kluwer.

Sartre, Jean–Paul (1948). *The emotions: Outline of a theory.* New York: The Wisdom Library.

Schachter, S. (1971). *Emotion, obesity, and crime.* New York: Academic Press.

Schachter, S., & Singer, J. (1962). Cognitive, social, and physiological determinants of emotional states. *Psychological Review, 69,* 379–399.

Searle, J. R. (1990). Epilogue to the taxonomy of illocutionary acts. In Donal Carbaugh (Ed.), *Cultural communication and intercultural contact* (pp.409–428). Hillsdale, NJ: Lawrence Erlbaum.

Shaver, P., Hazan, C., & Bradshaw, D. (1988). Love as attachment: The intergration of three behavioral systems. In R. J. Sternberg and M. L. Barnes (Eds.), *The psychology of love.* New Haven, CT: Yale University Press.

Shaver, P., Schwartz, J., Kirson, D., & O'Connor, C. (1987). Emotion knowledge: Further exploration of a prototype approach. *Journal of Personality and Social Psychology, 52,* 1061–1086.

Shore, Bradd. (1996). *Culture in mind: Cognition, culture, and the problem of meaning.* New York: Oxford University Press.

Shweder, R. A. (1991). *Thinking through cultures: Expeditions in cultural psychology.* Cambridge, MA: Harvard University Press.

Siegfried, Jurg (Ed.) (1994). *The status of common sense in psychology.*

Norwood, NJ: Ablex.

Smith, K. D. (1995). Social psychological perspectives on laypersons' theories of emotion. In J. A. Russell et al. (Eds.), *Everyday conceptions of emotions* (pp.399-414). Dordrecht: Kluwer.

Smith, S. T., & Smith, K. D. (1995). Turkish emotion concepts: A prototype analysis. In J. A. Russell et al. (Eds.), *Everyday conceptions of emotion* (pp.103-119). Dordrecht: Kluwer.

Smith, K. D., Tkel-Sbal, D. (1995). Prototype analyses of emotions terms in Palau, Micronesia. In J. A. Russell et al. (Eds.), *Everyday conceptions of emotion* (pp.85-102). Dordrecht: Kluwer.

Solomon, Robert. (1976). *The passions.* New York: Doubleday Anchor.

Solomon, Robert. (1981). *Love: Emotion, myth, and metaphor.* New York: Doubleday Anchor.

Solomon, Robert. (1984). Getting angry: The Jamesian theory of emotion in anthropology. In R. A. Shweder and R. A. LeVine (Eds.), *Culture theory* (pp.238-254). Cambridge: Cambridge University Press.

Soyland, A. J. (1994). *Psychology as metaphor.* London: Sage.

Stearns, Peter N. (1994). *American cool: Constructing a twentieth-century emotional style.* New York: New York University Press.

Sternberg, R. J. (1986). A triangular theory of love. *Psychological Review, 93,* 119-135.

Storm, C., & Storm, T. (1987). A taxonomic study of the vocabulary of emotions. *Journal of Personality and Social Psychology, 53*(4), 805-816.

Sweetser, Eve. (1990). *From etymology to semantics.* Cambridge: Cambridge University Press.

Talmy, Leonard. (1988). Force dynamics in language and cognition. *Cognitive Science, 12,* 49-100.

Taylor, G. (1979). Love. In T. Honderich and M. Burnyeat (Eds.), *Philosophy as it is* (pp.165-182). Harmondsworth: Penguin.

Taylor, John R., & Mbense, Thandi G. (1998). Red dogs and rotten mealies: How Zulus talk about anger. In Angeliki Athanasiadou and Elzbieta Tabakowska

(Eds.), *Speaking of emotion: Conceptualisation and expression* (pp.191−226). Berlin: Mouton de Gruyter.

Turner, Mark. (1987). *Death is the Mother of Beauty. Mind, Metaphor, Criticism.* Chicago: The University of Chicago Press.

Turner, Mark. (1996). *The literary mind.* Oxford: Oxford University Press.

Walster, E. (1971). Passionate love. In B. I. Murstein (Ed.), *Theories of attraction and love.* New York: Springer−Verlag.

Wenger, M. A. (1950). Emotions as visceral action: An extension of Lange's theory. In M. L. Reymert (Ed.), *Feelings and emotions: The Mooseheart− Chicago symposium* (pp.3−10). New York: McGraw−Hill.

Wierzbicka, Anna. (1972). *Semantic primitives.* Frankfurt: Atheneum Verlag.

Wierzbicka, Anna. (1986). Human emotions: Universal or culture−specific? *American Anthropologist, 88*(3), 584−594.

Wierzbicka, Anna. (1990). The semantics of emotions: *Fear* and its relatives in English. *Australian Journal of Linguistics, 10*(2), 359−375.

Wierzbicka, Anna. (1992a). Talking about emotions: Semantics, culture, and cognition. *Cognition and Emotion, 6*(3/4), 285−319.

Wierzbicka, Anna. (1992b). Defining emotion concepts. *Cognitive Science, 16,* 539−581.

Wierzbicka, Anna. (1995). Everyday conceptions of emotion: A semantic perspective. In J. Russell et al. (Eds.), *Everyday conceptions of emotion* (pp.17−45). Kluwer: Dordrecht.

Young, P. T. (1943). *Emotion in man and animal.* New York: Wiley.

Yu, Ning. (1995). Metaphorical expressions of anger and happiness in English and Chinese. *Metaphor and Symbolic Activity, 10*(2), 59−92.

주제 색인

4체액 four humors 269,270
감정 emotion
　감정의 다중 원형 multiple prototypes
　　of emotion 281,299
　감정의 비자구적 개념 nonliteral
　　conception of emotion 39
　감정의 인지모형 its cognitive model
　　216
　감정의 자구적 개념 literal conception
　　of emotion 39
　의미와 감정 meaning and emotion
　　24,30,34
감정 개념 emotion concepts 6,7,8,9,19,
　20,23,24,28,29,33,37,39,40,41,42,44,46,48,49,
　50,62,75,77,78,79,80,81,83,84,85,86,90,91,92,
　93,94,95,96,98,99,115,116,120,134,148,149,
　156,157,195,205,210,213,215,216,223,224,
　229,234,239,240,254,265,267,268,270,271,
　289,291,293,295,296,297,298,299,300
　감정 개념과 감정의 전문 이론
　　emotion concepts and expert
　　theories of emotion 216,217,218,
　　227,304
　감정 개념과 비에츠비카의 의미적
　　본원소 emotion concepts and
　　Wierzbicka's semantic universals
　　94,95
　감정 개념의 양상 aspects of emotion
　　concepts 85,91,95
감정 개념의 양상으로서의 비물리적
　결합 nonphysical unity as an aspect
　of emotion concepts 92
감정 개념의 양상으로서의 수동성
　passivity as an aspect of emotion
　concepts 87

감정 개념의 양상으로서의 어려움
　difficulty as an aspect of emotion
　concepts 91
감정 개념의 양상으로서의 존재
　existence as an aspect of emotion
　concepts 85
감정 개념의 양상으로서의 진척
　progress as an aspect of emotion
　concepts 93
감정 경험의 내용 content of emotional
　experience 298
감정과 관계 emotion and relationships
　187
감정과 도덕성 emotion and morality
　311,313
감정과 사건 emotions and events 306
감정과 합리적 사고 emotion and
　rational thought 311
감정 도식 emotion schema 134,137
감정 반응 emotion response 127
감정 언어 emotion language 6,9,10,15,
　16,18,19,21,22,23,24,25,29,30,39,49,68,107,
　116,230,234,291,292,293,298,300,304,305
　표현적 용어 expressive terms 26,29
감정 용어 emotion terms 25,26,27,31,36,
　110,230,300
　기본적인 감정 용어 basic emotion
　　terms 26
　기술적 감정 용어 descriptive emotion
　　terms 25
　표현적 감정 용어 expressive emotion
　　terms 25
감정 은유 emotion metaphors 6,7,8,10,
　44,53,55,77,95,98,101,102,108,115,120,147,
　149,158,187,188,307

감정 의미 emotional meaning 31,32,33,
감정의 과학 이론 scientific theories of
    emotion 205,206,303
    34,35,36,39,42,43,44,291,297,301
감정의 관련 개념과 전문 이론 related
    concepts of emotion and expert
    theories 223,225,227
감정의 시나리오 구조 scenario structure
    of emotions 298
감정의 원인 cause of emotion 97,108,
    109,118,119,134,144,145,146,147,215,217,
    221
감정의 통속 이론 folk theories of
    emotion 8,17,108,145,146,301
감정의 하위범주화 subcategorizing
    emotions 112
개념적 은유 conceptual metaphor 6,7,8,
    9,20,28,40,44,45,46,50,52,60,63,64,67,68,75,
    76,77,85,95,102,108,114,115,116,120,148,
    149,151,165,180,185,201,219,220,222,227,
    229,231,235,242,266,267,268,272,273,274,
    283,284,289,314
개념적 환유 conceptual metonymy 28,
    29,40,44,55,68,74,223,227,231,235,259,260,
    267,268,274,275,282,289
개념화된 생리학 conceptualized
    physiology 260,264
결과적 행동 resultant action 121,124,
    134,141
결혼 marriage 8,19,45,46,105,109,148,149,
    155,161,163,170,173,179,182,184,185,187,
    188,189,190,195,196,197,198,199,200,201,
    202,203,204,227,307
    기대 구조 expectational structure
        197,198,199,200,202,203,204,227
    사전적 정의 dictionary definitions
        200,201,202
고유한 힘 성향 intrinsic force tendency
    117,121,143,144
"그릇" 은유 "container" metaphors 52,

75,242,253
놀람 은유 surprise metaphors 74
뇌 상태 brain states 15,306
담화-화용적 요인 discourse-pragmatic
    factors 302,304
대안적인 개념적 은유 alternative
    conceptual metaphors 283,284
도덕성 morality 17,23,307,308,309,310,
    311,313,314
두려움 은유 fear metaphors 6,96,298
마음의 통속 이론 folk theory of mind
    315
문화모형의 내용에서의 변이 variation
    in the content of cultural models
    267
반힘 antagonist 310,312,314
본질주의자 essentialists 291
부끄러움 은유 shame metaphors 6,49,
    229
비유 언어 figurative language 7,10,23,
    24,30,68,230,231,294,295,299,300
사건 구조 은유 event structure metaphor
    7,86,102,103,105,108,109,111,113,114,305,
    306,307
사랑 love 6,8,19,25,26,27,29,36,40,43,44,45,
    46,47,49,60,61,62,63,64,65,66,75,76,78,80,81,
    82,83,84,91,92,93,102,103,104,106,109,110,
    111,150,231,232,233,272,277,278,279,280,
    281,283,284,285,287,288,295,298,307
사랑 은유 love metaphors 60,63
사회적 구성주의 social constructionism
    292,293,294,295,296
상대주의자 relativists 291
생리학 physiology 259,260,261,262,264,
    265,266,269,270
    화에서의 생리학 physiology in anger
        236
슬픔 은유 sadness metaphors 58
신경생물학과 감정 neurobiology and
    emotion 15

신체적 구성주의 body-based constructionism 9,292
신체적 반응 bodily responses 15,306
신체화 embodiment 259,260,261,263,293, 296
언어학과 감정 linguistics and emotion 20
열정 passions 23,48,87,101,109,111,112, 113,114,129,132,135,274,283,288
영어의 화 anger in English 50,253
욕정 은유와 환유 lust metaphors and metonymies 66,68,75,83
우정 friendship 8,29,45,99,149,150,151, 152,153,154,155,156,157,158,159,160,161, 162,163,164,165,167,168,169,170,171,172, 173,174,176,177,178,179,180,181,182,183, 184,185,187,188,210,278,279,280,281,283, 284,285,287,307
우정에 대한 은유 체계 metaphor systems for friendship 151
  "감정" 체계 "emotion" system 156,292
  "긍정적-부정적" 평가 체계 "positive-negative" evaluation system 90
  "복합적 체계" 은유 "complex systems" metaphor 165,167,180,188, 307,308
  "사건" 체계 "event" system 48,183
  "상태" 은유 체계 "state" metaphor system 158
  "의사소통" 체계 "communication" system 150,188
원형 prototypes 6,36,39,40,41,43,72,268, 277,278,279,281,299
  감정 원형의 보편성 universality of emotion prototypes 43
  동시적인 다중 모형 simultaneous multiple models 279
  시간과 함께 변하는 원형 prototypes changing through time 277
  원형적 인지모형과 전문 이론 prototypical cognitive models and expert theories 216,225
은유 metaphor
  감정 특정적 근원영역 emotion-specific source domains 96
  개념적 은유의 정교화 elaborations of conceptual metaphors 273
  대부분의 감정 개념에 적용되는 근원영역 source domains that apply to most emotion concepts 79
  모든 감정 개념에 적용되는 근원영역 source domains that apply to all emotion concepts 79
  은유와 전문 이론 metaphor and expert theories 219,225
  은유의 범위 scope of metaphor 272
  인지적 은유 이론 cognitivist theory of metaphor 313
  총칭 층위의 은유 generic-level metaphor 45,116,120,121,126,189,190
  특정 층위의 은유 specific-level metaphor 122,305
  하나의 감정 개념에 적용되는 근원영역 source domains that apply to one emotion 84
은유와 환유의 역할 role of metaphor and metonymy 40,45
은유적 사상 metaphorical mapping 98, 145
은유적 함의 metaphorical entailments 52,63,110,111,243,249,273,274
의미와 감정 meaning and emotion 24,30
  "부호" 견해 "label" view 31,42
  "사회-구성주의적" 견해 "social-constructionist" view 40,41
  "신체적인 문화적 원형" 견해 "embodied cultural prototype" view

41
"원형" 견해 "prototype" view 36,43
"차원적" 견해 "dimensional" view
  33,34,42
"함축적" 견해 "implicational" view
  34,35
"핵심 의미" 견해 "core meaning"
  view 31,32,33,34,42,
의식적 느낌 conscious feelings 15,18,
  301,302,304,306
인지언어학 cognitive linguistics
  19,20,276
인지적 동기 cognitive motivation 259
일반적인 개념적 체계 general
  conceptual system 307
자부심 은유 pride metaphors 71
자율신경계 활동 autonomic nervous
  system activity 260
주 은유 master metaphor 8,45,149,188,
  190,149,188,189,190,191,306,311
  감정에 대한 주 은유 master metaphor
  for emotions 306
주힘 agonist 119
총칭공간 generic space 147
통속 이론 대 전문 이론 folk theories
  versus expert theories 301
통제 control 28,88,94,96,99,110,111,113,
  307
폭넓은 문화적 문맥 broader cultural
  context 264,267,269,271,285
합리성 rationality 288,300
합리적 사고 rational thought 17,23,116,
  307,311,314

행복 은유 happiness metaphors 56
화 은유 anger metaphors 50
화의 원형 prototype of anger 278
  영어에서 화의 원형 prototype of
  anger in English 242
  일본어에서 화의 원형 prototype of
  anger in Japanese 248
  중국어에서 화의 원형 prototype of
  anger in Chinese 246
  헝가리어에서 화의 원형 prototype of
  anger in Hungarian 244
화 환유 anger metonymies 233,263
환유 metonymy 28,29,55,74,82,142,205,
  206,209,210,213,216,222,225,226,227,259,
  263,264,266,267,274,275,276,282,289,300,
  303,304
  환유 대 은유 metonymy versus
  metaphor 275,281
  환유와 전문 이론 metonymies and
  expert theories 222
  환유의 범위 range of metonymy
  267,274
  환유의 정교화 elaborations of
  metonymy 275
힘 도식 force schema 116,117,119,121,
  137,138,139,141,145
힘 상호작용의 결과 resultant of force
  interaction 117
힘의 균형 balance of strengths 117
힘 체계 force system 314
  힘역학 force dynamics 8,20,21,45,122,
  128,305,310,311

김동환(金東煥)
경북대학교 영어학 박사
창원대학교 어학교육원 전임강사 역임
해군사관학교 영어과 교수
저서:《개념적 혼성 이론: 인지언어학과 의미구성》《인지언어학과 의미》
역서:《인지언어학 개론》《언어의 의미》《인지언어학 입문》
《영어 전치사의 의미론》《인지문법》《은유와 영상도식》
《은유와 도상성: 인지언어학적 텍스트 분석》《인지언어학 기초》
《은유 소개》《American English: 미국사회와 언어의 이해》
《언어와 사회: 사회언어학으로의 초대》《은유와 문화의 만남: 보편성과 다양성》
《우리는 어떻게 생각하는가: 개념적 혼성과 상상력의 수수께끼》

최영호(崔榮鎬)
고려대학교 국어국문학 박사
해군사관학교 국문학 교수
문학평론가
계간《문학바다》편집위원
《세계의 문학》에 '부정과 저항의 존재양식 —이상화의 시' 평론 발표
대통령자문 지속가능발전위원회 연구위원
2012년 여수세계엑스포 자문위원
저서:《해양문학을 찾아서》(공저)《한국해양문학선집》(공편, 전8권)
《한국현대해양시선집》(공편, 전2권)
역서:《자유인을 위한 책읽기》
《20세기 최고의 해저탐험가: 자크이브 쿠스토》《白夜 이상춘의 西海風波》
《은유와 도상성》《우리는 어떻게 생각하는가: 개념적 혼성과 상상력의 수수께끼》

문예신서
373

은유와 감정

초판발행 : 2009년 10월 10일

東文選

제10-64호, 78. 12. 16 등록
110-300 서울 종로구 관훈동 74번지
전화 : 737-2795

편집설계 : 李姃롯

ISBN 978-89-8038-659-8 94700
ISBN 978-89-8038-000-8 (문예신서)

【東文選 現代新書】

1 21세기를 위한 새로운 엘리트   FORESEEN 연구소 / 김경현   7,000원
2 의지, 의무, 자유 ― 주제별 논술   L. 밀러 / 이대희   6,000원
3 사유의 패배   A. 핑켈크로트 / 주태환   7,000원
4 문학이론   J. 컬러 / 이은경·임옥희   7,000원
5 불교란 무엇인가   D. 키언 / 고길환   6,000원
6 유대교란 무엇인가   N. 솔로몬 / 최창모   6,000원
7 20세기 프랑스철학   E. 매슈스 / 김종갑   8,000원
8 강의에 대한 강의   P. 부르디외 / 현택수   6,000원
9 텔레비전에 대하여   P. 부르디외 / 현택수   10,000원
10 고고학이란 무엇인가   P. 반 / 박범수   8,000원
11 우리는 무엇을 아는가   T. 나겔 / 오영미   5,000원
12 에쁘롱 ― 니체의 문체들   J. 데리다 / 김다은   7,000원
13 히스테리 사례분석   S. 프로이트 / 태혜숙   7,000원
14 사랑의 지혜   A. 핑켈크로트 / 권유현   6,000원
15 일반미학   R. 카이유와 / 이경자   6,000원
16 본다는 것의 의미   J. 버거 / 박범수   10,000원
17 일본영화사   M. 테시에 / 최은미   7,000원
18 청소년을 위한 철학교실   A. 자카르 / 장혜영   7,000원
19 미술사학 입문   M. 포인턴 / 박범수   8,000원
20 클래식   M. 비어드·J. 헨더슨 / 박범수   6,000원
21 정치란 무엇인가   K. 미노그 / 이정철   6,000원
22 이미지의 폭력   O. 몽젱 / 이은민   8,000원
23 청소년을 위한 경제학교실   J. C. 드루엥 / 조은미   6,000원
24 순진함의 유혹 〔메디시스賞 수상작〕   P. 브뤼크네르 / 김웅권   9,000원
25 청소년을 위한 이야기 경제학   A. 푸르상 / 이은민   8,000원
26 부르디외 사회학 입문   P. 보네위츠 / 문경자   7,000원
27 돈은 하늘에서 떨어지지 않는다   K. 아른트 / 유영미   6,000원
28 상상력의 세계사   R. 보이아 / 김웅권   9,000원
29 지식을 교환하는 새로운 기술   A. 벵토릴라 外 / 김혜경   6,000원
30 니체 읽기   R. 비어즈워스 / 김웅권   6,000원
31 노동, 교환, 기술 ― 주제별 논술   B. 데코사 / 신은영   6,000원
32 미국만들기   R. 로티 / 임옥희   10,000원
33 연극의 이해   A. 쿠프리 / 장혜영   8,000원
34 라틴문학의 이해   J. 가야르 / 김교신   8,000원
35 여성적 가치의 선택   FORESEEN연구소 / 문신원   7,000원
36 동양과 서양 사이   L. 이리가라이 / 이은민   7,000원
37 영화와 문학   R. 리처드슨 / 이형식   8,000원
38 분류하기의 유혹 ― 생각하기와 조직하기   G. 비뇨 / 임기대   7,000원
39 사실주의 문학의 이해   G. 라루 / 조성애   8,000원
40 윤리학 ― 악에 대한 의식에 관하여   A. 바디우 / 이종영   7,000원
41 흙과 재 〔소설〕   A. 라히미 / 김주경   6,000원

42 진보의 미래　　　　　　　　　　D. 르쿠르 / 김영선　　　　　　　　　　6,000원
43 중세에 살기　　　　　　　　　　 J. 르 고프 外 / 최애리　　　　　　　　 8,000원
44 쾌락의 횡포·상　　　　　　　　　J. C. 기유보 / 김웅권　　　　　　　 10,000원
45 쾌락의 횡포·하　　　　　　　　　J. C. 기유보 / 김웅권　　　　　　　 10,000원
46 운디네와 지식의 불　　　　　　　B. 데스파냐 / 김웅권　　　　　　　　 8,000원
47 이성의 한가운데에서—이성과 신앙　　A. 퀴노 / 최은영　　　　　　　　　6,000원
48 도덕적 명령　　　　　　　　　　FORESEEN 연구소 / 우강택　　　　　　6,000원
49 망각의 형태　　　　　　　　　　M. 오제 / 김수경　　　　　　　　　　6,000원
50 느리게 산다는 것의 의미·1　　　　P. 쌍소 / 김주경　　　　　　　　　　7,000원
51 나만의 자유를 찾아서　　　　　　C. 토마스 / 문신원　　　　　　　　　6,000원
52 음악의 예지를 찾아서　　　　　　M. 존스 / 송인영　　　　　　　　　 10,000원
53 나의 철학 유언　　　　　　　　　J. 기통 / 권유현　　　　　　　　　　8,000원
54 타르튀프/서민귀족 〔희곡〕　　　　몰리에르 / 덕성여대극예술비교연구회　8,000원
55 판타지 공장　　　　　　　　　　A. 플라워즈 / 박범수　　　　　　　　10,000원
56 홍수·상 〔완역판〕　　　　　　　J. M. G. 르 클레지오 / 신미경　　　　8,000원
57 홍수·하 〔완역판〕　　　　　　　J. M. G. 르 클레지오 / 신미경　　　　8,000원
58 일신교—성경과 철학자들　　　　E. 오르티그 / 전광호　　　　　　　　6,000원
59 프랑스 시의 이해　　　　　　　　A. 바이양 / 김다은·이혜지　　　　　8,000원
60 종교철학　　　　　　　　　　　J. P. 힉 / 김희수　　　　　　　　　 10,000원
61 고요함의 폭력　　　　　　　　　V. 포레스테 / 박은영　　　　　　　　 8,000원
62 고대 그리스의 시민　　　　　　　C. 모세 / 김덕희　　　　　　　　　　7,000원
63 미학개론—예술철학입문　　　　　A. 셰퍼드 / 유호전　　　　　　　　 10,000원
64 논증—담화에서 사고까지　　　　G. 비뇨 / 임기대　　　　　　　　　　6,000원
65 역사—성찰된 시간　　　　　　　F. 도스 / 김미겸　　　　　　　　　　7,000원
66 비교문학개요　　　　　　　　　F. 클로동·K. 아다-보트링 / 김정란　 8,000원
67 남성지배　　　　　　　　　　　P. 부르디외 / 김용숙　　개정판 10,000원
68 호모사피언스에서 인터렉티브인간으로　FORESEEN 연구소 / 공나리　　8,000원
69 상투어 — 언어·담론·사회　　　　R. 아모시·A. H. 피에로 / 조성애　 9,000원
70 우주론이란 무엇인가　　　　　　P. 코올즈 / 송형석　　　　　　　　　8,000원
71 푸코 읽기　　　　　　　　　　　P. 빌루에 / 나길래　　　　　　　　　8,000원
72 문학논술　　　　　　　　　　　J. 파프·D. 로쉬 / 권종분　　　　　　8,000원
73 한국전통예술개론　　　　　　　　沈雨晟　　　　　　　　　　　　　 10,000원
74 시학—문학 형식 일반론 입문　　　D. 퐁텐 / 이용주　　　　　　　　　　8,000원
75 진리의 길　　　　　　　　　　　A. 보다르 / 김승철·최정아　　　　　9,000원
76 동물성—인간의 위상에 관하여　　D. 르스텔 / 김승철　　　　　　　　　6,000원
77 랑가쥬 이론 서설　　　　　　　　L. 옐름슬레우 / 김용숙·김혜련　　 10,000원
78 잔혹성의 미학　　　　　　　　　F. 토넬리 / 박형섭　　　　　　　　　9,000원
79 문학 텍스트의 정신분석　　　　　M. J. 벨멩-노엘 / 심재중·최애영　　9,000원
80 무관심의 절정　　　　　　　　　J. 보드리야르 / 이은민　　　　　　　8,000원
81 영원한 황홀　　　　　　　　　　P. 브뤼크네르 / 김웅권　　　　　　　9,000원
82 노동의 종말에 반하여　　　　　　D. 슈나페르 / 김교신　　　　　　　　6,000원
83 프랑스영화사　　　　　　　　　J. -P. 장콜라 / 김혜련　　　　　　　8,000원

84 조와(弔蛙)   金敎臣 / 노치준·민혜숙   8,000원
85 역사적 관점에서 본 시네마   J. -L. 뢰트라 / 곽노경   8,000원
86 욕망에 대하여   M. 슈벨 / 서민원   8,000원
87 산다는 것의 의미·1—여분의 행복   P. 쌍소 / 김주경   7,000원
88 철학 연습   M. 아롱델-로오 / 최은영   8,000원
89 삶의 기쁨들   D. 노게 / 이은민   6,000원
90 이탈리아영화사   L. 스키파노 / 이주현   8,000원
91 한국문화론   趙興胤   10,000원
92 현대연극미학   M. -A. 샤르보니에 / 홍지화   8,000원
93 느리게 산다는 것의 의미·2   P. 쌍소 / 김주경   7,000원
94 진정한 모럴은 모럴을 비웃는다   A. 에슈고엔 / 김웅권   8,000원
95 한국종교문화론   趙興胤   10,000원
96 근원적 열정   L. 이리가라이 / 박정오   9,000원
97 라캉, 주체 개념의 형성   B. 오질비 / 김 석   9,000원
98 미국식 사회 모델   J. 바이스 / 김종명   7,000원
99 소쉬르와 언어과학   P. 가데 / 김용숙·임정혜   10,000원
100 철학적 기본 개념   R. 페르버 / 조국현   8,000원
101 맞불   P. 부르디외 / 현택수   10,000원
102 글렌 굴드, 피아노 솔로   M. 슈나이더 / 이창실   7,000원
103 문학비평에서의 실험   C. S. 루이스 / 허 종   8,000원
104 코뿔소 〔희곡〕   E. 이오네스코 / 박형섭   8,000원
105 지각—감각에 관하여   R. 바르바라 / 공정아   7,000원
106 철학이란 무엇인가   E. 크레이그 / 최생열   8,000원
107 경제, 거대한 사탄인가?   P. -N. 지로 / 김교신   7,000원
108 딸에게 들려 주는 작은 철학   R. 시몬 셰퍼 / 안상원   7,000원
109 도덕에 관한 에세이   C. 로슈·J. -J. 바레르 / 고수현   6,000원
110 프랑스 고전비극   B. 클레망 / 송민숙   8,000원
111 고전수사학   G. 위딩 / 박성철   10,000원
112 유토피아   T. 파코 / 조성애   7,000원
113 쥐비알   A. 자르댕 / 김남주   7,000원
114 증오의 모호한 대상   J. 아순 / 김승철   8,000원
115 개인—주체철학에 대한 고찰   A. 르노 / 장정아   7,000원
116 이슬람이란 무엇인가   M. 루스벤 / 최생열   8,000원
117 테러리즘의 정신   J. 보드리야르 / 배영달   8,000원
118 역사란 무엇인가   존 H. 아널드 / 최생열   8,000원
119 느리게 산다는 것의 의미·3   P. 쌍소 / 김주경   7,000원
120 문학과 정치 사상   P. 페티티에 / 이종민   8,000원
121 가장 아름다운 하나님 이야기   A. 보테르 外 / 주태환   8,000원
122 시민 교육   P. 카니베즈 / 박주원   9,000원
123 스페인영화사   J.- C. 스갱 / 정동섭   8,000원
124 인터넷상에서—행동하는 지성   H. L. 드레퓌스 / 정혜욱   9,000원
125 내 몸의 신비—세상에서 가장 큰 기적   A. 지오르당 / 이규식   7,000원

126 세 가지 생태학	F. 가타리 / 윤수종	8,000원
127 모리스 블랑쇼에 대하여	E. 레비나스 / 박규현	9,000원
128 위뷔 왕 〔희곡〕	A. 자리 / 박형섭	8,000원
129 번영의 비참	P. 브뤼크네르 / 이창실	8,000원
130 무사도란 무엇인가	新渡戶稻造 / 沈雨晟	7,000원
131 꿈과 공포의 미로 〔소설〕	A. 라히미 / 김주경	8,000원
132 문학은 무슨 소용이 있는가?	D. 살나브 / 김교신	7,000원
133 종교에 대하여―행동하는 지성	존 D. 카푸토 / 최생열	9,000원
134 노동사회학	M. 스트루방 / 박주원	8,000원
135 맞불·2	P. 부르디외 / 김교신	10,000원
136 믿음에 대하여―행동하는 지성	S. 지제크 / 최생열	9,000원
137 법, 정의, 국가	A. 기그 / 민혜숙	8,000원
138 인식, 상상력, 예술	E. 아카마츄 / 최돈호	근간
139 위기의 대학	ARESER / 김교신	10,000원
140 카오스모제	F. 가타리 / 윤수종	10,000원
141 코란이란 무엇인가	M. 쿡 / 이강훈	9,000원
142 신학이란 무엇인가	D. 포드 / 강혜원·노치준	9,000원
143 누보 로망, 누보 시네마	C. 뮈르시아 / 이창실	8,000원
144 지능이란 무엇인가	I. J. 디어리 / 송형석	10,000원
145 죽음―유한성에 관하여	F. 다스튀르 / 나길래	8,000원
146 철학에 입문하기	Y. 카탱 / 박선주	8,000원
147 지옥의 힘	J. 보드리야르 / 배영달	8,000원
148 철학 기초 강의	F. 로피 / 공나리	8,000원
149 시네마토그래프에 대한 단상	R. 브레송 / 오일환·김경온	9,000원
150 성서란 무엇인가	J. 리치스 / 최생열	10,000원
151 프랑스 문학사회학	신미경	8,000원
152 잠사와 문학	F. 에브라르 / 최정아	10,000원
153 세계의 폭력	J. 보드리야르·E. 모랭 / 배영달	9,000원
154 잠수복과 나비	J. -D. 보비 / 양영란	6,000원
155 고전 할리우드 영화	J. 나카시 / 최은영	10,000원
156 마지막 말, 마지막 미소	B. 드 카스텔바자크 / 김승철·장정아	근간
157 몸의 시학	J. 피죠 / 김선미	10,000원
158 철학의 기원에 관하여	C. 콜로베르 / 김정란	8,000원
159 지혜에 대한 숙고	J. -M. 베스니에르 / 곽노경	8,000원
160 자연주의 미학과 시학	조성애	10,000원
161 소설 분석―현대적 방법론과 기법	B. 발레트 / 조성애	10,000원
162 사회학이란 무엇인가	S. 브루스 / 김경안	10,000원
163 인도철학입문	S. 헤밀턴 / 고길환	10,000원
164 심리학이란 무엇인가	G. 버틀러·F. 맥마누스 / 이재현	10,000원
165 발자크 비평	J. 글레즈 / 이정민	10,000원
166 결별을 위하여	G. 마츠네프 / 권은희·최은희	10,000원
167 인류학이란 무엇인가	J. 모나한·P. 저스트 / 김경안	10,000원

168 세계화의 불안	Z. 라이디 / 김종명	8,000원
169 음악이란 무엇인가	N. 쿡 / 장호연	10,000원
170 사랑과 우연의 장난 〔희곡〕	마리보 / 박형섭	10,000원
171 사진의 이해	G. 보레 / 박은영	10,000원
172 현대인의 사랑과 성	현택수	9,000원
173 성해방은 진행중인가?	M. 이아퀴브 / 권은희	10,000원
174 교육은 자기 교육이다	H. -G. 가다머 / 손승남	10,000원
175 밤 끝으로의 여행	L. -F. 쎌린느 / 이형식	19,000원
176 프랑스 지성인들의 '12월'	J. 뒤발 外 / 김영모	10,000원
177 환대에 대하여	J. 데리다 / 남수인	13,000원
178 언어철학	J. P. 레스베베르 / 이경래	10,000원
179 푸코와 광기	F. 그로 / 김웅권	10,000원
180 사물들과 철학하기	R. -P. 드루아 / 박선주	10,000원
181 청소년이 알아야 할 사회경제학자들	J. -C. 드루앵 / 김종명	8,000원
182 서양의 유혹	A. 말로 / 김웅권	10,000원
183 중세의 예술과 사회	G. 뒤비 / 김웅권	10,000원
184 새로운 충견들	S. 알리미 / 김영모	10,000원
185 초현실주의	G. 세바 / 최정아	10,000원
186 프로이트 읽기	P. 랜드맨 / 민혜숙	10,000원
187 예술 작품―작품 존재론 시론	M. 아르 / 공정아	10,000원
188 평화―국가의 이성과 지혜	M. 카스티요 / 장정아	10,000원
189 히로시마 내 사랑	M. 뒤라스 / 이용주	10,000원
190 연극 텍스트의 분석	M. 프뤼네르 / 김덕희	10,000원
191 청소년을 위한 철학길잡이	A. 콩트-스퐁빌 / 공정아	10,000원
192 행복―기쁨에 관한 소고	R. 미스라이 / 김영선	10,000원
193 조사와 방법론―면접법	A. 블랑셰·A. 고트만 / 최정아	10,000원
194 하늘에 관하여―잃어버린 공간, 되찾은 시간	M. 카세 / 박선주	10,000원
195 청소년이 알아야 할 세계화	J. -P. 폴레 / 김종명	9,000원
196 약물이란 무엇인가	L. 아이버슨 / 김정숙	10,000원
197 폭력―'폭력적 인간'에 대하여	R. 다둔 / 최윤주	10,000원
198 암호	J. 보드리야르 / 배영달	10,000원
199 느리게 산다는 것의 의미·4	P. 쌍소 / 김선미·한상철	7,000원
200 아이누 민족의 비석	萱野 茂 / 심우성	10,000원
201 존재한다는 것의 기쁨	J. 도르메송 / 김은경	근간
202 무신론이란 무엇인가	G. 바기니 / 강혜원	10,000원
203 전통문화를 찾아서	심우성	10,000원
204 민족학과 인류학 개론	J. 코팡 / 김영모	10,000원
205 오키나와의 역사와 문화	外間守善 / 심우성	10,000원
206 일본군 '위안부' 문제	石川康宏 / 박해순	9,000원
207 엠마누엘 레비나스와의 대담	M. de 생 쉐롱 / 김웅권	10,000원
208 공존의 이유	조병화	8,000원
209 누벨바그	M. 마리 / 신광순	10,000원

210 자기 분석에 대한 초고 　　P. 부르디외 / 유민희　　　　10,000원
211 이만하면 성공이다 　　　　J. 도르메송 / 김은경　　　　10,000원
212 도미니크 　　　　　　　　E. 프로망탱 / 김웅권　　　　10,000원
213 동방 순례 　　　　　　　　O. G. 토마 / 김웅권　　　　10,000원
300 아이들에게 설명하는 이혼 　P. 루카스 · S. 르로이 / 이은민　8,000원
301 아이들에게 들려주는 인도주의 　J. 마무 / 이은민　　　　　　근간
302 아이들에게 설명하는 죽음 　E. 위스망 페랭 / 김미정　　　8,000원
303 아이들에게 들려주는 선사시대 이야기 　J. 클로드 / 김교신　8,000원
304 아이들에게 들려주는 이슬람 이야기 　T. 벤 젤룬 / 김교신　8,000원
305 아이들에게 설명하는 테러리즘 　M. -C. 그로 / 우강택　　8,000원
306 아이들에게 들려주는 철학 이야기 　R. -P. 드루아 / 이창실　8,000원

【東文選 文藝新書】
1 저주받은 詩人들 　　　　　A. 뻬이르 / 최수철· 김종호　개정근간
2 민속문화론서설 　　　　　　沈雨晟　　　　　　　　　40,000원
3 인형극의 기술 　　　　　　A. 훼도토프 / 沈雨晟　　　8,000원
4 전위연극론 　　　　　　　　J. 로스 에반스 / 沈雨晟　　12,000원
5 남사당패연구 　　　　　　　沈雨晟　　　　　　　　　19,000원
6 현대영미희곡선(전4권) 　　　N. 코워드 外 / 李辰洙　　　절판
7 행위예술 　　　　　　　　　L. 골드버그 / 沈雨晟　　　절판
8 문예미학 　　　　　　　　　蔡 儀 / 姜慶鎬　　　　　　절판
9 神의 起源 　　　　　　　　何 新 / 洪 熹　　　　　　16,000원
10 중국예술정신 　　　　　　徐復觀 / 權德周 外　　　24,000원
11 中國古代書史 　　　　　　錢存訓 / 金允子　　　　　14,000원
12 이미지 — 시각과 미디어 　　J. 버거 / 편집부　　　　　15,000원
13 연극의 역사 　　　　　　　P. 하트놀 / 沈雨晟　　　　절판
14 詩 論 　　　　　　　　　　朱光潛 / 鄭相泓　　　　　22,000원
15 탄트라 　　　　　　　　　A. 무케르지 / 金龜山　　　16,000원
16 조선민족무용기본 　　　　최승희　　　　　　　　　15,000원
17 몽고문화사 　　　　　　　D. 마이달 / 金龜山　　　　8,000원
18 신화 미술 제사 　　　　　張光直 / 李 徹　　　　　　절판
19 아시아 무용의 인류학 　　　宮尾慈良 / 沈雨晟　　　　20,000원
20 아시아 민족음악순례 　　　藤井知昭 / 沈雨晟　　　　5,000원
21 華夏美學 　　　　　　　　李澤厚 / 權 瑚　　　　　20,000원
22 道 　　　　　　　　　　　張立文 / 權 瑚　　　　　18,000원
23 朝鮮의 占卜과 豫言 　　　村山智順 / 金禧慶　　　　28,000원
24 원시미술 　　　　　　　　L. 아담 / 金仁煥　　　　　16,000원
25 朝鮮民俗誌 　　　　　　　秋葉隆 / 沈雨晟　　　　　12,000원
26 타자로서 자기 자신 　　　P. 리쾨르 / 김웅권　　　　29,000원
27 原始佛敎 　　　　　　　　中村元 / 鄭泰爀　　　　　8,000원
28 朝鮮女俗考 　　　　　　　李能和 / 金尙憶　　　　　30,000원
29 朝鮮解語花史(조선기생사) 　李能和 / 李在崑　　　　　25,000원

30	조선창극사	鄭魯湜	17,000원
31	동양회화미학	崔炳植	19,000원
32	性과 결혼의 민족학	和田正平 / 沈雨晟	9,000원
33	農漁俗談辭典	宋在璇	12,000원
34	朝鮮의 鬼神	村山智順 / 金禧慶	28,000원
35	道敎와 中國文化	葛兆光 / 沈揆昊	15,000원
36	禪宗과 中國文化	葛兆光 / 鄭相泓・任炳權	8,000원
37	오페라의 역사	L. 오레이 / 류연희	절판
38	인도종교미술	A. 무케르지 / 崔炳植	14,000원
39	힌두교의 그림언어	안넬리제 外 / 全在星	22,000원
40	중국고대사회	許進雄 / 洪 憙	30,000원
41	중국문화개론	李宗桂 / 李宰碩	23,000원
42	龍鳳文化源流	王大有 / 林東錫	25,000원
43	甲骨學通論	王宇信 / 李宰碩	40,000원
44	朝鮮巫俗考	李能和 / 李在崑	20,000원
45	미술과 페미니즘	N. 부루드 外 / 扈承喜	9,000원
46	아프리카미술	P. 윌레프 / 崔炳植	절판
47	美의 歷程	李澤厚 / 尹壽榮	28,000원
48	曼茶羅의 神들	立川武藏 / 金龜山	19,000원
49	朝鮮歲時記	洪錫謨 外/李錫浩	30,000원
50	하 상	蘇曉康 外 / 洪 憙	절판
51	武藝圖譜通志 實技解題	正 祖 / 沈雨晟・金光錫	15,000원
52	古文字學첫걸음	李學勤 / 河永三	14,000원
53	體育美學	胡小明 / 閔永淑	18,000원
54	아시아 美術의 再發見	崔炳植	9,000원
55	曆과 占의 科學	永田久 / 沈雨晟	14,000원
56	中國小學史	胡奇光 / 李宰碩	20,000원
57	中國甲骨學史	吳浩坤 外 / 梁東淑	35,000원
58	꿈의 철학	劉文英 / 河永三	22,000원
59	女神들의 인도	立川武藏 / 金龜山	19,000원
60	性의 역사	J. L. 플랑드렝 / 편집부	18,000원
61	쉬르섹슈얼리티	W. 챠드윅 / 편집부	10,000원
62	여성속담사전	宋在璇	18,000원
63	박재서희곡선	朴栽緖	10,000원
64	東北民族源流	孫進己 / 林東錫	13,000원
65	朝鮮巫俗의 硏究(상・하)	赤松智城・秋葉隆 / 沈雨晟	28,000원
66	中國文學 속의 孤獨感	斯波六郎 / 尹壽榮	8,000원
67	한국사회주의 연극운동사	李康列	8,000원
68	스포츠인류학	K. 블랑챠드 外 / 박기동 外	12,000원
69	리조복식도감	리팔찬	20,000원
70	娼 婦	A. 꼬르벵 / 李宗旼	22,000원
71	조선민요연구	高晶玉	30,000원

72 楚文化史	張正明 / 南宗鎭	26,000원
73 시간, 욕망, 그리고 공포	A. 코르뱅 / 변기찬	18,000원
74 本國劍	金光錫	40,000원
75 노트와 반노트	E. 이오네스코 / 박형섭	20,000원
76 朝鮮美術史研究	尹喜淳	7,000원
77 拳法要訣	金光錫	30,000원
78 艸衣選集	艸衣意恂 / 林鍾旭	20,000원
79 漢語音韻學講義	董少文 / 林東錫	10,000원
80 이오네스코 연극미학	C. 위베르 / 박형섭	9,000원
81 중국문자훈고학사전	全廣鎭 편역	23,000원
82 상말속담사전	宋在璇	10,000원
83 書法論叢	沈尹默 / 郭魯鳳	16,000원
84 침실의 문화사	P. 디비 / 편집부	9,000원
85 禮의 精神	柳 肅 / 洪 熹	20,000원
86 조선공예개관	沈雨晟 편역	30,000원
87 性愛의 社會史	J. 솔레 / 李宗旼	18,000원
88 러시아 미술사	A. I. 조토프 / 이건수	26,000원
89 中國書藝論文選	郭魯鳳 選譯	25,000원
90 朝鮮美術史	關野貞 / 沈雨晟	30,000원
91 美術版 탄트라	P. 로슨 / 편집부	8,000원
92 군달리니	A. 무케르지 / 편집부	9,000원
93 카마수트라	바짜야나 / 鄭泰爀	18,000원
94 중국언어학총론	J. 노먼 / 全廣鎭	28,000원
95 運氣學說	任應秋 / 李宰碩	15,000원
96 동물속담사전	宋在璇	20,000원
97 자본주의의 아비투스	P. 부르디외 / 최종철	10,000원
98 宗敎學入門	F. 막스 뮐러 / 金龜山	10,000원
99 변 화	P. 바츨라빅크 外 / 박인철	10,000원
100 우리나라 민속놀이	沈雨晟	15,000원
101 歌訣(중국역대명언경구집)	李宰碩 편역	20,000원
102 아니마와 아니무스	A. 융 / 박해순	8,000원
103 나, 너, 우리	L. 이리가라이 / 박정오	12,000원
104 베케트연극론	M. 푸크레 / 박형섭	8,000원
105 포르노그래피	A. 드워킨 / 유혜련	12,000원
106 셸 링	M. 하이데거 / 최상욱	12,000원
107 프랑수아 비용	宋 勉	18,000원
108 중국서예 80제	郭魯鳳 편역	16,000원
109 性과 미디어	W. B. 키 / 박해순	12,000원
110 中國正史朝鮮列國傳(전2권)	金聲九 편역	120,000원
111 질병의 기원	T. 매큐언 / 서 일·박종연	12,000원
112 과학과 젠더	E. F. 켈러 / 민경숙·이현주	10,000원
113 물질문명·경제·자본주의	F. 브로델 / 이문숙 外	절판

114 이탈리아인 태고의 지혜	G. 비코 / 李源斗	8,000원
115 中國武俠史	陳 山 / 姜鳳求	18,000원
116 공포의 권력	J. 크리스테바 / 서민원	23,000원
117 주색잡기속담사전	宋在璇	15,000원
118 죽음 앞에 선 인간(상·하)	P. 아리에스 / 劉仙子	각권 15,000원
119 철학에 대하여	L. 알튀세르 / 서관모·백승욱	12,000원
120 다른 곳	J. 데리다 / 김다은·이혜지	10,000원
121 문학비평방법론	D. 베르제 外 / 민혜숙	12,000원
122 자기의 테크놀로지	M. 푸코 / 이희원	16,000원
123 새로운 학문	G. 비코 / 李源斗	22,000원
124 천재와 광기	P. 브르노 / 김웅권	13,000원
125 중국은사문화	馬 華·陳正宏 / 강경범·천현경	12,000원
126 푸코와 페미니즘	C. 라마자노글루 外 / 최 영 外	16,000원
127 역사주의	P. 해밀턴 / 임옥희	12,000원
128 中國書藝美學	宋民 / 郭魯鳳	16,000원
129 죽음의 역사	P. 아리에스 / 이종민	18,000원
130 돈속담사전	宋在璇 편	15,000원
131 동양극장과 연극인들	김영무	15,000원
132 生育神과 性巫術	宋兆麟 / 洪 熹	20,000원
133 미학의 핵심	M. M. 이턴 / 유호전	20,000원
134 전사와 농민	J. 뒤비 / 최생열	18,000원
135 여성의 상태	N. 에니크 / 서민원	22,000원
136 중세의 지식인들	J. 르 고프 / 최애리	18,000원
137 구조주의의 역사(전4권)	F. 도스 / 김웅권 外	Ⅰ·Ⅱ·Ⅳ 15,000원 / Ⅲ 18,000원
138 글쓰기의 문제해결전략	L. 플라워 / 원진숙·황정현	20,000원
139 음식속담사전	宋在璇 편	16,000원
140 고전수필개론	權 瑚	16,000원
141 예술의 규칙	P. 부르디외 / 하태환	23,000원
142 "사회를 보호해야 한다"	M. 푸코 / 박정자	20,000원
143 페미니즘사전	L. 터틀 / 호승희·유혜련	26,000원
144 여성심벌사전	B. G. 워커 / 정소영	근간
145 모데르니테 모데르니테	H. 메쇼닉 / 김다은	20,000원
146 눈물의 역사	A. 벵상뷔포 / 이자경	18,000원
147 모더니티입문	H. 르페브르 / 이종민	24,000원
148 재생산	P. 부르디외 / 이상호	23,000원
149 종교철학의 핵심	W. J. 웨인라이트 / 김희수	18,000원
150 기호와 몽상	A. 시몽 / 박형섭	22,000원
151 융분석비평사전	A. 새뮤얼 外 / 민혜숙	16,000원
152 운보 김기창 예술론연구	최병식	14,000원
153 시적 언어의 혁명	J. 크리스테바 / 김인환	20,000원
154 예술의 위기	Y. 미쇼 / 하태환	15,000원
155 프랑스사회사	G. 뒤프 / 박 단	16,000원

156	중국문예심리학사	劉偉林 / 沈揆昊	30,000원
157	무지카 프라티카	M. 캐넌 / 김혜중	25,000원
158	불교산책	鄭泰爀	20,000원
159	인간과 죽음	E. 모랭 / 김명숙	23,000원
160	地中海	F. 브로델 / 李宗旼	근간
161	漢語文字學史	黃德實・陳秉新 / 河永三	24,000원
162	글쓰기와 차이	J. 데리다 / 남수인	28,000원
163	朝鮮神事誌	李能和 / 李在崑	28,000원
164	영국제국주의	S. C. 스미스 / 이태숙・김종원	16,000원
165	영화서술학	A. 고드로・F. 조스트 / 송지연	17,000원
166	美學辭典	사사키 겡이치 / 민주식	22,000원
167	하나이지 않은 성	L. 이리가라이 / 이은민	18,000원
168	中國歷代書論	郭魯鳳 譯註	25,000원
169	요가수트라	鄭泰爀	15,000원
170	비정상인들	M. 푸코 / 박정자	25,000원
171	미친 진실	J. 크리스테바 外 / 서민원	25,000원
172	玉樞經 硏究	具重會	19,000원
173	세계의 비참(전3권)	P. 부르디외 外 / 김주경	각권 26,000원
174	수묵의 사상과 역사	崔炳植	24,000원
175	파스칼적 명상	P. 부르디외 / 김웅권	22,000원
176	지방의 계몽주의	D. 로슈 / 주명철	30,000원
177	이혼의 역사	R. 필립스 / 박범수	25,000원
178	사랑의 단상	R. 바르트 / 김희영	20,000원
179	中國書藝理論體系	熊秉明 / 郭魯鳳	23,000원
180	미술시장과 경영	崔炳植	16,000원
181	카프카—소수적인 문학을 위하여	G. 들뢰즈・F. 가타리 / 이진경	18,000원
182	이미지의 힘—영상과 섹슈얼리티	A. 쿤 / 이형식	13,000원
183	공간의 시학	G. 바슐라르 / 곽광수	23,000원
184	랑데부—이미지와의 만남	J. 버거 / 임옥희・이은경	18,000원
185	푸코와 문학—글쓰기의 계보학을 향하여	S. 듀링 / 오경심・홍유미	26,000원
186	각색, 연극에서 영화로	A. 엘보 / 이선형	16,000원
187	폭력과 여성들	C. 도펭 外 / 이은민	18,000원
188	하드 바디—할리우드 영화에 나타난 남성성	S. 제퍼드 / 이형식	18,000원
189	영화의 환상성	J. -L. 뢰트라 / 김경온・오일환	18,000원
190	번역과 제국	D. 로빈슨 / 정혜욱	16,000원
191	그라마톨로지에 대하여	J. 데리다 / 김웅권	35,000원
192	보건 유토피아	R. 브로만 外 / 서민원	20,000원
193	현대의 신화	R. 바르트 / 이화여대기호학연구소	20,000원
194	회화백문백답	湯兆基 / 郭魯鳳	20,000원
195	고서화감정개론	徐邦達 / 郭魯鳳	30,000원
196	상상의 박물관	A. 말로 / 김웅권	26,000원
197	부빈의 일요일	J. 뒤비 / 최생열	22,000원

198 아인슈타인의 최대 실수	D. 골드스미스 / 박범수	16,000원
199 유인원, 사이보그, 그리고 여자	D. 해러웨이 / 민경숙	25,000원
200 공동 생활 속의 개인주의	F. 드 생글리 / 최은영	20,000원
201 기식자	M. 세르 / 김웅권	24,000원
202 연극미학 — 플라톤에서 브레히트까지의 텍스트들 J. 셰레 外 / 홍지화		24,000원
203 철학자들의 신	W. 바이셰델 / 최상욱	34,000원
204 고대 세계의 정치	모제스 I. 핀레이 / 최생열	16,000원
205 프란츠 카프카의 고독	M. 로베르 / 이창실	18,000원
206 문화 학습 — 실천적 입문서	J. 자일스·T. 미들턴 / 장성희	24,000원
207 호모 아카데미쿠스	P. 부르디외 / 임기대	29,000원
208 朝鮮槍棒敎程	金光錫	40,000원
209 자유의 순간	P. M. 코헨 / 최하영	16,000원
210 밀교의 세계	鄭泰爀	16,000원
211 토탈 스크린	J. 보드리야르 / 배영달	19,000원
212 영화와 문학의 서술학	F. 바누아 / 송지연	22,000원
213 텍스트의 즐거움	R. 바르트 / 김희영	15,000원
214 영화의 직업들	B. 라트롱슈 / 김경온·오일환	16,000원
215 소설과 신화	이용주	15,000원
216 문화와 계급 — 부르디외와 한국 사회 홍성민 外		18,000원
217 작은 사건들	R. 바르트 / 김주경	14,000원
218 연극분석입문	J. -P. 링가르 / 박형섭	18,000원
219 푸코	G. 들뢰즈 / 허 경	17,000원
220 우리나라 도자기와 가마터	宋在璇	30,000원
221 보이는 것과 보이지 않는 것	M. 퐁티 / 남수인·최의영	30,000원
222 메두사의 웃음 / 출구	H. 식수 / 박혜영	19,000원
223 담화 속의 논증	R. 아모시 / 장인봉	20,000원
224 포켓의 형태	J. 버거 / 이영주	16,000원
225 이미지심벌사전	A. 드 브리스 / 이원두	근간
226 이데올로기	D. 호크스 / 고길환	16,000원
227 영화의 이론	B. 발라즈 / 이형식	20,000원
228 건축과 철학	J. 보드리야르·J. 누벨 / 배영달	16,000원
229 폴 리쾨르 — 삶의 의미들	F. 도스 / 이봉지 外	38,000원
230 서양철학사	A. 케니 / 이영주	29,000원
231 근대성과 육체의 정치학	D. 르 브르통 / 홍성민	20,000원
232 허난설헌	金成南	16,000원
233 인터넷 철학	G. 그레이엄 / 이영주	15,000원
234 사회학의 문제들	P. 부르디외 / 신미경	23,000원
235 의학적 추론	A. 시쿠렐 / 서민원	20,000원
236 튜링 — 인공지능 창시자	J. 라세구 / 임기대	16,000원
237 이성의 역사	F. 샤틀레 / 심세광	16,000원
238 朝鮮演劇史	金在喆	22,000원
239 미학이란 무엇인가	M. 지므네즈 / 김웅권	23,000원

240	古文字類編	高 明	40,000원
241	부르디외 사회학 이론	L. 핀토 / 김용숙·김은희	20,000원
242	문학은 무슨 생각을 하는가?	P. 마슈레 / 서민원	23,000원
243	행복해지기 위해 무엇을 배워야 하는가?	A. 우지오 外 / 김교신	18,000원
244	영화와 회화: 탈배치	P. 보니체 / 홍지화	18,000원
245	영화 학습 ― 실천적 지표들	F. 바누아 外 / 문신원	16,000원
246	회화 학습 ― 실천적 지표들	F. 기불레·M. 멩겔 바리오 / 고수현	14,000원
247	영화미학	J. 오몽 外 / 이용주	24,000원
248	시 ― 형식과 기능	J. L. 주베르 / 김경온	근간
249	우리나라 옹기	宋在璇	40,000원
250	검은 태양	J. 크리스테바 / 김인환	27,000원
251	어떻게 더불어 살 것인가	R. 바르트 / 김웅권	28,000원
252	일반 교양 강좌	E. 코바 / 송대영	23,000원
253	나무의 철학	R. 뒤마 / 송형석	29,000원
254	영화에 대하여 ― 에이리언과 영화철학	S. 멀할 / 이영주	18,000원
255	문학에 대하여 ― 행동하는 지성	H. 밀러 / 최은주	16,000원
256	미학 연습 ― 플라톤에서 에코까지	임우영 外 편역	18,000원
257	조희룡 평전	김영회 外	18,000원
258	역사철학	F. 도스 / 최생열	23,000원
259	철학자들의 동물원	A. L. 브라 쇼파르 / 문신원	22,000원
260	시각의 의미	J. 버거 / 이용은	24,000원
261	들뢰즈	A. 괄란디 / 임기대	13,000원
262	문학과 문화 읽기	김종갑	16,000원
263	과학에 대하여 ― 행동하는 지성	B. 리들리 / 이영주	18,000원
264	장 지오노와 서술 이론	송지연	18,000원
265	영화의 목소리	M. 시옹 / 박선주	20,000원
266	사회보장의 발명	J. 동즐로 / 주형일	17,000원
267	이미지와 기호	M. 졸리 / 이선형	22,000원
268	위기의 식물	J. M. 펠트 / 이충건	18,000원
269	중국 소수민족의 원시종교	洪 熹	18,000원
270	영화감독들의 영화 이론	J. 오몽 / 곽동준	22,000원
271	중첩	J. 들뢰즈·C. 베네 / 허희정	18,000원
272	대담 ― 디디에 에리봉과의 자전적 인터뷰	J. 뒤메질 / 송대영	18,000원
273	중립	R. 바르트 / 김웅권	30,000원
274	알퐁스 도데의 문학과 프로방스 문화	이종민	16,000원
275	우리말 釋迦如來行蹟頌	高麗 無寄 / 金月雲	18,000원
276	金剛經講話	金月雲 講述	18,000원
277	자유와 결정론	O. 브르니피에 外 / 최은영	16,000원
278	도리스 레싱: 20세기 여성의 초상	민경숙	24,000원
279	기독교윤리학의 이론과 방법론	김희수	24,000원
280	과학에서 생각하는 주제 100가지	I. 스탕저 外 / 김웅권	21,000원
281	말로와 소설의 상징시학	김웅권	22,000원

282 키에르케고르　　　　　　　　C. 블랑 / 이창실　　　　　　　　　　14,000원
283 시나리오 쓰기의 이론과 실제　A. 로슈 外 / 이용주　　　　　　　　25,000원
284 조선사회경제사　　　　　　　　白南雲 / 沈雨晟　　　　　　　　　　30,000원
285 이성과 감각　　　　　　　　　　O. 브르니피에 外 / 이은민　　　　　16,000원
286 행복의 단상　　　　　　　　　　C. 앙드레 / 김교신　　　　　　　　　20,000원
287 삶의 의미─행동하는 지성　　　J. 코팅햄 / 강혜원　　　　　　　　　16,000원
288 안티고네의 주장　　　　　　　　J. 버틀러 / 조현순　　　　　　　　　14,000원
289 예술 영화 읽기　　　　　　　　이선형　　　　　　　　　　　　　　　19,000원
290 달리는 꿈, 자동차의 역사　　　P. 치글러 / 조국현　　　　　　　　　17,000원
291 매스커뮤니케이션과 사회　　　현택수　　　　　　　　　　　　　　　17,000원
292 교육론　　　　　　　　　　　　　J. 피아제 / 이병애　　　　　　　　　22,000원
293 연극 입문　　　　　　　　　　　히라타 오리자 / 고정은　　　　　　　13,000원
294 역사는 계속된다　　　　　　　　G. 뒤비 / 백인호·최생열　　　　　　16,000원
295 에로티시즘을 즐기기 위한 100가지 기본 용어　　J. -C. 마르탱 / 김웅권　19,000원
296 대화의 기술　　　　　　　　　　A. 밀롱 / 공정아　　　　　　　　　　17,000원
297 실천 이성　　　　　　　　　　　P. 부르디외 / 김웅권　　　　　　　　19,000원
298 세미오티케　　　　　　　　　　J. 크리스테바 / 서민원　　　　　　　28,000원
299 앙드레 말로의 문학 세계　　　김웅권　　　　　　　　　　　　　　　22,000원
300 20세기 독일철학　　　　　　　　W. 슈나이더스 / 박중목　　　　　　18,000원
301 횔덜린의 송가 〈이스터〉　　　　M. 하이데거 / 최상욱　　　　　　　　20,000원
302 아이러니와 모더니티 담론　　　E. 벨러 / 이강훈·신주철　　　　　　16,000원
303 부알로의 시학　　　　　　　　　곽동준 편역 및 주석　　　　　　　　20,000원
304 음악 녹음의 역사　　　　　　　M. 채넌 / 박기호　　　　　　　　　　23,000원
305 시학 입문　　　　　　　　　　　G. 데송 / 조재룡　　　　　　　　　　26,000원
306 정신에 대해서　　　　　　　　　J. 데리다 / 박찬국　　　　　　　　　20,000원
307 디알로그　　　　　　　　　　　G. 들뢰즈·C. 파르네 / 허희정·전승화　20,000원
308 철학적 분과 학문　　　　　　　A. 피퍼 / 조국현　　　　　　　　　　25,000원
309 영화와 시장　　　　　　　　　　L. 크레통 / 홍지화　　　　　　　　　22,000원
310 진정성에 대하여　　　　　　　　C. 귀논 / 강혜원　　　　　　　　　　18,000원
311 언어학 이해를 위한 주제 100선　G. 시우피·D. 반람돈크 / 이선경·황원미　18,000원
312 영화를 생각하다　　　　　　　　S. 리앙드라 기그·J. -L. 뢰트라 / 김영모　20,000원
313 길모퉁이에서의 모험　　　　　P. 브뤼크네르·A. 팽키엘크로 / 이창실　12,000원
314 목소리의 結晶　　　　　　　　　R. 바르트 / 김웅권　　　　　　　　　24,000원
315 중세의 기사들　　　　　　　　　E. 부라생 / 임호경　　　　　　　　　20,000원
316 武德─武의 문화, 武의 정신　　辛成大　　　　　　　　　　　　　　　13,000원
317 욕망의 땅　　　　　　　　　　　W. 리치 / 이은경·임옥희　　　　　　23,000원
318 들뢰즈와 음악, 회화, 그리고 일반 예술　　R. 보그 / 사공일　　　　　20,000원
319 S/Z　　　　　　　　　　　　　　R. 바르트 / 김웅권　　　　　　　　　24,000원
320 시나리오 모델, 모델 시나리오　F. 바누아 / 유민희　　　　　　　　　24,000원
321 도미니크 이야기─아동 정신분석 치료의 실제　　F. 돌토 / 김승철　　18,000원
322 빠딴잘리의 요가쑤뜨라　　　　S. S. 싸치다난다 / 김순금　　　　　18,000원
323 이마주─영화·사진·회화　　　J. 오몽 / 오정민　　　　　　　　　　25,000원

324 들뢰즈와 문학	R. 보그 / 김승숙	20,000원
325 요가학개론	鄭泰爀	15,000원
326 밝은 방―사진에 관한 노트	R. 바르트 / 김웅권	15,000원
327 中國房內秘籍	朴淸正	35,000원
328 武藝圖譜通志註解	朴淸正	30,000원
329 들뢰즈와 시네마	R. 보그 / 정형철	20,000원
330 현대 프랑스 연극의 이론과 실제	이선형	20,000원
331 스리마드 바가바드 기타	S. 브야사 / 박지명	24,000원
332 宋詩槪說	요시카와 고지로 / 호승희	18,000원
333 주체의 해석학	M. 푸코 / 심세광	29,000원
334 문학의 위상	J. 베시에르 / 주현진	20,000원
335 광고의 이해와 실제	현택수 · 홍장선	20,000원
336 외쿠메네―인간 환경에 대한 연구서설	A. 베르크 / 김웅권	24,000원
337 서양 연극의 무대 장식 기술	A. 쉬르제 / 송민숙	18,000원
338 百濟伎樂	백제기악보존회 편	18,000원
339 金剛經六祖解	無居 옮김	14,000원
340 몽상의 시학	G. 바슐라르 / 김웅권	19,000원
341 원전 주해 요가수트라	M. 파탄잘리 / 박지명 주해	28,000원
342 글쓰기의 영도	R. 바르트 / 김웅권	17,000원
343 전교조의 정체	정재학 지음	12,000원
344 영화배우	J. 나카시 / 박혜숙	20,000원
345 취고당검소	陸紹珩 / 강경범 · 천현경	25,000원
346 재생산에 대하여	L. 알튀세르 / 김웅권	23,000원
347 중국 탈의 역사	顧朴光 / 洪 熹	30,000원
348 조이스와 바흐친	이강훈	16,000원
349 신의 존재와 과학의 도전	C. 알레그르 / 송대영	13,000원
350 행동의 구조	M. 메를로 퐁티 / 김웅권	28,000원
351 미술시장과 아트딜러	최병식	30,000원
352 미술시장 트렌드와 투자	최병식	30,000원
353 문화전략과 순수예술	최병식	14,000원
354 들뢰즈와 창조성의 정치학	사공일	18,000원
355 꿈꿀 권리	G. 바슐라르 / 김웅권	22,000원
356 텔레비전 드라마	G. 손햄 · T. 퍼비스 / 김소은 · 황정녀	22,000원
357 옷본	심우성	20,000원
358 촛불의 미학	G. 바슐라르 / 김웅권	18,000원
359 마조히즘	N. 맨스필드 / 이강훈	16,000원
360 민속문화 길잡이	심우성	19,000원
361 이론에 대한 저항	P. 드 만 / 황성필	22,000원
362 우리 시대의 위대한 피아니스트들이 말하는 나의 삶, 나의 음악	E. 마흐 / 박기호 · 김남희	15,000원
363 영화 장르	R. 무안 / 유민희	20,000원
364 몽타주의 미학	V. 아미엘 / 곽동준 · 한지선	20,000원
365 사랑의 길	L. 이리가레 / 정소영	18,000원

366 이미지와 해석　　　　　　　　M. 졸리 / 김웅권　　　　　　24,000원
367 마르셀 모스, 총체적인 사회적 사실　　B. 카르센티 / 김웅권　　　13,000원
368 TV 드라마 시리즈물 어떻게 쓸 것인가　　P . 더글러스 / 김소은　　25,000원
369 영상예술미학　　　　　　　　P. 소르랭 / 이선형　　　　　　25,000원
370 우파니샤드　　　　　　　　　박지명 주해　　　　　　　　　49,000원
371 보드리야르의 아이러니　　　　배영달　　　　　　　　　　　28,000원
372 서호인물전　　　　　　　　　徐相旭 · 高淑姬 평역　　　　　25,000원
373 은유와 감정　　　　　　　　　Z. 쾨벡세스 / 김동환 · 최영호　23,000원
1001 베토벤: 전원교향곡　　　　　D. W. 존스 / 김지순　　　　　15,000원
1002 모차르트: 하이든 현악4중주곡　J. 어빙 / 김지순　　　　　　14,000원
1003 베토벤: 에로이카 교향곡　　　T. 시프 / 김지순　　　　　　18,000원
1004 모차르트: 주피터 교향곡　　　E. 시스먼 / 김지순　　　　　18,000원
1005 바흐: 브란덴부르크 협주곡　　M. 보이드 / 김지순　　　　　18,000원
1006 바흐: B단조 미사　　　　　　J. 버트 / 김지순　　　　　　18,000원
1007 하이든: 현악4중주곡 Op.50　　W. 딘 주트클리페 / 김지순　18,000원
1008 헨델: 메시아　　　　　　　　D. 버로우 / 김지순　　　　　18,000원
1009 비발디: 〈사계〉와 Op.8　　　　P. 에버렛 / 김지순　　　　　18,000원
2001 우리 아이들에게 어떤 지표를 주어야 할까?　　J. L. 오베르 / 이창실　16,000원
2002 상처받은 아이들　　　　　　N. 파브르 / 김주경　　　　　16,000원
2003 엄마 아빠, 꿈꿀 시간을 주세요! E. 부젱 / 박주원　　　　　16,000원
2004 부모가 알아야 할 유치원의 모든 것들　　N. 뒤 소수아 / 전재민　18,000원
2005 부모들이여, '안 돼'라고 말하라!　　P. 들라로슈 / 김주경　　19,000원
2006 엄마 아빠, 전 못하겠어요!　　E. 리공 / 이창실　　　　　18,000원
2007 사랑, 아이, 일 사이에서　　　A. 가트셀 · C. 르누치 / 김교신　19,000원
2008 요람에서 학교까지　　　　　J.-L. 오베르 / 전재민　　　　19,000원
2009 머리는 좋은데, 노력을 안 해요 J.-L. 오베르 / 박선주　　　　17,000원
2010 알아서 하라고요? 좋죠, 하지만 혼자는 싫어요!　　E. 부젱 / 김교신　17,000원
2011 영재아이 키우기　　　　　　S. 코트 / 김경하　　　　　　17,000원
2012 부모가 헤어진대요　　　　　M. 베르제 · I. 그라비용 / 공나리　17,000원
2013 아이들의 고민, 부모들의 근심　D. 마르셀리 · G. 드 라 보리 / 김교신　19,000원
2014 헤어지기 싫어요!　　　　　　N. 파브르 / 공나리　　　　　15,000원
3001 〈새〉　　　　　　　　　　　C. 파글리아 / 이형식　　　　13,000원
3002 〈시민 케인〉　　　　　　　　L. 멀비 / 이형식　　　　　　13,000원
3101 〈제7의 봉인〉 비평 연구　　　E. 그랑조르주 / 이은민　　　17,000원
3102 〈쥘과 짐〉 비평 연구　　　　C. 르 베르 / 이은민　　　　　18,000원
3103 〈시민 케인〉 비평 연구　　　　J. 루아 / 이용주　　　　　　15,000원
3104 〈센소〉 비평 연구　　　　　　M. 라니 / 이수원　　　　　　18,000원
3105 〈경멸〉 비평 연구　　　　　　M. 마리 / 이용주　　　　　　18,000원

【기 타】
▨ 모드의 체계　　　　　　　　　R. 바르트 / 이화여대기호학연구소　18,000원
▨ 라신에 관하여　　　　　　　　R. 바르트 / 남수인　　　　　　10,000원

▨ 說 苑 (上·下)	林東錫 譯註	각권 30,000원
▨ 晏子春秋	林東錫 譯註	30,000원
▨ 西京雜記	林東錫 譯註	20,000원
▨ 搜神記 (上·下)	林東錫 譯註	각권 30,000원
■ 경제적 공포〔메디치賞 수상작〕	V. 포레스테 / 김주경	7,000원
■ 古陶文字徵	高 明·葛英會	20,000원
■ 그리하여 어느날 사랑이여	이외수 편	4,000원
■ 너무한 당신, 노무현	현택수 칼럼집	9,000원
■ 노력을 대신하는 것은 없다	R. 쉬이 / 유혜련	5,000원
■ 노블레스 오블리주	현택수 사회비평집	7,500원
■ 딸에게 들려 주는 작은 지혜	N. 레흐레이트너 / 양영란	6,500원
■ 떠나고 싶은 나라―사회문화비평집	현택수	9,000원
■ 미래를 위한다	J. D. 로스네 / 문 선·김덕희	8,500원
■ 바람의 자식들―정치시사칼럼집	현택수	8,000원
■ 사랑의 존재	한용운	3,000원
■ 산이 높으면 마땅히 우러러볼 일이다	유 향 / 임동석	5,000원
■ 서기 1000년과 서기 2000년 그 두려움의 흔적들	J. 뒤비 / 양영란	8,000원
■ 서비스는 유행을 타지 않는다	B. 바게트 / 정소영	5,000원
■ 선종이야기	홍 희 편저	8,000원
■ 섬으로 흐르는 역사	김영회	10,000원
■ 세계사상	창간호~3호:각권 10,000원 / 4호: 14,000원	
■ 손가락 하나의 사랑 1, 2, 3	D. 글로슈 / 서민원	각권 7,500원
■ 십이속상도안집	편집부	8,000원
■ 얀 이야기 ① 얀과 카와카마스	마치다 준 / 김은진·한인숙	8,000원
■ 얀 이야기 ② 카와카마스와 바이올린	마치다 준 / 김은진·한인숙	9,500원
■ 어린이 수묵화의 첫걸음(전6권)	趙 陽 / 편집부	각권 5,000원
■ 오늘 다 못다한 말은	이외수 편	7,000원
■ 오블라디 오블라다, 인생은 브래지어 위를 흐른다	무라카미 하루키 / 김난주	7,000원
■ 이젠 다시 유혹하지 않으련다	P. 쌍소 / 서민원	9,000원
■ 인생은 앞유리를 통해서 보라	B. 바게트 / 박해순	5,000원
■ 자기를 다스리는 지혜	한인숙 편저	10,000원
■ 천연기념물이 된 바보	최병식	7,800원
■ 原本 武藝圖譜通志	正祖 命撰	60,000원
■ 테오의 여행 (전5권)	C. 클레망 / 양영란	각권 6,000원
■ 한글 설원 (상·중·하)	임동석 옮김	각권 7,000원
■ 한글 안자춘추	임동석 옮김	8,000원
■ 한글 수신기 (상·하)	임동석 옮김	각권 8,000원

東文選 文藝新書 242

문학은 무슨
생각을 하는가?

피에르 마슈레

서민원 옮김

문학과 철학은 어쩔 도리 없이 '엉켜' 있다. 적어도 역사가 그들 사이를 공식적으로 갈라 놓기 전까지는 말이다. 이 순간은 18세기 말엽이었고, 이때부터 '문학'이라는 용어는 그 현대적인 의미에서 사용되기 시작하였다.

문학이 독자들에게 제공하는 즐거움과는 우선 분리시켜 생각하더라도 과연 문학은 철학적 가르침과는 전연 상관이 없는 것일까? 사드 · 스탈 부인 · 조르주 상드 · 위고 · 플로베르 · 바타유 · 러셀 · 셀린 · 크노와 같은 작가들의, 문학 장르와 시대를 가로지르는 작품 분석을 통해 이 책은 위의 질문에 긍정적인 대답을 하고 있다. 왜냐하면 문학은 그 기능상 단순히 미학적인 내기에만 부응하지 않는 명상적인 기능, 즉 진정한 사유의 기재이기 때문이다. 이미 널리 인정되고 있는 과학철학 사상과 나란한 위치에 이제는 그 문체로 진실의 효과를 창출하고 있는 문학철학 사상을 가져다 놓아야 할 때이다.

피에르 마슈레는 팡테옹–소르본 파리 1대학의 부교수이다. 주요 저서로는 《문학 생산 이론을 위하여》(마스페로, 1966), 《헤겔 또는 스피노자》(마스페로, 1979), 《오귀스트 콩트. 철학과 제 과학들》(PUF, 1989) 등이 있다.

東文選 文藝新書 239

미학이란 무엇인가

마르크 지므네즈

김웅권 옮김

  미학이 다시 한 번 시사성 있는 철학적 주제가 되고 있다. 예술의 선언된 종말과 싸우도록 압박을 받고 있는 우리 시대는 이 학문의 대상이 분명하다고 간주한다. 그런데 미학은 상대적으로 최근에 태어난 것이다. 왜냐하면 예술에 대한 성찰이 합리성의 역사와 나란히 한 역사이기 때문이다. 마르크 지므네즈는 여기서 이 역사의 전개 과정을 재추적하고 있다.

  미학이 자율화되고 학문으로서 자격을 획득하는 때는 의미와 진리에의 접근으로서 미의 문제가 초미의 관심사가 되는 계몽주의의 세기이다. 그리하여 다양한 길들이 열린다. 미의 과학은 칸트의 판단력도 아니고, 헤겔이 전통과 근대성 사이에서 상상한 예술철학도 아닌 것이다. 이로부터 20세기에 이루어진 대(大)변화들이 비롯된다. 니체가 시작한 철학의 미학적 전환, 미학의 정치적 전환(특히 루카치 · 하이데거 · 벤야민 · 아도르노), 미학의 문화적 전환(굿맨 · 당토 등)이 그런 변화들이다.

  예술이 철학에 여전히 본질적 문제인 상황에서 과거로부터 오늘날까지 미학에 대해 이 저서만큼 정확하고 유용한 파노라마를 제시한 경우는 드물다.

  마르크 지므네즈는 파리I대학 교수로서 조형 예술 및 예술학부에서 미학을 강의하고 있다. 박사과정 책임교수이자 미학연구센터 소장이다.